직업과 경력개발(개정판)

주석진

KNOWLEDGE COMMUNITY 공동체

머리말

이 책은 지난 2021년 출판된 《직업과 경력개발》의 개정판으로 변화된 한국표준직업분류와 국가직무능력표준(NCS), 직업전망과 인구구조 등의 내용을 수정 첨가하였다. 20여 년이 넘는 기간 동안 직업상담을 공부하고 대학생, 전 · 이직자, 장애인들과 상담하고 그들을 가르치면서 느꼈던 것들 중에서 적게나마 도움이 될 것 같은 내용들을 간추렸다. 직업선택을 할 때 많은 학생들이 희망직업에 대한 막연한 생각과 기대 속에서 불안한 미래를 꿈꾸고 있어 직업선택에 도움을 주기 위하여 다음과 같이 사용될 수 있기를 바라는 마음이다.

첫째, 대학생들이 직업선택의 첫 번째 단계로 자신을 이해하는 방법을 제안하기 위함이다. 이를 위해 금번 개정판에서는 근래 학생들의 관심이 높은 MBTI의 내용을 간략히 설명하였다. 자신의 성격을 이해하는 도구로 MBTI는 상담 및 심리치료, 교육 분야, 인간관계 훈련 분야에 다양하게 사용되고 있으며, 최근에는 인사관리, 인력개발, 조직개발 등 교육훈련 전문가들에게도 폭 넓은 인기를 얻고 있는바 적게나마 자신을 이해할 수 있는 방법으로 도움 되기를 바라는 마음이다.

둘째, 직업선택을 위한 직업정보의 올바른 탐색방법을 알려주기 위함이다. 이제 막 고등학교를 졸업하고 신입생이 된 경우, 직업정보를 탐색할 때 막연히 해당직업의 정보를 검색하여 획득하는 경우가 너무 많았다. 이렇게 해서는 체계적 직업정보관리를 할 수 없으며, 자격이나 역량을 모른 채 1학기, 1년을 마치는 경우가 많았다. 최근 우리나라 10대 기업들은 상시채용으로 구인 방법을 변경하였고, 구직자(학생)의 직업정보라 할 수 있는 이력서, 자기소개서, 면접 등의 선발방법에서 NCS의 비중이 높아졌다. 각 직업의 전문영역에서도 NCS의 비중이 높아짐에 따라 NCS를 비롯한 워크넷, 직업정보서 등의 직업정보의 탐색방법을 제시해 줌으로써 자신의 특성에 맞는 직업정보의 수집, 관리에 도움이 되기를 바라는 마음이다.

지금은 너무 빠른 변화가 이루어지고 있고 근래에 와서는 메타버스를 비롯한 ChatGPT의 활용 등 많은 변화가 나타나고 있다. 특히 코로나 19로 인하여 이전 대학생들과는 다른 비대면 학교생활에 익숙해진 신입생들이 많다. 이는 대학에서의 인간관계, 교류의 방법, 직업탐색 기회 및 역량 향상의 시간이 이전과는 상당히 다르게 나타난다는 것을 의미한다고 볼 수 있다. 코로나 19가 엔데믹으로 변경되었다고는 하지만 취업 시장의 불투명성 · 불확실성이 보다 증가한 최근에 본 교재를 통해 학생들이 자신이 선택하는 영역의 취업에 도움이 되고 진로라는 관점에서 생애 계획을 세우며 더 나아가 자아실현이라는 인간 생애의 목적을 달성할 수 있는 과정을 생각해 보는 시간이 되었으면 하는 바람이다.

매번 책을 저술하는 과정에서 부족한 점이 많은 것 같다. 저술 과정에서 내용상 부족한 점은 물론, 깊이 있게 다루지 못한 부분이 적지 않을 것으로 여겨진다. 서술된 내용이 이론적으로 깊이 있게 다룬 내용이 아님은 물론, 새로운 내용이 아니기 때문에 이와 관련된 책자와 자료를 대단히 많이 인용하였음을 밝혀두며, 아울러 게재된 내용에 대하여 다른 견해가 있을 것으로 예상된다. 이러한 점에 대하여 독자 여러분의 조언과 질정이 있기를 바란다.

끝으로 이 책의 집필과정에서 많은 관심과 수정, 첨삭을 맡아 준 이향림 박사, 대구대학교 대학원 상담학과 박사과정 중인 유영현 선생님의 수고에 이 자리를 빌려 다시 한번 고마운 마음을 전한다. 그리고 출판을 맡은 도서출판 공동체의 노고와 편집부의 주광욱 부장님, 김원희 상무님의 헌신에 감사를 드린다.

2023년 8월

著者 識

차례

■ 머리말 / 3

Chapter 01 직업 · 진로설계 7

1. 직업 · 진로설계의 의미 9
2. 수퍼의 진로발달 이론 30
3. 직업선택과 직업가치 39

Chapter 02 인적자원의 순환과 직업선택 47

1. 인적자본의 개발과 투자관리 49
2. 인적자원 이행 및 활용 56
3. 직업과 직업분류 62
4. 직업 · 진로 선택 75

Chapter 03 국가직무능력표준(NCS) 93

1. 국가직무능력표준의 개요와 분류체계 95
2. 국가직무능력표준의 구성 101
3. 직업윤리와 기업윤리 109
4. 사회적 기업 116

Chapter 04 의사소통능력 123

1. 의사소통능력의 이해 126
2. 문서이해능력 134
3. 문서작성능력 139
4. 경청능력 146
5. 의사표현능력 158
6. 기초 외국어능력 165

Chapter 05 대인관계능력 171

1. 대인관계능력의 의미 174
2. 팀워크능력 179
3. 리더십능력 188
4. 갈등관리능력 196
5. 협상능력 202
6. 고객서비스능력 209

Chapter 06 인사노무관리 215

1. 인사 · 노무관리 217
2. 노동법의 이해 221
3. 근로기준법 226

- **부록** 1. 자기이해를 위한 연습 239
- **부록** 2. 공공기관 NCS 기반 자기소개서 연습 244
- **부록** 3. NCS 직업기초능력 기반 하위영역별 면접 질문 예시 247

- 참고문헌 255

CHAPTER 01

직업 · 진로설계

Chapter

직업·진로설계 01

1 직업 · 진로설계의 의미

1) 직업 · 진로설계의 문제 및 목표

한 개인은 정규 교육과정(초, 중, 고, 대학)을 거쳐 사회로 진출하게 된다. 사회진출을 위해 무엇보다 먼저 직업을 찾으며, 직업을 통해 사회적 기준의 성인이 되고 인간의 궁극적 목표인 자아실현에 이르고자 노력한다. 따라서 인간다운 삶에서 직업은 삶의 여러 가지 행복의 요소 중 하나이다. 성공적인 삶은 인간의 기본적이며, 자연스러운 욕구이다. 따라서 직업을 통해 이 욕구를 실현하기 위해서 직업진로설계는 필수적이라 할 수 있다.

진로설계는 1800년대 말 산업주의(industrialism)와 함께 사회 및 작업환경, 생활여건의 변화와 함께 성장하였다고 볼 수 있다. 이 시기는 인간 능력의 측정과 함께 일률적 교육보다 개인의 동기, 흥미, 발달 등에 관심을 갖도록 촉구하는 교육의 개혁이 일어나고 있었다(박선영 외, 2014). 사회개혁 운동과 도시의 발달은 직업상담의 아버지라고 칭해지는 파슨스(Parsons)의 관심을 사로잡았다. 그의 주요 업적인 『Choosing a Vocation (1909)』에서 직업선택을 위해서는 자기이해를 시작으로 직업세계 이해, 합리적 추론(과학적 방법으로 연결 Matching)을 하는 3단계를 주장하였다. 많은 진로상담 및 진로 프로그램의 기초가 된 특성(trait)－요인(factor) 이론은 이러한 파슨스의 영향을 받아 전개되었고, 개인의 직업선택에서의 문제점을 지적하였다.

(1) 윌리엄슨(Williamson)의 문제 분류

특성-요인이론은 개인의 특성에 대한 이해를 바탕으로 직업세계에 대한 정보를 획득하여 과학적 매칭(합리적 선택)을 강조하는 이론이다. 이러한 과정에서 개인에 대한 변별진단(differential diagnosis)을 해야하는데 윌리엄슨은 직업선택의 문제를 불확실한 선택, 무선택, 흥미와 적성의 불일치, 어리석은 선택이라는 4가지로 제시하였다.

① **불확실한 선택** : 자신의 선택이 얼마나 확실한가 혹은 선택한 분야에서 성공 가능성은 어느 정도인가를 평가하도록 함으로써 진로선택의 확실성을 진단할 수 있다. 이때 불확실성의 이유에는 섣부른 선택, 교육수준의 부족, 자기이해의 부족, 직업세계에 대한 이해부족, 실패에 대한 두려움, 친구와 가족에 대한 걱정, 자신의 적성에 대한 불안 등 수많은 요인이 포함될 수 있으며 내담자는 직업을 선택하지만 그 결정에 대해 의문을 나타내며 확신 및 불확신 정도를 나타낸다.

② **무선택** : 직업선택을 전혀 하지 못한 학생들은 통상 자신이 아직 결정하지 못했다고 이야기하거나 미래의 진로에 대해 잘 모른다고 말한다. 아무런 선택도 하지 않은 이유는 불확실한 선택의 이유와 유사한데, 아무 선택도 하지 않은 학생들은 진로선택과 관계없는 흥밋거리에 주로 관심을 쏟고 있는 경우가 많다.

③ **흥미와 적성의 불일치** : 흥미와 적성의 불일치도 진로 상담자들이 자주 부딪히는 문제로, 이러한 불일치는 종종 본인이 말하는 흥미와 적성 사이의 불일치일 수도 있고, 측정된 흥미와 적성 사이의 불일치일 수도 있다. 흥미와 적성의 불일치는 다음과 같다. ㉠ 내담자의 적성이 직업에서 요구하는 수준보다 낮을 때 ㉡ 내담자의 능력 이하 직업에 대한 관심이 있을 때 ㉢ 흥미와 능력은 같지만 직업분야가 다를 때

④ **어리석은(현명하지 못한) 선택** : 사람들은 성공의 가능성에 대한 증거가 조금만 있어도 어리석은 진로선택을 한다. 이러한 어리석은 선택은 다음과 같다. ㉠ 목표와 맞지 않는 적성, ㉡ 흥미와 관계없는 목표, ㉢ 직업적응을 어렵게 하는 성격, ㉣ 입문할 기회가 아주 적은 직업의 선택, ㉤ 친구 · 친척의 고용 약속을 믿고 한 선택이나 부모 · 타인의 압력에 따른 선택, ㉥ 직업정보의 결핍, 특권에 대한 갈망, ㉦ 진로에 대한 오해

(2) 크라이티스(Crites)의 문제 분류

크라이티스에 의하여 제시된 문제분류는 개인의 적성과 선택한 직업분야에서 요구되는 적

성의 일치성 혹은 개인의 흥미와 선택한 직업분야의 일치성에 따라 분류된다. 적응문제, 우유부단의 문제, 비현실성의 문제의 3분류는 다음과 같다(주석진, 2017).

① 적응문제

㉠ 적응된 사람은 자신의 흥미분야와 적절한 적성수준에서 직업을 선택한다. 내담자가 확신이 없이 상담하러 올지라도 실제로는 문제가 없는 유형이다(적응형).

㉡ 부적응된 사람의 직업선택은 흥미분야나 적성수준과 일치하지 않는다. 여기서의 문제는 의사결정과정에 관련된 변인들 사이의 완전한 불일치에서 일어난다(부적응형).

② 우유부단의 문제

㉠ 가능성이 많은 사람은 두 번 또는 그 이상의 선택을 하기도 하지만 이런 선택의 각각은 그의 흥미분야 적성수준에서 일치한다. 이러한 내담자는 다양한 흥미와 적성의 일치를 선택하는데, 문제는 여러 대안들 중 하나를 결정할 수 없다는 것이다(다재다능형).

㉡ 우유부단한 사람은 선택을 하지 못한다. 여러 흥미유형을 갖고 있을 수 있으나, 적성 수준이 보통이거나 낮을 수 있다. 문제는 미래가 갖고자 하는 직업에 확신을 갖고 말할 수 없다는 것이다(우유부단형).

③ 비현실성의 문제

㉠ 비현실적인 사람은 흥미와 적성이 불일치하는 경우이다. 즉, 측정된 적성수준보다 높은 적성을 요구하는 직업을 선택(흥미는 느끼지만 적성이 낮음)한다(비현실형).

㉡ 수행불가능한 사람은 그의 흥미 분야와는 일치하지만 측정된 수준보다는 낮은 적성을 요구하는 직업을 선택한다(불충족형).

㉢ 강요된 사람은 적절한 적성수준에서 선택을 하지만 그의 흥미분야와는 일치하지 않는 직업을 선택한다. 문제가 적응이나 우유부단과 비슷하지만 선택이 이루어졌다는 측면에서 다르다고 할 수 있다(강압형).

(3) 직업 · 진로상담의 목표

직업 선택 및 진로 설계를 위해서는 개인의 발달적 측면과 함께 심리, 사회적 속성, 사회경제적 배경 등 여러 가지 문제를 고려해 보아야 한다. 이러한 문제를 해결하는 방법 중 하나는 상담을 받는 것이다. 반드시 상담이 아니더라도 일반적인 진로계획의 목표는 다음과 같은 것을 고려하여 설정하는 것이 좋다(김봉환 외, 2019).

① 자신에 관한 보다 정확한 이해증진

앞서도 언급했듯이 올바른 진로선택을 위한 첫 번째는 자기자신에 대한 올바른 이해이다. 여기서 올바른 이해란 정확한 이해, 객관적인 이해를 의미하는 것이다. 최근 청소년들의 진로선택과 관련하여 문제점 중의 하나는 일과 직업세계와 관련된 올바른 자기인식 능력을 길러주지 못하고 있다는 것이다. 코로나 19를 비롯한 ChatGPT의 일상생활 활용은 보다 빠른 사회변화를 이룰 것이다. 계속되는 분업화 전문화 과정에서 자기의 능력, 흥미, 적성, 성격, 가치관 등에 대하여 올바른 이해는 직업의 선택에 필수적이라 할 수 있다. 따라서 진로설계를 위해서는 자기이해를 중요한 목표의 하나로 삼아야 할 것이다.

② 직업세계에 대한 이해 증진

현대사회는 복잡하고 다양한 일과 직업의 종류 및 본질에 대한 객관적 이해가 절대적으로 요청되고 있다. 산업혁명 이래 현재는 4차 산업혁명이라고 불리는 시대이다. 직업의 전문화 및 고도화가 이전에 비해 급속하게 이루어지고 있다. 선진국의 경우 2~3만 종류의 직업이 존재하고, 일부 미래학자들은 2000년대 중반이후에는 현존하는 50%의 직업이 사라질 것이라 예측하기도 한다. 이러한 상황에서 장래에 유망 직업 및 수요가 증가하는 직업을 알아야 할 것이다. 일과 직업의 세계에 대한 객관적인 정보와 이에 대한 체계적인 탐구 없이 진로 혹은 직업을 선택하는 것은 무모한 일이다. 그러나 청소년들의 상담사례를 분석해보면 피상적인 수준에서 단편적 측면의 변화를 생각한다든지 일과 직업에 대한 이해도가 많이 떨어지든지 하는 상황이다. 이에 직업세계에 대한 객관적이고 정확한 이해는 진로설계 및 상담의 매우 중요한 목표이다.

③ 합리적인 의사결정 능력의 증진

진로설계 및 직업선택의 최종결과는 그것이 크든 작든 '결정'이라는 형태로 나타난다. 앞서 언급한 자기이해와 직업세계에 대한 이해를 바탕으로 직업 및 진로 선택을 어떻게 할 것인지 의사결정을 해야 한다. 진로선택의 결과에 따라 우리의 생활은 영향을 받을 수밖에 없다. 즉 능력발휘의 기회, 거주지, 친구, 사회·경제적 지위, 정신 및 신체건강, 가족관계 등 생활의 모든 측면에 영향을 받는다.

이렇게 중요한 결정을 함에 있어 자신에 대한 이해 없이, 직업에 대한 정확한 이해없이, 편견에 의해서 또는 부모의 권유로, 주위사람의 권유 혹은 외적인 욕구를 추구하다 불합리한 결정을 내리는 경우가 많다. 이렇게 내린 결정의 결과에 대해서는 불만족을 하기 쉽고 많은 부작용을 낳게 된다. 따라서 청소년 및 처음 직업선택을 하거나 이직·전직을 하는 경우에는 올바른 결정을 할 수 있도록 의사결정 기술을 증진시키는 일은 매우 중요하다.

④ 정보탐색 및 활용능력의 함양

4차 산업혁명 시대를 살고 있는 현대는 '지식 및 정보화 시대'라고들 한다. 이는 일상생활에서 그만큼 정보가 중요한 역할을 하고 있으며 고부가가치를 창출한다는 의미이다. 이미 정보화 시대에 살고 있는 우리는 더욱 고도화된 정보화 시대를 살아가게 될 것이고, 이에 정확한 정보를 탐색하고 활용하는 능력을 키우는 것이 중요함을 알 수 있다. 특히 직업정보는 빠르게 변화하는 산업·직업세계를 이해하고 의사결정을 위한 중요한 역할을 하고 있다. 상담사 또는 전문가의 도움을 매번 받을 수 없는 상황에서 스스로가 정보를 탐색할 수 있는 방법을 배우고 실행에 옮겨 보도록 함으로써 자기가 필요한 정보를 스스로 수집해서 활용하는 능력을 체득해야 한다. 이러한 정보의 탐색능력은 비단 직업진로정보에만 국한되지 않고 삶의 모든 영역에까지 확장이 필요하다.

⑤ 직업에 대한 올바른 가치관 및 태도 형성

진로상담 및 진로설계를 함에 있어 중요한 목표 중 하나는 직업에 대한 올바른 가치관 및 태도를 갖게 하는 것이다. 가치관과 태도는 성장해 나가는 동안 형성되는 것으로 왜곡되었거나 잘못 형성되어 있는 가치관은 상담을 통해서 올바르게 수정해야 할 것이다. 현대사회에서 직업이란 부(富)를 창출하는 원천으로 생계의 수단으로서 뿐만 아니라 사회봉사(사회적 기여)와 자아실현의 수단으로서 그 중요성이 증대되고 있다. 그러나 아직도 우리 사회는 특정 직업을 천시하거나 싫어하는 풍조가 있다. 입시경쟁이 치열하게 된 이유도 직업을 사회봉사나 자아실현의 수단으로 보기보다는 돈과 권력 혹은 명예를 획득하는 수단으로 보려는 생각에서 비롯되었다고 보인다. 특히 전통적인 직업 의식 중에서도 우리 사회는 지위지향적 직업관, 직업에 대한 전통적 귀천의식, 블루칼라직에 대한 천시풍조, 화이트칼라직에 대한 지나친 선호 경향 등을 고쳐져야 할 직업가치관 및 태도라고 볼 수 있다.

2) 직업 · 진로설계 과정

직업진로설계란 직업을 가지고 성공적인 직업생활을 하기 위해서 준비하는 것으로, 자신에게 맞는 직업경력을 만들어 가는 데 필요한 작업이 직업진로설계라 할 수 있다. 무엇보다도 먼저 해야 할 일은 성공적인 직업생활을 원하는 자기 자신에 대한 점검이 필요하다. 이러한 자기자신의 이해는 흥미, 적성, 능력, 직업윤리, 직업가치, 자신에게 요구되는 집안의 기대 등을 포함하여 그에 맞게 직업설계를 하는 것이다.

또한 지식기반의 사회를 대비한 미래사회의 생활양식의 이해와 다양한 직업환경의 변화를 이해해야 한다. 즉, 직업정보의 탐색과 직업에서 요구하는 능력을 확인하여 자기이해를 바탕으로 한 정보와의 연결이 중요하다. 송병일과 박영주(2005)는 대학에서 학생들이 직업설계를 하는 보편적 과정으로 다음의 5단계를 제시하고 있다.

(1) 1단계 : 기획단계

21세기 지식기반 사회의 특성을 이해하고 자신의 비전을 설정하여 그에 따른 기본계획을 수립하는 단계이다. 이러한 기획단계에서는 다음과 같은 세부적인 활동이 필요하다.

- 21세기 직업세계와 변화의 이해
- 개인비전 설정
- 생애목표 전개도 작성
- 목표에 대한 기본계획 작성

(2) 2단계 : 자기이해 및 자기진단단계

기획단계에서 인생 목표에 대한 기본계획을 수립한 후, 이를 구체화시키기 위한 단계로 자기 자신의 이해와 진단을 실시하는 단계이다. 이 단계에서는 다음과 같은 세부적인 활동이 필요하다.

- 자신의 흥미, 적성, 능력 바로 알기
- 직업에 대한 태도와 가치를 명료화하기
- 자신의 학업성취와 전공 분야 바로 알기
- 자신의 대인관계와 사회성 파악하기

(3) 3단계 : 직업설계단계

전 단계에서 확인한 자기이해와 진단을 토대로 직업설계를 위한 직업 및 진로탐색이 구체적으로 이루어지는 단계이다. 이 단계에서는 다음과 같은 세부적인 활동이 필요하다.

- 자신의 흥미, 적성 및 능력을 평가하는 활동
- 정보수집활동
- 희망직업 찾기 : 본인희망, 주위기대, 전문가와의 상담 및 직업방문, 직업심리검사
- 희망직업 종합 : 가능성을 지닌 직업선정(10개 정도) → 잠정직업 선택(5개 정도) → 목표직업선택(2~3개) → 실행계획 작성

(4) 4단계 : 추진단계

이 단계는 3단계에서 최종적으로 확인된 목표직업을 실행계획에 옮기는 데 필요한 능력개발이 이루어지는 단계이다. 이 단계에서 자기 자신이 해야 할 세부적인 활동은 다음과 같다.

- 목표직업에 대한 상담활동과 합리적이고 구체적인 직업설계
- 목표직업에 대한 진로결정, 직업능력 개발(자격증 취득을 위한 준비 등)
- 목표직업에 대한 구직기관의 탐색 및 직업변화 점검
- 목표직업에 대한 응시와 지원 및 면접 준비, 경쟁력 개발

(5) 5단계 : 경력개발단계

이 단계는 마지막 단계로 졸업을 앞두고 인턴사원제 등 취업에 직결되는 프로그램을 통해 실제 기업과 접촉을 시도하는 단계이다. 이 단계에서는 다음과 같은 세부적인 활동이 필요하다.

- 인턴사원 제도, 현장체험 등을 통해 목표직업에서의 경력개발 시작
- 목표직업에 대한 전문성 고도화하기
- 목표직업이 필요로 하는 지식, 기술, 능력의 재검토와 구체화

3) 행복의 특성

우리가 일을 하는 궁극적 목표는 '행복해지기 위해서'라는 주장에 누구나 동의할 것이다. 많은 사람들이 부나 명예를 바라는 것은 그 자체의 만족보다는 이러한 것들로 인해 행복한 삶을 기대하기 때문이다. 그러나 단순히 이런 것들을 좇는다고 행복에 도달할 수 있는 것은 아니다. 예컨대, 복권에 당첨된 사람들의 불행한 이야기가 뉴스로 많이 나오는 이유도 이러한 것을 방증하는 것이라 할 수 있다. 그렇다면 어떻게 해야 행복한 삶을 사는 것일까?

'몰입'으로 유명한 칙센트 미하이(Mihaly Csikszentmihalyi)는 우리가 행복이라고 부르는 것은 인생의 중요한 부분들을 내가 결정할 수 있다는 통제감과 우리가 하고 있는 일에 온전히 몰두하는 몰입의 두 가지 요소를 포함해야 한다고 본다. 그는 이를 위해서 다음과 같이 주장한다.

"사실 행복은 개개인이 개별적으로 준비하고 개발하여 지켜 나가야 하는 것이다. 내적 경험을 통제하는 것을 배운 사람들은 그들의 삶의 질을 통제할 수 있으며 이는 우리를 행복의 상태로 더욱 가까이 이끌어 줄 수 있다."

(1) 내적 경험의 통제

우리는 외부의 힘을 모두 통제할 수는 없지만 삶의 중요한 부분을 통제할 기회와 능력을 가지고 있다. 우리는 자신의 행동을 통제하는 존재로서 희열을 느끼거나 적어도 그 순간만큼은 자신이 운명의 주인이라고 여긴다. 이러한 희열은 삶의 중요한 부분을 통제함으로써 맛볼 수 있는 행복의 가장 기초적인 요소이다. 사람은 무엇을 누구와 같이 있고, 어디에 있는지에

따라 영향을 받는 수동적인 대상인 듯하지만, 궁극적으로 중요한 것은 외부조건이 아니라 그것을 우리가 어떻게 이용하는지에 따라 선택하고 결정한다는 점이다(예 지금의 수업 청취). 이러한 선택에서 어떻게 느끼는지는 개인이 능동적으로 선택한다는 것이다. 즉, 행복이란 무엇을 하는지가 아니라 어떻게 하는지에 달려있다고 할 수 있다.

(2) 몰입의 즐거움

'몰입'이란 삶이 고조되는 순간에 현재 하고 있는 행동이 물 흐르듯 자연스럽게 이루어지는 느낌을 표현하는 말이다. 적절한 대응을 요구하는 일련의 목표가 앞에 있을 때 몰입할 가능성이 높다. 바둑, 축구, 컴퓨터 게임 등을 할 때 몰입하기 쉬운 이유는 목표와 규칙이 명확히 설정되어 있어 무엇을 어떻게 해야 하는지 고민하지 않고 참여할 수 있기 때문이다. 몰입행동의 또 다른 특징은 피드백 효과가 빨리 나타난다는 것이다. 몰입활동은 작업이 얼마나 순조롭게 이루어지는지를 말해준다. 외과의사는 수술을 할 때 어떻게 해야 하는지 잘 알고 있으며, 수술의 경과를 예측할 수 있다. 즉, 목표가 명확하고 활동결과가 바로 나타나면 정신을 체계적으로 집중할 수 있다. 명확한 목표가 주어져 있고, 활동의 효과를 곧바로 확인할 수 있으며, 과제의 난이도와 실력이 알맞게 균형을 이루고 있다면 어떤 활동에서도 몰입을 맛보면서 삶의 질을 끌어올릴 수 있다.

4) 자기인식과 자아실현

(1) 자기인식과 정체감의 중요성

우리는 매일 겪는 주변 사건의 의미에 대해 생각한다. 그것은 무의식 속에 저장되기도 하지만 이러한 메시지들은 우리의 생을 지배하는 어떤 형태로 나타나게 된다. 이것들이 우리의 정체성을 규정해 버리고, 운명이라는 틀 속에 자신을 가두게 된다면 자신이 누구인지 모른 채 타인의 목소리로 자신이 규정되어 살아가게 될 것이다.

인간은 누구나 하나의 온전한 성인으로 살아가면서 자신의 경험과 욕구와 재능을 통해 내면세계를 보며 명확한 정체감을 가지고 싶어 한다. 정체감은 다른 것과는 구별되는 자신의 독특하고 특별한 것들로 이루어진다. 다른 사람이 규정한 내가 아닌, 진정한 내가 누구인지에 대해 자신을 들여다보는 용기가 필요하다. 그것을 통해 우리는 원하는 곳을 향한 여행의 방향을 선택하고 그 거리를 자유롭게 조절할 자유를 얻게 될 것이다.

(2) 변화를 통한 정체감 발달

자신의 정체감을 분명하게 하기 어려운 이유는 인간은 누구나 환경과 더불어 끊임없이 변화하기 때문이다. 즉, 자신과 주위의 변화를 적극적으로 받아들이고, 내면을 새롭게 바꿔나가야 한다. 이를 위해서는 삶, 경험, 발달단계의 의미를 알고, 내부의 목소리에 귀를 기울이는 것이 효과적이다.

정체감의 정립은 자신을 이해하는 것에서 시작된다. 먼저 자신을 이해하기 위해서는 인간 발달의 일반적인 과정을 이해하는 것이 필요하다. 삶에 중요한 방향 전환을 가져오는 다양한 사건과 변화가 생애주기 속에 있다. 이러한 변화는 자신과 세계에 대한 기본가정을 바꾸어 놓는다. 일상생활 속에서 생각하고 느끼고 행동하는 방향으로 자신에 대한 인식 내용을 변화시켜나가는 것이다. 결국 발달적 변화와 사건들은 우리가 누구인지의 개념을 변화시킨다.

(3) 위기극복을 통한 정체감 재정립

발달적 위기는 예측할 수 있는 위기와 예측할 수 없는 위기로 분류할 수 있다. 예측할 수 있는 위기들은 생애주기를 이동함으로써 직면하게 되는 피할 수 없는 변화들이다. 예를 들면, 다음과 같은 위기들을 생애주기에 따라 경험하게 된다.

- 졸업을 앞둔 어떤 여자 대학생은 결혼과 대학원 진학을 병행하는 것이 가능할지에 대해 걱정한다.
- 어느 교사는 은퇴연령에 들어서면서 점점 더 두려움을 느끼게 된다.

그러나 이와는 달리 전혀 예측하지 못하는 위기들도 있다. 예를 들면, 다음과 같은 위기들은 예측하지 못한 상태에서 찾아와 준비하기가 어려울 때도 있다.

- 어떤 대학생은 집안의 갑작스러운 경제위기로 휴학을 하게 된다.
- 15년 경력의 전업주부는 갑작스러운 이혼으로 좌절하게 된다.

이러한 위기들에 대해 어떤 사람들은 단순히 자신의 현재 상황을 평가하기 위해 잠시 멈추고, 그때 자신의 흥미와 가치들이 변화되었다는 것을 처음 발견하여, 그것들을 실현하기 위해 큰 전환을 시도하게 된다. 또한 어떤 사람들에게는 성공과 성취가 곧 새로운 도전이 되기도 한다. 그러나 이러한 위기에서 자신에 대한 새로운 발견을 하게 되고, 성공적인 정체감을 형성하게 된다면 새로운 정체감이 형성되는 것이다. 실패를 했다고 해서 정체감 형성에 방해가 되는 것은 아니다. 실패를 했더라도 재검토를 통한 노력이 수반된다면 성공적인 정체감을 형성할 수 있는 것이다.

5) 자아실현의 과정으로서 진로

자아실현을 강조한 메슬로(Maslow)는 인간본성이 지니고 있는 최선이 무엇인지에 대해 연구하였다. 많은 학자들은 정체감이 현실로 드러나는 과정을 진로라고 생각한다. 진로는 전 생애적 과정으로 정적이고 관념적이기보다는 역동적이다. 사람들은 수년에 걸쳐 어떤 진로를 적극적으로 추구하고 거기에 종사하는데, 그 과정에서 자신의 욕구를 충족시키고 이를 위해 다양한 직무와 직위를 수행하게 된다. 진로는 단순이 욕구충족의 과정이라고 볼 수 없지만, 이 과정에서 일어나는 일과 여가, 개인발달, 가족에 대한 헌신 등을 모두 포함하여 욕구를 충족하게 된다.

(1) 개인의 욕구충족과 자아실현

메슬로는 삶의 궁극적인 목표는 자아실현을 통해 개인이 잠재적인 능력을 발휘하려는 욕구라고 보고 있으며, 궁극적 목표에 도달하기 위한 욕구가 단계별로 기본적인 욕구에서 위계적으로 발달된다고 보는 욕구 위계이론을 주장하였다. 욕구 이론 중 생리적 · 안전 · 소속과 사랑 · 존중의 욕구는 결핍욕구이며 인지적 · 심미적 · 자아실현의 욕구는 존재욕구로 구분이 된다. 결핍욕구는 하위단계별로 충족이 되면 그 욕구를 충족하려는 동기가 감소하지만 존재욕구는 완전하게 충족되기가 어려운 것으로 자아실현의 욕구는 끊임없이 생성된다. 욕구 위계이론을 단계별로 살펴보면 [그림 1-1]과 같다(현성용 외, 2015).

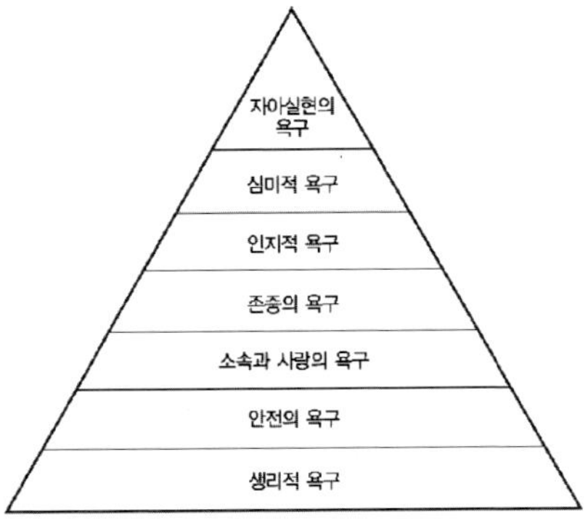

※ Maslow 욕구의 위계 5단계
생리, 생존(음식, 물, 성) → 안전(질서, 안정성) → 소속과 사랑(친밀감, 특별한 관계) → 존중(자신과 타인으로부터의 존중) → 자아실현

※ 추가된 욕구
인지적 욕구(cognitive ; 앎과 이해)와 심미적 욕구(aesthetic)]

[그림 1-1] Maslow의 욕구단계(위계)

(2) 욕구위계이론

메슬로의 욕구위계는 피라미드식으로 구성되었는데, 가장 낮은 수준에서는 원초적인 생리적 욕구가 있고, 그 다음으로 안전의 욕구, 소속과 사랑(애정)의 욕구, 자존의 욕구로 분류되는 네 가지 결핍욕구가 있으며, 이것들이 충족되고 나면 자기실현의 욕구인 존재의 욕구가 단계적으로 생긴다고 하였다.

① 생리적 욕구

이 욕구는 인간의 유지와 직접적으로 관련되는 것으로 가장 기본적이고 강한 욕구이다. 여기에는 음식, 물, 산소, 수면, 성(性), 휴식, 건강 등이 포함된다. 이러한 욕구들은 인간의 욕망을 지배하고 있으며, 만일 이것이 제대로 충족되지 못하면 사회의 가치나 도덕이 지켜지기 어려울 수도 있다. 생리적 욕구는 기본적인 생존에 어려움이 있는 사람들에게는 가장 중요한 삶의 동기가 되지만, 대부분의 사람들의 생활에서는 최소한의 역할을 수행하고 있다.

② 안전의 욕구

생리적 욕구가 만족된 이후에 개인이 새롭게 관심을 갖게 되는 욕구이다. 이것은 개인이 환경 내에서 확실성, 정돈, 질서, 예측성 등을 알맞게 보장받기 위한 동기에서 나타난다. 안전의 욕구는 특히 아동의 생활에 중요한 요소로서, 어느 정도 엄격한 가정환경에서는 이러한 욕구를 만족시킬 수 있다. 그러나 아동이 가정환경 내에서 불안, 걱정, 불신 등을 느끼게 되면, 안정성을 제공할 수 있는 생활의 다른 영역을 찾게 된다. 안전의 욕구는 성인이 되어서까지도 커다란 영향력을 갖게 되며, 이것은 부분적으로 의식주를 해결할 수 있는 직업, 저축, 보험가입, 철학, 종교 등과 관련되어 있다.

③ 소속과 사랑의 욕구

앞선 두 단계의 욕구가 충족되었을 때, 나타나는 욕구로 남들과의 애정, 가족에서의 위치, 준거 집단 등을 갈망하며, 집단의식이 개인의 주요한 목표가 된다. 소속에 대한 욕구는 산업화, 도시화에 따른 가족구성원의 변화에 따라 점차 충족되기 어렵다. 그러므로 소속의 욕구를 충족시키기 위해서는 개인이 조직, 단체, 집단 등에 가입하여 활동하는 것이다. 사랑에 대한 욕구는 사람을 받는 것뿐만 아니라 주는 것을 포함한다. 여기에서 사랑이란 각각의 개인에 대한 깊은 이해와 수용을 바탕으로 상호간의 건전한 신뢰관계와 존중을 포함하는 개념이다.

④ 자존의 욕구

자존의 욕구는 자신을 긍정적으로 평가하려는 데에서 생기며, 자기존중과 타인으로부터의 존경으로 분류된다. 자기존중은 능력, 신뢰감, 적합성, 성취, 독립, 자유 등을 포함하는 것으로 개인이 자신이 가치 있다고 생각하는 것이다. 타인으로부터의 존경은 명성, 인식, 수용, 주목, 지위, 평판 등을 포함하는 것으로 자기의 능력이 다른 중요한 사람으로부터 인식되고 좋게 평가되는 것이다.

⑤ 자아실현의 욕구

이전 네 단계의 욕구가 모두 충족된 후 나타나는 욕구이며, 자기가 성취할 수 있는 모든 것을 성취하려는 욕구이다. 이 단계에 도달한 사람은 자기 자신의 능력, 재능 잠재력을 충분히 발휘하기 위해서 노력한다. 여기에서 자아실현이란 자아의 완전한 발달을 의미하며, 자신의 잠재력을 최대한 발휘하여 자기가 원하는 사람이 되도록 하는 것이다. 자아실현은 다양한 형태로 나타날 수 있다. 이것은 누구든지 직업이나 관심분야와는 관계없이 자신의 잠재력을 충분히 발휘하며 성격발달의 정점에 도달할 수 있는 가능성이 있기 때문이다. 즉, 자아실현은 예술가나 시인뿐만 아니라 운동선수, 교사, 노동자 등 각자가 맡은 바에 최선을 다함으로써 추구할 수 있다.

욕구위계이론은 심리학, 교육학, 경제학 등 다양한 학문 영역에서 인간행동을 설명하는데, 도입되어 많은 지지를 받기도 하였다. 이 이론을 적용하여 국가 경제발전의 진전을 설명해 보면, 저개발국의 국민은 기본적인 생존을 위한 욕구 충족이 중심이 된다. 먹고 입고, 생명의 안전을 추구하고 소속과 애정에 대한 욕구 충족에 급급한 것이다. 먹고사는 것과 기본적인 결핍욕구가 만족된 개발도상국의 국민은 개인과 국가의 자존감과 국제 사회에서의 위치확보에 주력한다. 경제발전과 국제 사회에서의 영향력을 확보한 선진국의 국민은 지적 성취와 심리적 욕구 충족을 위한 행동 패턴으로 문화생활과 웰빙(well-being)이 최대의 관심사이다. 이러한 욕구가 충족되면 최상의 발달 단계인 개인의 자아(자기)실현 욕구가 발생할 것이다(현성용 외, 2008).

(3) 자아실현인(self-actualizers)의 15가지 특징

메슬로는 자아실현하는 사람들에 대한 연구가 진행됨에 따라, 이들 극히 건강한 사람들은 그들을 움직이는 어떤 힘이 평범한 사람들과는 질적으로, 양적으로 다르다는 사실을 인식하기 시작했다. 자아실현하는 사람들을 움직이는 동기에 대한 이론을 Maslow는 "성장동기(growth motivation)"이론 또는 "초동기(metamotivation)"라고 불렀다. 이것은 존재(Being) 또는 존재동기(B-motivation)라고도 한다.

메슬로가 말한 자아실현은 인간 모두가 자아실현을 할 수 있는 잠재력을 가지고 있으나, 인간 모두가 하는 것은 아니라고 하였다. 자아실현을 위해서는 첫째, 하층단계의 욕구를 차례로 충족시킨 바가 있어야 한다. 자신의 능력을 최고도로 사용하여 수행하고, 성숙(maturation)하는 건강한 인간이라는 것이다. 둘째, 연령적인 면에서 중년이나 그 이상에 달한 사람이다. 메슬로는 젊은이들은 정체감이나 자율감이 아직 강력하지 못하다고 생각하였다. 아직 충분히 지속적인 사랑의 관계를 갖지 못했고, 자신이 헌신하고자 하는 사명, 가치관이나 인내심, 용기와 지혜를 발달시키지 못했다는 것이다. 이러한 자아실현인의 특정한 성격은 다음과 같다(주석진, 2017).

① **효율적인 현실지각** : 지극히 건강한 사람은 주변세계에 있는 물체와 사람을 객관적으로 지각한다(원하는 것이 아닌 있는 그대로 본다).

② **본성, 타인, 그리고 자신에 대한 일반적인 수용** : 자아를 실현한 사람은 약점과 장점을 포함하여 자기 자신을 불평이나 걱정 없이 받아들인다.

③ **자발성, 솔직성, 자연스러움** : 삶의 모든 측면에서 가식 없이 솔직하고 직접적인 방식으로 행동한다. 정서를 숨기지 않고 정직하게 나타낸다.

④ **자기 밖의 문제에 중점적인 태도** : 자기 일에 대하여 책임감을 가지고 스스로 열중하며 온 정렬을 쏟을 사명에 대한 의식이 있다.

⑤ **사적인 생활과 독립에의 욕구** : 자기의 만족을 위하여 타인들에 의존하지 않고, 스스로 결정을 내릴 능력, 자아주도적이다.

⑥ **자율적 기능** : 사생활 독립과 밀접한 관련으로 자신들의 특혜와 능력으로 사회·물리적 환경에 자율적으로 기능한다.

⑦ **계속적인 신선한 감상력** : 경험들이 아무리 반복되어도 즐거움과 경외와 놀라움 같은 신선한 감각으로 경험한다.

⑧ **신비로운 혹은 '절정' 경험들** : 자아실현의 사람들은 때때로 종교적 경험과 비슷한 강렬하고 저항할 수 없는 황홀경과 경외를 경험하는 경우가 있다. 메슬로는 절정경험이 모두 지극히 강렬한 것은 아니며 경미한 것일 수도 있다고 지적했다. 그러나 건강한 사람일수록 평범한 사람보다 더 자주, 아마도 거의 매일 절정경험을 맛보게 된다. 자아실현인은 강력한 절정경험을 아주 많이 갖는 사람과 때때로 경미한 절정을 갖는 사람의 두 가지 종류가 있는데, 양쪽이 다 지극히 건강한 것이고 자아실현을 하는 것이다.

⑨ **사회적 관심** : 자아실현자들은 모든 인간에 대하여 강하게 이입된 감정과 애정을 느끼며 동시에 인본주의를 지지하고자 애쓴다.

⑩ **대인관계** : 보통 수준의 정신건강을 가진 사람들보다 타인들과 확고한 관계를 가질 수 있다.

⑪ **민주적 성격구조** : 사회계층이나 교육수준, 정치, 파벌 혹은 종파, 인종 혹은 피부색에 구애받지 않고 모든 사람들에게 관대하고 수용적이다.

⑫ **수단과 목적, 선과 악의 구별** : 수단과 목적을 분명하게 구별할 줄 안다. 또한 선과 악, 옳은 것과 그른 것을 구별할 수 있다.

⑬ **적대감 없는 유머감각** : 재치를 보이는 곳이나 웃음을 보이는 것이 타인에게 적의를 품지 않고, 특정한 개인을 조소하지 않는다. 그들의 재치는 폭소를 자아내는 것이라기보다는 이해함으로써 미소를 짓고 수긍을 하게 만드는 깊은 생각이 담긴 종류의 재치이다.

⑭ **창의력** : 모두가 예술가나 음악가가 아니고, 항상 예술적 창조작업을 한다는 의미는 아

니다. 이들은 독창적이며, 창작적인 재능이 있으며, 혁신적이다. Maslow는 이렇게 편견 없이 똑바로 사물을 볼 수 있는 창의력을 아동의 유아적 창조성과 상상력에 비유했다.

⑮ **문화적 동화에의 저항** : 자아충족적이고 자율적이며 어떠한 방식으로 생각하고 행동하라는 사회적 강압에 잘 저항한다. 타인에 의해서라기보다는 스스로가 방향을 정하고 문화로부터 내적으로 이탈하여 초연함을 유지한다.

(4) 개인의 진로유형

진로는 자신을 세상에 드러내는 과정이므로 기본적으로 심리적이다. 진로를 더 활기차게 하는 요인은 개인적인 욕구, 포부, 동기 등의 심리적인 요인이다. 사람들은 다양한 이유로 특별한 시간에 특별한 일을 하게 된다. 임금, 시간, 일하는 조건, 기회를 포함하여 다른 많은 요인들을 고려하지만 그 양상이 자신의 정체성와 생활양식에 관련되기 때문에 각 개인은 자신의 고유한 진로유형을 추구하게 된다.

이러한 개인의 진로유형은 기본적으로 성격의 산물이다. 그리고 개인의 생활양식처럼 복잡하고 다양하다. 따라서 모든 개인에게 적용되는 표준적이거나 바람직한 진로유형이란 없다. '진로' 또는 '생애설계'란 삶에 구조와 의미를 부여하는 모든 역할과 관계를 아우르는 생활양식을 구축하거나 그것을 향해 나아가는 데 쓰는 수단이다. 그것은 글자 그대로 '내 삶의 주인 되기'다. 가장 나다운 것을 찾아가는 과정이 바로 진로(생애)설계의 과정이 되어야 한다.

(5) 진로실현자

어떤 삶의 형식이나 진로유형을 검토하는 데 중요하게 고려해야 할 점은, 그 진로유형이 진로발달의 관점에서 볼 때 개인적인 욕구와 포부충족, 독특한 재능과 잠재력의 실현, 보편적인 사회 선(善)에 기여하는 능력 등을 어떻게 촉진하는가 하는 것이다. 위기를 기회로 전환시킨 사람들을 진로실현자들이라고 부른다. 진로실현자가 되는 데 중요한 요소는 개인이 소중히 여기는 목표를 위해서 계획을 세우고 조직하고 전념해 나가는 것이다. 어떤 진로실현자들은 성공적인 진로계획을 세우는 데서 그들의 직업, 곧 규칙적으로 돈을 버는 일을 전체 삶의 중심에 두지 않는다. 그들은 다른 흥미나 몰입하고자 하는 것들, 다른 포부를 위해 내면적으로 만족스럽지 않은 직업을 받아들이고 유지해 나가는 쪽을 선택할지도 모른다. 그런 사람들에게 진로실현화라는 것은 더 많은 시간과 에너지 자원을 중요한 사회적 명분 또는 종교활동에 쏟아 붓는 것을 의미할지도 모른다. 진로실현화에서 직접적인 긍정적 보상이 없는 음악적, 예술적 재능에 초점을 맞추게 될 때 바로 우리가 활동하는 것과 관심거리들을 식별할 수 있고 정말로 우리를 사로잡는 활동, 흥미, 요소가 무엇인지를 알 수 있다. 그리고 이를 통해서 인간 행복의 핵심요소인 통제와 몰입을 경험하기 시작한다.

Work Sheet

※ 내 삶의 버팀목

1. 내가 이 세상에서 살아야 할 이유는 무엇인가?

○

○

○

○

○

○

○

2. "나" 자신에게 주는 희망의 메시지

○

○

○

○

○

○

○

Work Sheet

※ 대학생활 계획서

1. 대학생활하면서 자신이 하고 싶은 일, 해야 할 일, 피해야 할 일에 대해서 작성해 보세요.

학년(학기)	구분	꼭 하고 싶은 일	꼭 해야 할 일	꼭 피해야 할 일
작성예시		*자격증 취득*	*체력관리(수영)*	*게임중독*
	생활			
	학업			
	경험			
	생활			
	학업			
	경험			
	생활			
	학업			
	경험			
	생활			
	학업			
	경험			

2. 자신의 대학생활에 대하여 점검해 보세요.

구분	현재상태	UP-Grade
대인관계	대학생활 중 생각나는 친구, 선후배, 교수님, 지인들의 이름을 적어보세요.	대인관계 향상방안
학교생활	지난 1학기 동안 학교, 학과, 동아리 활동에 참가한 경험이 있나요?	학교생활 개선방안
자격증(외국어)	지난 1년간 취득한 자격증(외국어)취득을 위해 노력한 적 있나요?	자격증 취득방안
봉사활동	최근 3년간 봉사활동에 참가한 적이 있나요?	앞으로의 계획

Work Sheet

※ 생애 목표 계획과 자기개발 하기

1. 자신의 생애목표 달성 계획을 자세하게 작성해 보세요.

구분	목표 1	목표 2	목표 3
(예) *현재 (25세)*	*직업상담사 자격증 취득*	*성적장학금*	*all A+*
현재 (　　세)			
1년 후 (　　세)			
3년 후 (　　세)			
5년 후 (　　세)			
10년 후 (　　세)			
20년 후 (　　세)			
30년 후 (　　세)			

2. 자신의 자기개발 경험에 대하여 주변사람과 공유해 보세요.

자기개발 내용	
자기개발 시기	
자기개발 목적	
자기개발이 직업선택에 도움이 되는 정도	

Work Sheet

※ 경력개발 계획

◇ 내가 원하는 기업과 앞으로의 경력개발 계획을 작성해 보세요.

1. 대학 졸업 후 취업을 한다면 중소기업과 대기업 중 어느 곳으로 갈까?
   중소기업 (　　), 대기업 (　　)

2. 내가 중소(대)기업을 선택한 이유는?

   ____

3. 내가 희망하는 회사는?

   ____

4. 대학 졸업 후 취업과 나의 진로목표를 달성하기 위해 내가 경험해야 할 경력개발 계획을 세워 봅시다.

구분	경력개발 계획
20대	
30대	
40대	
50대	
60대	
70대	

2 수퍼의 진로발달 이론

진로발달이론은 진로의 탐색, 선택, 적응의 과정을 보이는 일과 관련된 활동들이 어느 한 순간이 아니라 전 생애적 관점에서 발달해 간다고 보는 관점이다. 특히 이제 성인기에 들어 대학생이 된 시기는 직업선택을 위한 가장 중요한 시기인 탐색기에 해당하는 시기로 진로발달의 관점을 이해하는 것이 필요하다. 이에 진로발달 이론의 대표적 학자인 수퍼(Super)의 이론을 중심으로 살펴보고자 한다. 수퍼(Super)의 이론은 기존 진로발달 이론들의 단점을 비판하고 보완하는 입장에서 출발하여 당시의 진로선택 및 진로발달에 대한 지식을 충분이 분석하고 종합하여 보다 발전된 이론을 정립하는 데 관심을 두었으며, 현재까지 나온 진로이론 중 가장 포괄적이고 종합적인 이론이라 할 수 있다. 긴즈버그(Ginzberg)의 이론에 대한 한계(진로발달은 아동~성인 초기가 아니라 인간 생애 전반에 걸친 발달)를 극복하고자 하는 노력에서 시작되어 진로의사결정 과정에서 흥미의 역할과 선택과 적응의 개념으로, 복합적 개념으로서 전 생애-생애공간이론(life-span life space theory)이라는 포괄적 개념을 만들었다. 수퍼(Super)의 이론은 진로발달을 전 생애(life-span), 생애 역할(life role), 자아개념(self-concept) 등 세 가지 개념으로 이론화하였다(김봉환, 2010).

1) 주요 개념

(1) 직업발달의 기본 명제

① 개인은 흥미, 성격, 능력에 차이가 있다.
② 개인 특성 차이로 각기 다른 직업적 특성을 가진다.
③ 각 직업에는 다른 특성이 있다.
④ 개인의 직업적 능력, 선호, 자아개념은 계속적인 선택과 적응의 과정을 통해 발달한다.
⑤ 직업과정은 성장기, 탐색기, 확립기, 유지기, 쇠퇴기의 단계를 거친다.
⑥ 개인의 직업유형은 부모의 사회경제적 지위, 지적 능력, 인성, 교육의 영향을 받는다.
⑦ 개인의 직업발달은 현실 검증력, 자아개념, 흥미를 발달시킴으로써 촉진된다.
⑧ 진로발달의 과정은 본질적으로 자아개념을 발전, 보완해 가는 과정이다.

⑨ 개인과 사회적 요인, 자아개념과 현실과의 타협은 상담과정과 실제활동(학급, 클럽)의 역할수행을 통해 이루어진다.

⑩ 직업과 인생에 대한 만족은 개인이 능력, 흥미, 인성, 가치에 맞게 진로를 선택하는가와 자신의 성숙과 경험에 따라 일관되고 적합한 역할을 하는 생활양식에 달려 있다.

⑪ 개인과 사회적 요소 간, 그리고 자아개념과 현실 간의 종합과 타협의 과정은 상담과정에서 또는 실제활동에서 환상적으로 역할을 수행했는지에 대한 피드백으로부터 학습하는 과정이자 역할수행의 과정이다.

⑫ 직업만족과 삶의 만족은 개인이 능력, 욕구, 가치, 흥미, 성격적 특징, 자아개념에 대한 적절한 출구를 발견하는 정도에 달려 있다.

⑬ 일에서 얻는 만족의 정도는 자아개념을 충족시킬 수 있는 정도에 비례한다.

⑭ 직업은 사람의 성격조직에 영향을 준다.

(2) 자기개념

자기 또는 자아개념(self-concept)은 수퍼(Super) 이론의 가장 핵심개념으로, 이는 어떤 상황, 역할, 지위에서 특정한 기능을 수행하고 있으며 일련의 복잡한 관계 속에서 자신에 대한 상(象, image)을 제공한다. 자아개념은 개인이 어떻게 선택하고, 선택에 어떻게 적응하는지에 대한 자신의 이미지를 의미하는 것으로 사회적인 경제상황과 자신이 일하고 생활하는 현재의 사회구조를 평가하기 위하여 가지는 자아의 형태이다. 이 자아의 발달은 어린시절부터 이루어지며, 진로발달 단계에 따라 개인심리적 요인과 사회적 요인의 상호작용에 의해 개인의 역할 자아개념이 발달하게 된다(김봉환 외, 2010).

(3) 전 생애 발달

수퍼(Super) 이론의 특징은 진로를 전 생애적 측면에서 바라보고 있다는 것이다. 진로발달은 심리사회적 관점을 비롯하여 개인차 심리학, 발달이론, 직업사회학, 성격심리학, 학습이론 등 다양한 영향을 받는 것으로 생각하였다. 이러한 여러 가지 상황들은 발달적 맥락에서 아동부터 성인기까지 직업적 발달이 이루어진다고 보았으며, 특히 성인기의 진로발달은 패턴이나 속도가 다르고 다양한 생애역할을 수행하는 과정에서 개인이 어떻게 대응하는지에 따라 발달하게 된다고 하였다. 이러한 발달의 과정은 발달과업을 중심으로 "성장기-탐색기-확립기-유지기-쇠퇴기"의 5단계로 구분된다고 하였다.

2) 진로아치문 모델

(1) 아치문의 기본 양식

인간발달의 생물학적 · 지리학적인 면을 토대로 한다. 개인(심리적 특징)은 왼쪽 기둥으로, 사회(경제자원, 경제구조, 사회제도 등)는 오른쪽 기둥의 구조로 되어 있으며 사회는 개인에게 영향을 주고 개인은 사회의 단위로서 성장하고 기능하면서, 사회에서 자신의 교육적, 가족적, 직업적, 시민적, 여가적 생애를 구축한다.

(2) 주요 개념

아치문은 크게 성격과 자아개념이라는 두 가지 영역을 기초로 [그림 1-2]와 같이 나타낼 수 있다. 성격은 개인을 구성하고 있는 모든 특징을 포함하는 포괄적인 구조로 아치문 모델의 왼쪽 기둥에 표시되는데, 여기에는 환경과 상호작용하며 발달시킨 생물학적 토대와 욕구, 지능이 포함되고, 활동에서 추구하려는 대상을 통해 유추한 가치와 흥미가 포함된다. 성격을 나타내는 복합기둥에서 오른쪽 기둥은 일반 지능으로 파생물로서의 적성(언어, 수, 공간)과 세

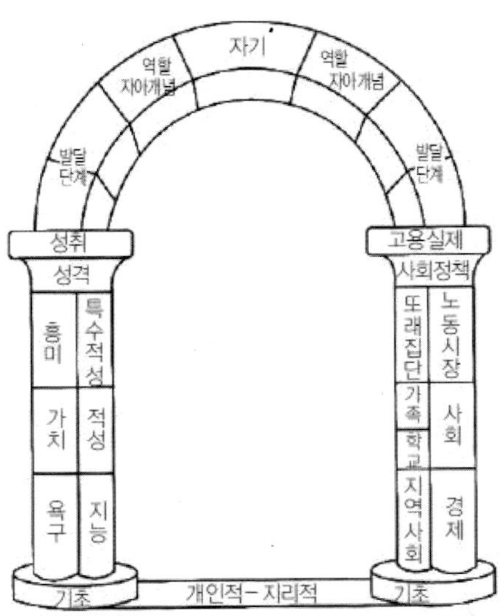

[그림 1-2] 진로아치문 모델

출처 : 김봉환(2010), p. 86.

분화된 적성을 나타낸다. 모든 성격적 구성요소의 종합은 성격이라는 기둥을 중심축으로 상징화되는데, 중심축 위에는 개인 자원의 사용, 오용, 폐지로부터 나온 결과물인 성취를 나타내는 것이다. 또한 오른쪽 기둥은 사회환경 및 개인적 배경을 나타내는 요소로 구성되어 있다. 이러한 두 기둥 위에 개인의 발달이 이루어지고, 자기개념 또한 형성되는 것이다.

3) 생애진로무지개

수퍼(Super)의 진로이론은 직업과 직접적으로 관련이 없지만 직업과 간접적으로 연관을 맺고 있는 다양한 삶의 역할에 관심을 가지고 있다. 한 개인의 다양한 삶의 역할이 그의 생활양식을 구성하며, 그러한 전체적인 역할의 구조가 진로양식을 구성한다고 보았다. 이러한 역할적 개념을 생애진로무지개의 형태로 제시하였다. 이러한 생애역할적 개념은 삶의 단계와 역할을 묶고, 결정요인 및 상호작용과 더불어 다양한 역할의 진로를 포괄적인 그림으로 나타내었다(김봉환, 2010; 김병숙 외, 1999).

(1) 진로성숙

진로성숙은 생애진로무지개의 첫 번째 차원으로 종적이고, 생애와 삶의 대순환을 나타낸다. 생애진로무지개의 외부의 띠는 주요 삶의 단계와 대략적인 나이를 보여주는데, 성장기(아동기), 탐색기(청소년기), 확립기(청년기), 유지기(중년기), 쇠퇴기(노년기)로 구체화된다.

(2) 역할의 현저성

생애진로무지개의 두 번째 차원은 삶의 공간이며, 사람들에 의해 수행되는 역할과 지위를 배열한 것이다. 개인은 태어나면서부터 학교에 들어가기 전까지 어린이의 역할을 수행한다. 그 이후 연대기적으로 아동, 학생, 여가인, 시민, 근로자, 가정관리자(부모, 주부, 배우자)로 구분되는 역할을 한다는 것이다. 이와 같은 역할은 다음의 [그림 1-3]과 같이 나타낼 수 있다.

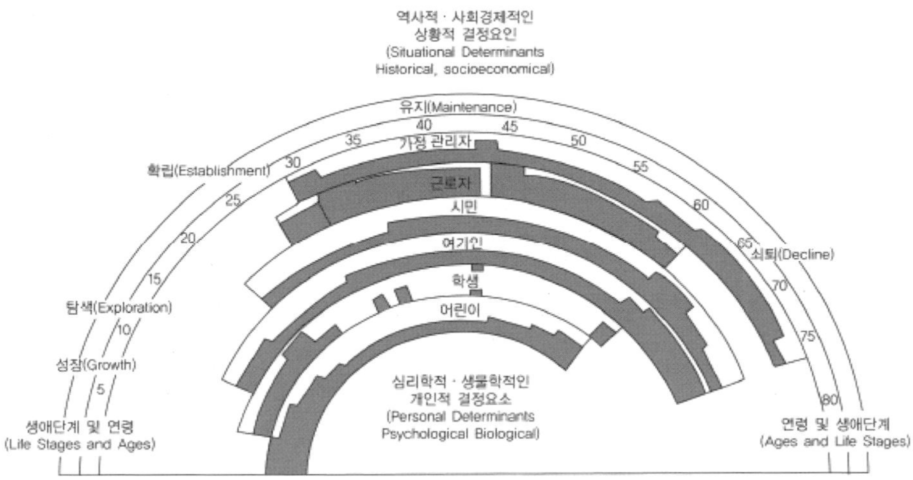

[그림 1-3] **생애진로무지개**

출처 : 김병숙(2007), p. 166.

4) 직업발달 단계

수퍼(Super)는 자신의 이론에서 진로를 전 생애적 관점에서 바라보며 심리사회적 발달과 사회적 기대의 맥락 등에서 발달한다고 보았다. 생애발달의 초기에는 진로의 형태가 사람마다 서로 비슷한 형태로 발달하고 진로 자아개념의 발달은 연령의 발달과 관련이 있다고 하였다. 아동 및 청소년기, 성인기, 노년기 등 시기에 따른 다양한 직업기회의 변동과 생애 역할을 수행하는 과정에서 개인이 어떻게 대응하는가에 따라 직업 및 진로가 발달하게 된다. 각 연령의 단계에 해당하는 독특한 행동특성을 나타내며 이는 성장기(growth stage), 탐색기(exploration stage), 확립기(establishment stage), 유지기(maintenance stage), 쇠퇴기(decline stage)의 5단계로 발달하게 된다고 하였다. 최근에 수퍼(Super)는 진로발달단계가 연령에 따라 순차적으로 발생한다는 종전의 다소 정적인 관점을 일부 수정하였다(김봉환 외, 2010). 즉, 전 생애 과정에서 나타나는 일련의 발달의 단계(성장－탐색－확립－유지－쇠퇴)를 대순환(maxicycle)으로 명명하고, 각각의 발달단계마다 다시 반복적으로 성장기, 탐색기, 확립기, 유지기, 쇠퇴기가 존재한다는 가정하에 이러한 주기를 소순환(minicycle)이라고 함으로써 개인의 진로발달에 있어서 대순환과 소순환이 공존하는 보다 역동적인 관점을 제시하고 있다. 이러한 발달단계의 내용은 다음과 같다.

(1) 성장기(growth stage : 출생~14세)

출생에서 14세까지의 시기로서 이 시기에 아동은 가정과 학교에서 중요한 타인에 대해 동일시함으로써 자아개념을 발달시킨다. 이 단계의 초기에는 욕구와 환상이 지배적이지만 사회 참여와 현실검증력이 발달함에 따라 점차 흥미와 능력을 중시하게 된다.

① **환상기**(4~10세) : 욕구가 지배적, 역할 수행이 중요시 된다. 아동이 생각하는 직업은 현실적이라기보다는 아동의 환상 속에서 존재하는 직업이다.

② **흥미기**(11~12세) : 개인의 취향이 곧 활동의 목표 및 내용, 진로목표 선정 시에 중요한 결정요인이 되는 시기이다.

③ **능력기**(13~14세) : 자신의 능력을 보다 중요시하며 이를 고려하여 진로 및 직업의 요구조건을 고려하여 선택하려 한다. 이때 직업훈련의 요구조건 등도 고려한다.

(2) 탐색기(exploration stage : 15~24세)

15~24세까지로 청소년기부터 초기 성인기에 해당하는 시기이다. 특히 이 시기는 아동기→청소년기－성인기로 이어지면서 신체적 성장 및 인지적인 측면에서 급변하는 시기라고 할 수 있다. 특히 이 시기의 진로발달은 상급학교로의 진학, 구직활동, 취업 등의 의사결정을 해야 하는 시기이다. 개인은 학교생활 여가활동, 자신의 일자리 등을 통해서 자아검증, 역할시행, 직업적 탐색 등을 시도하는 인생의 매우 중요한 변혁기라 할 수 있다. 진로교육의 측면에서 이 시기의 발달과업은 다른 어느 시기보다 중요한 시기로 다음과 같이 구분된다(김봉환 외, 2015).

① **잠정기 또는 결정화기**(15~17세) : 흥미, 욕구, 능력, 가치, 직업적 기회 등을 고려하기 시작한다. 잠정적인 진로를 선택해 보고 상상을 통해 또는 토의, 일, 기타 경험을 통해서 시행해 보는 시기이다. 점차 자신과 직업에 대한 정보가 축적되면서 진로에 대한 선호가 분명하게 드러난다.

② **전환기 또는 구체화기**(18~21세) : 이전 잠정기의 시기의 몇 가지 직업 선호들 중에서 특정한 직업선호로 구체화되는 시기이다. 개인이 취업을 하거나 취업에 필요한 훈련, 교육 등을 받고 직업선택에서 보다 더 현실적인 요인들을 고려하게 되며, 자아개념이 직업적 자아개념으로의 전환을 야기하게 되는 시기이다.

③ **시행기 또는 실행기**(22~24세) : 이 시기는 선택한 특정 직업에 대하여 노력을 기울이는

시기이다. 개인이 직업을 가지게 되면, 그 직업이 자신에게 적합한지 여부를 시험해 보고 이를 향하여 몰입한다. 예를 들어 취업하고자 하는 직장을 결정하고 본격적인 취업준비를 하거나 진학하려는 학교와 학과를 결정하고 진학을 위해 구체적인 노력을 기울인다.

(3) 확립기(establishment stage : 25~44세)

25~44세까지로 청년기 및 장년기에 해당한다. 개인은 자신에게 적합한 분야를 발견하여 종사하고 생활의 터전을 잡기 위해 노력한다. 확립기의 개인은 내부와 외부 세계 간을 효과적으로 연결하려 한다. 직업세계에 처음 입문(취업)하여 직장 내에서 자신의 능력을 발휘하고, 중요한 위치에서 자신의 역할을 수행한다. 즉, 자신의 생활터전을 안정시키기 위해 노력하는 시기이다.

① **시행기 및 안정기**(25~30세) : 자신이 선택한 일의 분야가 적합하지 않을 경우 적합한 일을 찾을 때까지 몇 차례의 변화를 겪게 되며, 영구적인 직업을 확보할 때까지 노력을 계속하는 시기이다.

② **승진기**(31~44세) : 진로유형이 분명해짐에 따라 그 직업을 안정시키고, 직업세계에서 안정과 만족, 소속감, 지위 등을 굳히기 위해 노력하는 시기이다.

(4) 유지기(maintenance stage : 45~64세)

이 시기는 45~64세에 해당되며, 개인은 이미 정해진 직업에 정착하고, 그 직업을 유지시키기 위한 노력을 한다. 즉, 개인은 직업세계에서 그 자신의 위치를 확고히 하고, 유지하려는 시기로, 가장 안정된 생활 속에서 지낼 수 있게 된다.

(5) 쇠퇴기(decline stage : 65세 이후)

이 시기에 개인은 정신적, 육체적으로 그 기능이 쇠퇴함에 따라 직업전선에서 은퇴하게 되므로 다른 새로운 역할과 활동을 찾게 된다.

① **감속기**(65~70세) : 일의 수행속도가 느려지고, 직무에 변화가 오거나 혹은 일의 능력이 쇠퇴하는 사실에 알맞은 변화를 요구함. 이 시기의 사람들은 시간제 일을 찾고자 한다.

② **은퇴기**(71세 이후) : 시간제 일, 자원봉사 혹은 여가활용 등으로 이직하게 된다.

Work Sheet

※ 나는 ○○○이 될 거야

시기	나는 ○○○이 될거야	왜 그랬을까?
유치원		
초등학교		
중학교		
고등학교		
현재		

Work Sheet

※ 생애진로무지개를 활용한 진로발달

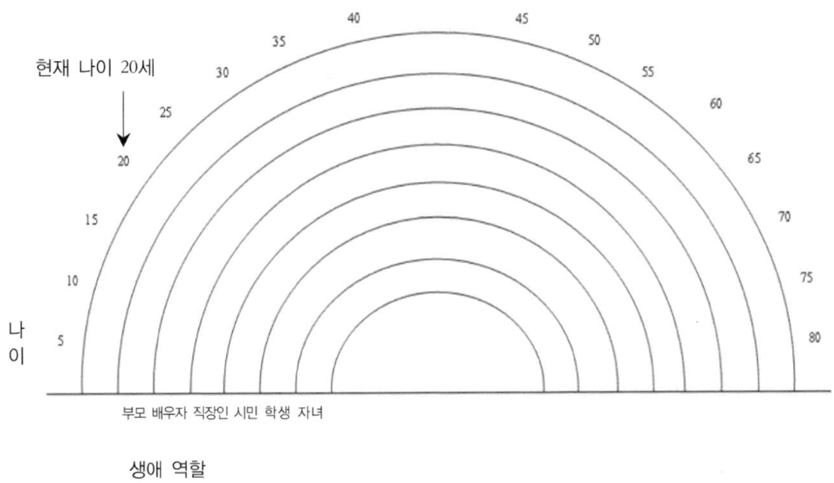

☞ 여러분이 현재 어떤 역할을 하고 있는지 모두 적어 보세요.

☞ 여러분의 역할 중에서 가장 중요한 역할과 그 이유를 적어 보세요.

☞ 다양한 역할을 수행하면서 예상할 수 있는 어려운 점과 그 이유를 적어 보세요.

3 직업선택과 직업가치

1) 직업선택에서의 가치

진로상담 및 지도의 기본 원칙 중의 하나는 개인의 특성과 일치하는 직업을 가졌을 때, 가장 큰 만족과 성취를 가져온다는 것이다. 이는 특성-요인(Trait-Factor) 또는 개인-환경간 일치(Person-Environment Fit; P-E Fit)라는 이론적 흐름으로서 오랫동안 진로상담 이론의 주류를 이루고 있다. 이러한 틀 속에서 볼 때, 가치관은 적성 및 흥미와 함께 매우 중요한 개인적 특성 중의 하나이다. 흔히 개인의 특성을 고려한다고 했을 때, 흥미와 적성을 대표적인 것으로 생각해 온 경향이 있으나, 가치가 오히려 흥미보다 더 근원적인 의미를 가지며 개인의 진로 선택과 밀접한 관련이 있다는 연구결과들이 있다(Brown et al., 1996; Davis & Lofquist, 1984).

수퍼(Super, 1973)는 진로상담에서 직업흥미검사가 더 흔히 사용되고 있지만, 가치는 흥미보다 더 본질적이며, 개인이 그의 인생에서 무엇을 원하는지를 확인하는 것이 그러한 가치를 추구할 수 있는 분야나 활동에 관한 문제를 해결하는 데 도움이 된다고 지적하였다. 이러한 입장에서 볼 때, 청소년들의 진로지도 과정에서 개인의 가치를 명료히 할 수 있게 하며, 개인이 가지고 있는 가치에 근거하여 진로와 관련된 결정을 할 수 있도록 할 필요가 있다.

진로선택 및 직업만족에 있어서 가치의 중요성을 강조하는 가치중심적 접근 모델은 브라운(Brown, 1996)에 의하여 최근에 강조되는 경향이 있다. 이 모델에 의하면 흥미는 가치를 근거로 발전되며, 따라서 가치가 더 근원적이며, 큰 영향을 미친다는 것이다. 이러한 가치 중심적 모델은 전혀 새로운 것이 아니며, 다비스와 로프퀴스트(Dawis & Lofquist, 1984)에 의하여 제시된 환경적응 이론에서도 개인이 욕구와 조화를 이룰 수 있는 환경적 특성을 선택해 나가려는 경향은 이미 강조된 바 있고, 이 이론에 근거하여 개인의 직업과 관련된 욕구를 측정하는 검사들이 개발된 바 있다.

(1) 가치의 개념과 유형

가치는 학자들에 따라 다르게 정의 내려진다. 이를 살펴보면, 클럭혼(Kluckhohn, 1951)은 사회적으로 공유된 바람직성에 대한 인식으로, 개인에게 작용하는 내적, 외적 압력들에 의해 학습된 것이라 하였고, 머레이(Murray, 1938)는 개인의 내적 욕구(needs)가 외적인 압력(presses)에 의한 조정을 거쳐 의식의 영역에 표출된 것이라고 정의하였다. 즉, 가치란 잠재된 욕구가 사회의 요구나 목적에 부합되도록 변형된 후 의식 속에 표출된 것이라고 할 수 있다. 가치는 친사회적일 수도 반사회적일 수도 있는 욕구와는 달리, 자기 자신과 타인들에게 공개적으로 허용되고, 옹호되며, 권고되고, 지지될 수 있다(Rokeach, 1979).

정범모(1972)는 가치관은 여러 가지 인간 문제에 관하여 행동 방향의 선택에 영향을 주는 바람직한 것 혹은 추구할 만한 것에 관한 일반적인 생각 또는 개념으로서, 가치관은 개인이 가지는 속성일 수도 있고 또는 한 집단이 가지는 속성일 수도 있다고 설명하였다. 교육학 용어사전(서울대학교 교육연구소, 1994)에서는 가치관이란 생활의 여러 국면과 과정에서 가치 판단이나 가치 선택을 할 때 일관되게 작용하는 가치 기준과 그것을 정당화하는 근거 혹은 신념의 체계적 형태로서, 인간 생활의 여러 국면과 과정에 따라서 세계관, 인간관, 사회관, 역사관, 예술관, 교육관, 직업관 등의 어느 하나 혹은 전체를 통칭하는 말로 사용된다고 하였다.

가치는 매우 포괄적인 개념으로서 다양한 하위 요소들을 포함하므로 이를 분류하기 위한 논의들이 있었다. 로키치(Rokeach, 1979)는 가치의 유형을 궁극적 가치(terminal or end values)와 도구적 가치(instrumental or means values)로 분류될 수 있다고 보았다. 궁극적 가치는 그 자체로서 추구할 가치가 있는 목적이나 바람직한 최종 상태에 대한 신념을 말하며, 수단적 가치는 바람직한 최종 상태에 이르기 위한 도구로서의 바람직한 행동양식, 예를 들어, 정직이나 책임감 같은 것에 대한 신념 혹은 생각을 일컫는다고 하였다.

한편 수퍼와 네빌(Super & Nevill, 1970)은 가치를 내재적 가치와 외재적 가치로 구분하였다. 그들은 내재적 가치란 심미성, 자율성, 창의성 등 활동 그 자체에 관련된 것이며, 외재적 가치란 승진, 경제적 보상, 명예 등 활동에 수반되는 것 혹은 활동의 결과물로 얻어지는 것이라고 보았다.

이러한 직업가치에 대해 우리나라 사람들은 사회인식 중시나 권력추구와 같은 직업의 외재적 가치에 대하여 높게 나타나고 있다. 우리나라 인구주택총조사(2020)의 결과는 〈표 1-1〉에 나타나 있는데, 이를 살펴보면 수입이 가장 높은 순위를 차지하고 있으며, 그 다음으로 안정성, 적성 · 흥미의 순으로 나타나 이전과 비슷하게 외재적 가치의 선호가 높은 것으로 나타났다.

〈표 1-1〉 우리나라 직업선택에서의 가치의 순위

	변인명	점수		우선순위	
		2015	2020	2015	2020
외재적 가치	명예 · 명성	2.6	3.2	6	6
	안정성	28.0	24.8	2	2
	수입	38.8	38.7	1	1
내재적 가치	적성 · 흥미	16.7	13.8	3	3
	보람 · 자아성취	5.4	3.9	4	5
	발전성 · 장래성	5.4	4.4	5	4
기타	기타	0.1	0.0	8	9
	근무환경	–	8.6		7(신규)
잘 모르겠다	잘 모르겠다	3.0	2.6	7	8

출처 : 통계청 인구주택총조사(2015, 2020). 사회조사부문 직업선택요인(http://kosis.kr)

(2) 직업가치의 개념

가치의 틀에서 본다면 직업가치관은 그보다는 좁은 의미를 가진다. 저드지와 브리츠(Judge & Bretz, 1992)는 '가치란 흔히 무엇이 옳고 그른가에 대한 고유하고 일관된 관점이며, 이러한 관점이 직업 및 일의 장면에 적용된 것이 직업가치관이다'라고 하였다. 이들은 직업선택에 영향을 주는 요인들을 직업가치(work value : 성취, 이타성, 정직, 공정성)와 비가치적 요소(nonvalue factor : 급여, 승진기회, 지리적 위치, 조직의 유형)의 두 유형으로 구분하고, 비가치적 요소들과 비교하여 직업가치가 직업선택에 주는 영향을 연구하였다. 이들은 직업과 관련된 다양한 욕구들을 모두 직업가치관의 요소로 보지 않고, 직업가치관을 옳고 그름, 좋고 나쁨의 관점에서 보다 좁게 해석하고 있다. 그러나 다른 연구자들의 논의 및 직업가치관 검사에서는 직업가치관이란 이름 아래 모두 동일한 차원으로 취급되어 하위 요소로 포함되고 있다.

수퍼와 네빌(Super & Nevill, 1970)은 가치란 욕구로부터 발생하는 것으로서, 개인이 자신의 욕구를 만족시키기 위해 추구하는 목표들이라고 보았으며, 직업가치관을 직업활동 자체에서의 만족(내재적 직업가치관)과 직업활동의 결과로서의 만족(외재적 직업가치관)으로 구분하였다. 로키치(Rokeach, 1979)도 직접적으로 직업과 관련해서 논의하지는 않았지만, 가치란 개인의 욕구가 사회적 압력에 의해 변형되어 표출되는 것이라고 보았다. 이러한 관점은 가치관을 직업과 관련해서 개인들이 무엇을 중요하게 생각하며 직업을 통해 어떤 가치를 충족시키고자 하는지의 문제로 보고 있다.

키넨과 페블(Kinnane & Pable, 1962)은 직업가치관은 특정 직업이 아닌 일반화된 개념으로서의 직업에 대한 개인의 태도를 말하며, 이것은 가족, 학교, 직업 환경뿐만 아니라 사회매체와의 상호작용을 통하여 발달한다고 하였다. 이상에서 살펴보았듯이 직업가치관은 특정한 직업에 대한 것보다는 직업일반에 대한 태도이며, 논자에 따라 '옳은 것', '바람직한 것'의 의미로 한정되어 사용되기도 하고, 때로는 직업의 어떤 요소나 측면을 중요시하고 원하는지의 욕구에 인접한 개념으로 정의되기도 한다.

(3) 진로선택 및 진로개발과의 관계

자신들의 삶에서 무엇을 지향할 것인가와 관련하여 대부분의 사람들은 자신들의 삶의 방향을 유지하는 데 어떤 기준이 되는 지점을 고수하려고 한다. 그 지점들이란 전형적으로 종교적인 믿음, 생활에 도움이 되는 물질, 대인관계 등을 포함한다.

이런 개인적인 가치들은 직업선택에 큰 영향을 미치는데, 확실히 정신적 면에 치중한 가치를 지닌 사람은 경제적인 가치에 치중하는 사람과는 다른 진로를 선택하고 다르게 행동하는 것으로 나타난다. 그런데 문제는 실제로 진로에 관하여 많은 중요한 결정을 내려야 하는 고등학교 졸업 후의 기간 동안 개인의 가치가 안정적이지 않다는 것이다. 개인적 가치들은 인간의 행동을 결정하는 데 중요한 역할을 하는데, 이러한 가치들은 고정적이지 않고 변화·발전한다.

로크(Locke, 1970)는 작업수행결과가 직무가치와 만족을 가지는 것과 중요한 관련이 있다고 했는데, 그에 의하면 수행에 대한 결과가 좋은 것은 개인의 직무가치에 중요한 관련이 있으며, 수행은 직무만족과 연관된다고 가정했다. 또한 중요한 가치를 강조하고 중요하지 않은 가치들을 배제하면서, 가치와 직업의 만족-불만족 사이의 관계를 조사했다. 이들은 직무만족에 대한 가치들을 연구하는 데 있어 가장 어려운 점은 질문방식에 있다고 지적하며, 직무만족의 측면에서 직업에 대한 어떤 점이 마음에 안 드는지를 물어보면 현재 만족하고 있는 중요한 가치는 말하지 않기 때문이라고 하였다. 그러나 이런 가치들이 얼마나 잘 만족되고 있는지를 안다면 가치와 직무만족 간의 관계를 명확히 설명할 수 있다고 하였다.

우리나라 청소년들의 직업가치가 진로성숙의 변화에 미치는 영향을 종단적으로 살펴본 주석진(2013)의 연구에서는 연령이 증가함에 따라 청소년들의 외적 직업가치는 감소하는 형태로 나타났고, 내적 직업가치는 증가하는 형태로 나타났다. 또한 직업가치와 진로성숙의 관계를 살펴보면, 외적 직업가치는 진로성숙에 영향을 미치지 못하였으나, 내적 직업가치는 진로성숙의 초기값과 변화율에 정적인 영향을 미치고 있었다. 즉, 내적 동기에 의한 직업가치는 진로성숙을 높이는 효과가 있기 때문에 개인의 내적 탐색활동이 강화하는 것이 좋은 것으로 나타났다. 이는 직업정보의 획득과도 관련이 있는 것으로 자신에 대한 명확한 이해를 바탕으로 직업에서 요구되는 특성과 직업을 통해 이룰 수 있는 다양한 성취 가능성에 대한 정보를 제공해 줄 것을 주장하였다.

또한 청소년의 개인적 요인과 부모요인이 직업가치와 진로성숙에 미치는 영향을 분석한 결과 성별과 성적은 외적 직업가치에만 영향을 미쳤고, 자기효능감, 자아존중감, 소득, 부모학력, 부모애착은 진로성숙에 영향을 미쳤다. 내적 직업가치에 영향을 미치는 요인은 성적과 자기효능감, 부모애착이 영향을 주는 것으로 나타났고, 자기효능감, 자아존중감, 소득, 부모학력, 부모애착이 진로성숙에 영향을 미치는 것으로 나타났다. 이러한 결과가 시사하는 바는 청소년들의 진로에 있어 개인의 심리적 요인과 함께 부모의 자원 또한 중요한 요인으로 작용한다는 것이다. 우리나라의 경우 과거에는 개인의 심리 특성 중에서도 성적을 위주로 학과선택을 하였기 때문에 부모 관련 요인들을 등한시한 것으로 보인다고 하였다. 결과적으로 외적 직업가치와 내적 직업가치, 진로성숙은 개인적 요인과 함께 부모요인이 중요한 영향을 미치는 것으로 나타나 청소년들의 합리적인 진로선택을 위해서는 가정의 역할이 중요하다고 하였다.

2) 가치평가 방법

(1) 한국고용정보원 직업가치관 검사

이 검사는 직업선택 시 중요하게 생각하는 직업가치관을 측정하여 자신의 직업가치를 확인하고 그에 적합한 직업분야를 안내해 주기 위한 목적으로 개발된 검사이다. 검사 대상은 성별에 관계없이 만 15세의 청소년에서부터 만 50세까지의 성인이다. 직업가치관 검사는 크게 두 부분으로 구성되어 있다. 첫 부분은 직업가치관을 묻는 문항들로 전체문항은 78개로 이루어져 있다. 두 번째 부분은 직업상담시 활용할 사항에 대한 기입을 하는 부분이다. 이 부분은 크게 21개 문항으로 이루어져 있으며 필요에 따라서 하위문항이 포함되어 있다. 여기에는 수검자의 성별을 비롯하여 나이, 결혼관계, 교육정도, 전공이나 계열자격증 소지여부, 생활수준, 본인이 취업하기를 희망하는 직업 등을 적도록 되어 있다. 현재 직업을 갖고 있는 사람일 경우에는 추가적으로 자신의 직위, 근무연수, 현직장의 사업장 규모, 회사 변경횟수, 직업변경횟수 등을 기입하도록 되어있다.

또한, 고등학생인 경우에는 본인이 선택한 전공에 대한 만족도, 자신의 전공, 학업성적, 자신이 좋아하는 과목과 싫어하는 과목, 본인의 장래희망 직업과 부모님의 희망직업을 부가적으로 적도록 하였다. 직업가치관검사는 성취, 봉사, 개별활동, 직업안정, 변화지향, 몸과 마음의, 여유, 영향력 발휘, 지식추구, 애국, 자율, 금전적 보상, 인정, 실내활동의 13개의 요인으로 구성되어 있다(서현주 외, 2021).

위에 소개된 한국고용정보원 직업가치관 검사는 워크넷(work.go.kr)을 통하여 무료로 실시할 수 있다. 또한 커리어넷(career.go.kr)에 접속하면 직업가치관검사(청소년)를 무료로 실시할 수 있으니, 꼭 접속하여 실시해 보기를 바란다.

(2) 직업가치 항목표

우리나라에서는 직업의식에 대하여 김병숙(1988) 등이 연구하였는데, 아래 〈표 1-2〉와 같이 10개의 항목에 대하여 자신이 생각하고 있는 항목에 체크표시를 하면 된다.

〈표 1-2〉 직업가치 항목표

문 항	매우 그렇다 (4)	그렇다 (3)	그렇지 않다 (2)	전혀 그렇지 않다 (1)
돈을 벌어 경제적으로 자립하기 위하여				
일자체가 좋아서				
자아실현을 위하여				
남에게 인정받기 위하여				
사회적인 지위를 확보하기 위하여				
삶의 의미를 느끼기 위하여				
자신의 가족을 위하여				
사회구성원으로서 의무를 다하기 위하여				
다양한 사람들과 사귀기 위하여				
노후대책을 위하여				

출처 : 김병숙 외(1999). 직업심리학, p. 133.

이 밖에도 다음과 같은 질문에 대하여 자신이 기술하는 방법 등으로 자신의 직업에 영향을 미치는 가치의 요인을 찾아볼 수 있겠다. 아래의 질문에 곰곰이 생각해보며 자신의 가치를 탐색해 보기를 바란다.

① 당신의 가족들의 직업가치는 무엇이었습니까?
② 당신의 가치와 가족가치가 일치하였습니까?
③ 당신의 직업소명은 어떤 것인가요?
④ 당신은 그 직업에 관해 어떤 신화나 오해를 가지고 있습니까?
⑤ 직업에 관한 태도를 형성하게 한 가족의 전통이나 유령 이야기, 또는 전설 등은 어떤 것입니까?
⑥ 당신의 가족들은 일, 가족과 여가, 가족 내의 관계형성 등을 어떻게 말하던가요?
⑦ 당신 집안에서 이런 일은 해선 안 된다든가 또는 꼭 그런 일은 해야 한다고 하는 그런 직업의 귀천을 구분하는 것들이 있나요? 아니면 융통성 있게 직업경계선을 긋나요?
⑧ 지금까지 저와 함께 가족구조를 살펴보는 작업을 해오면서 머릿속에 떠오른 직업패턴은 어떤 것들이었습니까?
⑨ 당신의 가족 중에서 다른 사람의 직업성취를 통해 대리만족을 하는 사람은 누구입니까?

Work Sheet

※ 나의 직업가치관 분석하기

가치 예시	내 용	적합 직업
성취	자신이 스스로 목표를 세우고 이를 달성함	대학교수, 연구원, 프로 운동선수, 관리자
봉사	남을 위해 일함	판사, 소방관, 성직자, 경찰관, 사회복지사
개별활동	여러 사람과 어울려 일하기보다는 혼자 일하는 것을 중시함	디자이너, 화가, 운전사, 교수, 연주가
직업 안정	직업에서 얼마나 오랫동안 안정적으로 종사할 수 있는지를 중시	연주가, 미용사, 교사, 약사, 변호사, 기술자
변화 지향	업무가 고정되어 있지 않고 변화 가능함	컨설턴트, 광고/ 홍보전문가, 메이크업 아티스트
몸과 마음의 여유	마음과 신체적인 여유를 가질 수 있는 업무나 직업을 중시	레크리에이션 진행자, 교사, 대학교수, 화가, 조경 기술자
영향력 발휘	타인에 대한 영향력을 발휘하는 것을 중시	감독/ 코치, 관리자, 성직자, 변호사
지식 추구	새로운 지식을 얻는 것을 중시	판사, 연구원, 경영컨설턴트, 디자이너
애국	국가를 위해 도움이 되는 것을 중시	군인, 경찰관, 검사, 소방관, 사회단체 활동가
자율성	자율적으로 업무를 해 나가는 것을 중시	자동차 영업원, 광고 전문가, 예술가
금전적보상	금전적 보상	프로 운동선수, 증권/ 투자 중개인, 공인회계사
인정	타인으로부터 인정받는 것을 중시	항공기조종사, 판사, 교수, 운동선수, 연주가
실내활동	신체활동을 덜 요구하는 업무나 직업을 중시	번역사, 상담원, 연구원, 법무사

1. 내가 중요하게 생각하는 가치와 중요하게 생각하지 않는 가치를 파악하고 그 이유에 대해서 공유해 봅시다.

	가치	이 유
직업선택에서 중요한 가치는?	1.	
	2.	
	3.	

	가치	이 유
직업선택에서 중요하지 않은 가치는?	1.	
	2.	
	3.	

CHAPTER 02

인적자원의 순환과 직업선택

Chapter 02

인적자원의 순환과 직업선택

1 인적자본의 개발과 투자관리[1)]

1) 인적자본, 인적자원, 인적자원 개발

인적자본의 개발과 투자에 관해서는 먼저 이와 관련된 용어를 이해하고 보다 세부적으로 살펴보는 것이 좋다. 먼저 인적자본, 인적자원, 인적자원 개발 등 다양하게 부르는 용어에 대하여 살펴보면, 인적자본(人的資本, human capital)은 물적자본(物的資本, physical capital)과 같이 개개인에게 체화(體化)된 자본을 의미한다. 인적자본에 대한 이해를 돕기 위하여 다음과 같은 예를 들어보자.

연놀부 씨는 시가가 12억 원이 되는 5층 건물을 소유하고 있고 다른 직업은 없다. 소유하고 있는 건물을 임대하여 수입을 얻어 생활하며, 자녀가 없어 이를 어떻게 할지 고민하고 있다. 동생 연흥부 씨는 월 500만 원을 받고 일하는 임금 근로자이다.

위의 예에서 12억 원의 건물은 물적자본이다. 이 건물을 임대하여 1년에 6천만 원의 임대 수입을 얻는 경우 월 500만 원(=6천만 원/ 12월)의 수입이 생기며, 이는 물적자본 가치에 대하여 연간 5%의 수입을 얻는 것을 의미한다. 연놀부 씨가 건물을 팔아서 12억 원을 은행에

1) 본 장은 한성덕 · 주석진(2018), “직업정보와 노동시장”, 한성덕(2013), “직업정보의 이해”에서 발췌해 서술하였음을 미리 밝혀둔다.

저축하였더니 연간 6천만 원의 이자를 받았다면 그가 건물을 임대하여 받는 수입은 은행이자(5%) 정도의 수입을 버는 것과 같다. 반면에 연흥부 씨는 물적자본이 없이 근로자로서 월 500만 원을 받는다면, 1년에 6천만 원의 근로소득을 벌고 있고 6천만 원을 벌기 위해서 현금을 은행에 저축한다면 흥부의 몸값, 즉 인적자본은 12억 원이라고 할 것이다.

이와 같이 은행이자율을 기준으로 계산할 때, 건물(물적자본)을 임대하여 얻는 수입, 은행에 저축(금융자본)하여 얻는 이자수입, 월급을 받는 수입은 모두 자본을 활용함으로써 생긴다. 따라서 개인, 사회, 그리고 국가의 수입이 증가하려면 더 많은 자본이 형성되어야 한다. 우리나라가 자본축적이 되어 있지 못했던 과거에는 부족한 자본, 특히 물적자본을 외국으로부터 도입하여 경제발전을 이루었다. 그러나 노동과 자본의 국제적 이동이 자유로운 오늘날에는 자본량이 중요한 것이 아니라 자본을 활용하여 더욱더 수입을 늘릴 수 있는 능력으로서 가장 중요한 자본은 인적자본이다. 즉, 개개인이 가지고 있는 지식 · 기술 · 기능 등으로 경제활동을 통하여 생산성과 부를 증진시키는 능력이 '인적자본'이다.

인적자본과 인적자원은 앞에서 말한 바와 같이 본질적으로 의미가 같다. 다만, 인적자본이 개인에게 체화된 자본인 데 반하여 인적자원(人的資源, human resource)은 인적자본을 총계한 개념으로 사용하기도 하며, 경제적 가치를 생산하는 생산요소인 지식, 소양의 축적으로서 인적자본보다는 범위가 넓다. 즉, 개개인에 체화된 지식 · 기술 · 기능 등이 경제활동을 통하여 생산성과 부를 증진시키는 능력을 인적자본으로 보고, 여기에 도덕성, 협동성, 사회규범준수 등 사회적 통합과 신뢰를 이루는 무형적인 사회적 자본(社會的資本, social capital)을 포함시켜 인적자원이라고 말한다. 그리고 인적자원개발(HRD : Human Resource Development)은 인적자원의 개발은 물론 그 축적과 활용까지 포함한다.

2) 인적자원 개발의 주체

(1) 가정(가계)

일반적으로 개인의 인적자본을 축적시키는 주체는 가정이며 인적자본 투자의 수요자는 가정에 속한 가족이다. 가족(가구)구성원의 인적자원은 거주와 가계를 책임지는 당대의 가구주와 인적자원을 축적해 가는 후대의 자녀들로 구성된다. 개인이 가지고 있는 지식 · 기술 · 기능을 기초로 경제활동을 통하여 생산성과 부를 증진시키는 능력을 인적자본으로 보고, 여기에 도덕성, 협동성, 사회규범 준수 등 사회적 통합과 신뢰를 이루는 무형적인 사회자본을 포함시켜 '인적자원'으로 보면 사회적 자본의 형성원천은 가정에서 이루어진다고 할 것이다. 또한 가구원이 소유하고 있는 인적자본은 그 축적을 위한 가구원 개개인의 정진정도에 따라, 그리고 경제사회활동의 순환과정에서 증가되기도 감소하기도 한다. 특히 후대의 인적자원을 축적해 주는 공급조직으로서 가정은 인적자본 투자를 행하는 최소단위의 사회적 조직으로 볼 수 있다.

(2) 기업

영리추구를 목적으로 하지 않는 비영리기업을 포함하여 영리를 목적으로 하는 기업은 인적자원개발의 주체가 되며 기업의 근로자(종업원)는 인적자본 투자가 필요한 수요자가 된다. 기업은 직업과 관련된 계속교육과 사내훈련을 근로자에게 제공함으로써 근로자가 이수한 공식교육을 벗어난 교육기회를 제공한다.

(3) 정부

정부는 인적자원의 개발에 있어서 가장 비중이 큰 주체로서 인적자본 투자의 수요자인 내국민, 재외국민, 나아가 주한 외국근로자에 대하여 최선을 다하여야 하는 책무를 위임받고 있다. 특히 "재외동포의 한민족으로서의 정체성 유지와 모국에 대한 유대감 강화 및 현지에서의 안정된 생활영위와 존중받는 시민으로 육성, 궁극적으로는 세계 속의 자긍심 높은 한민족의 상(象)을 구현"하는 일은 정부의 몫이다(신익현 외, 2000). 정부(국가)는 인적자원의 개발을 위하여 인적자본 투자의 공급조직을 위한 법적 · 제도적인 장치를 마련한다.

(4) 해외

인적자본을 축적하는 또 다른 주체로서 해외를 들 수 있다. 즉, 외국의 교육기관, 국제기구, 그리고 외국정부에 의하여 인적자원이 축적되는 경우 이러한 것은 인적자본 개발(육성)의 주체가 된다. 또한 증가하는 국제적 인구이동(이민, 유학 등)을 통한 재외국민의 증가는 국가간 경쟁에서 무시하지 못할 요소로 자리잡고 있다. 그러므로 인적자원 투자의 수요자는 우리 국민이 되지만, 넓게 보면 재외국민도 그 수요자가 된다고 하겠다.

3) 인적자본 투자의 대상

(1) 정규 교육

가장 일반적인 형태의 인적자본 투자의 대상은 정규 교육이다. 어느 나라를 막론하고 자국에 적합한 공식교육 제도를 갖추어 정규 교육을 통해 인적자원을 형성한다. 우리나라는 부단한 교육기회의 확대를 통하여 국민의 평균 교육연수는 1975년에 6.6년이었으나 1990년에 9.5년, 2000년에 10.6년, 2005년 11.2년으로 증가하였고, 25세 이상의 국민 중 전문대학 및 대학 졸업 이상자의 비율이 1975년에 5.8%에서 1990년에 14.1%, 2000년에 24.3%, 2005년에 31.4%(남자 37.8%, 여자 25.4%)로 증가하였다(통계청, 2011). 이것은 높은 교육열과 함께 정규 교육기회의 확대에 의한 결과라고 하겠다.

(2) 비정규 교육

기업에서 이루어지는 현장훈련(OJT : On the Job Training) 및 정규 교육과정 이외의 교육을 비정규 교육으로 보면, 비정규 교육 또한 인적자본 투자 대상이 된다. 입시학원이나 정규 교육과정을 보완하는 각종 학원수강, 운전학원과 같은 특정기능을 습득하기 위한 학원수강, 어학연수, 평생교육 및 사회교육 등은 비정규 교육이기는 하나 인적자본 투자의 대상이 된다. 왜냐하면 우리 사회에서 사교육비에 대한 사회적 문제제기가 끊임없이 이어지고 사설학원 수강을 통하여 입시준비, 각종 시험준비, 그리고 각종 자격증을 획득하는 현실을 감안하면 비정규 교육은 인적자본 투자의 대상이 된다고 하겠다.

(3) 현장 훈련

기업에서 이루어지는 현장 훈련은 취업자가 사업장에서 작업을 통하여 획득하는 기술 훈련으로서 인적자본 투자 대상이다. 정규 교육을 마친 근로자가 기업에서 습득하는 현장훈련은 크게 일반적인 훈련과 특수적 훈련으로 구분된다. 훈련비용의 부담 여부와 관계없이 이 같은 현장훈련을 통하여 습득한 기술과 지식을 지닌 근로자가 해당 기업을 떠나지 않는 한 기업의 생산성을 높여준다.

(4) 노동시장 정보

노동시장은 노동의 수요(기업)와 공급(근로자)에 의하여 임금과 고용량을 결정짓는 기구(mechanism)이다. 그러므로 노동력을 공급하는 개인의 입장에서 노동시장에 대한 자료와 정보는 개인의 인적자본 투자에 대한 행위를 결정짓게 한다. 경제사회의 발전에 따라 기업은 신지식, 신기술을 갖춘 노동력을 요구하게 된다. 이러한 기업의 요구에 맞는 노동력, 즉 기업의 노동수요에 적합한 인재가 되기 위해서는 이에 부응하는 인적자본을 축적하여야 할 것이다.

그리고 새롭게 노동시장에 진입하려고 하거나 현재 취업한 상태에서 다른 일자리를 찾는 경우에도 개인의 취업 및 고용생활에서 더 많은 편익을 얻기 위해서는 노동시장에 대한 정보가 필요하다. 이러한 의미에서 노동시장에 대한 정보의 획득은 인적자본 투자의 대상이 된다.

(5) 건강의 유지 및 증진

건강의 유지 및 증진을 위한 투자도 인적자본 투자의 대상으로 본다. 개인은 물론 국민 전체의 건강 수준이 높아질수록 노동 공급시간을 일정하게 유지할 수 있으며 노동력의 질도 향상된다. 예를 들어, 경제활동을 하는 근로자가 건강하다는 것은 결근이 적다는 의미이며, 체력저하로 인한 산업재해 발생률을 낮추는 것을 의미한다.

(6) 국내 · 외의 이주

이주(migration)란 일정한 인적자본을 축적한 근로자가 자신의 생산능력을 최대한 발휘하기에 보다 알맞은 곳으로 이동함으로써 자신의 가치를 더욱 증가시키는 과정을 말한다. 이러한 이주에도 비용이 투입되고, 이주에 의하여 더 높은 수익이 획득될 수 있기 때문에 이것도 일종의 인적자본 투자로 간주한다.

4) 인적자본 투자의 공급조직(단위)

(1) 가계(가구주)

가계(家計)는 집안 살림을 꾸려 나가는 수입과 지출의 상태를 말하고, 가구(家口)는 혈연관계와는 상관없이 주거와 생계를 같이 하는 단위를 의미한다. 그리고 거주와 생계를 책임지는 사람을 가구주(家口主)라고 한다. 가구주는 주어진 기간 동안에 소득 중 소비로 간주되는 지출의 일부를 자신의 인적자본을 유지하는 데에 충당(보전적 지출)하기도 하고 후대인 자녀의 인적자본의 축적(자본적 지출)을 위하여 사용한다. 특히 자녀의 인성과 품성을 위한 무형의 사회적 자본의 축적을 위하여 투자를 한다. 이러한 점에서 가계(가구)는 인적자본 투자의 공급조직으로서 최소단위이다.

(2) 각급 학교

어느 나라이든 법적 제도적으로 정비된 각급 학교는 학령(學齡)에 따라 인적자본 투자를 하는 가장 큰 공급조직일 뿐만 아니라 국가인적자원 형성을 위한 근간이다. 학령은 교육이수년수(교육을 받은 햇수)를 의미한다. 우리나라의 학령은 초등학교(1~6년), 중학교(7~9년), 고등학교(10~12년), 대학 및 대학교(13~16년), 대학원(17년 이상) 등으로 구분한다. 각급 학교는 국민의 기초능력뿐만 아니라 개개인의 적성과 소질에 맞게 인적자원을 형성하는 기본적인 인적자본 투자공급조직이다.

(3) 현장훈련

인적자본 투자 대상이 되는 현장훈련을 담당하는 기업의 사내교육(社內敎育)은 인적자원 형성에 기여한다. 현장훈련은 크게 일반적 훈련과 기업특수적 훈련으로 분류된다는 것은 앞에서 설명하였다. 전자는 기초적인 지식과 기술을 익힘으로써 다른 기업이나 산업분야에서 일하더라도 생산성을 향상시킬 수 있는 기본훈련을 의미하며, 후자는 습득된 지식과 기술이 해당 기업에만 적용되는 고유의 전용적 기술로서 해당 기업에서는 생산성 및 부가가치를 높이지만 타 기업에서는 이용가치가 없는 훈련을 의미한다.

(4) 직업교육훈련조직

넓은 의미에서 직업교육훈련조직은 중등교육과정 이상의 각급 학교, 공공단체, 정부기관, 지방자치단체에서 이루어지는 공공훈련, 앞에서 설명한 사내훈련, 그리고 인정훈련까지를 포함한다. 이미 설명한 현장훈련은 사내교육이라고는 하나 교육과정 자체가 교육기간이 불연속적이며 해당 기업에서만 이루어지기 때문에 사내교육훈련조직과 분리하였다.

산업교육진흥법이나 기타 직업교육관련법에 규정된 정규 교육과정에서의 직업교육훈련과정은 고등학교 수준의 직업교육과 대학수준의 직업교육으로 구분한다. 이와 같이 직업교육을 담당하는 조직을 '직업교육기관'이라는 용어를 사용하고 있으나, 전문대학원, 특수대학원 등 고등교육 수준의 각종 학교, 공공훈련, 인정훈련 등을 포함하여 '직업교육훈련조직'이라는 용어를 사용하였다.

(5) 평생교육(학습)조직

일정기간 교육과정을 마친 후 계속교육이 되지 않는 것이 우리나라의 실정이다. 즉, 일정한 교육단계를 거친 사람이라 해도 사회생활을 영위하면서 누릴 수 있는 계속교육의 기회가 상대적으로 적다. 예를 들어, 가정주부, 실업자, 퇴직자 등에 대한 계속교육을 제공하는 교육조직은 평생교육조직으로 파악된다.

넓은 의미로 보아 평생교육(학습)은 앞에서 언급한 사내훈련과 직업교육을 포괄할 수도 있으나, 평생교육을 제공하는 조직으로 각종 학원, 대학 부설 사회교육기관, 민간단체의 교육훈련, 정부기관 산하단체의 부정기적 교육훈련 등이다. 평생학습은 개인의 생애에 걸쳐 이루어지는 다양한 학습으로 형식교육, 비형식교육, 무형식학습으로 분류한다. 형식교육은 졸업장이나 학위 취득과 같이 정규 교육과정에 속하는 교육이고 비형식교육은 공식적인 학위나 졸업장의 취득을 목적으로 하지 않으면서 구체적인 교육프로그램이나 교육과정이 있는 학습이다. 반면에 무형식학습은 어떤 기관에 참여하거나 강사나 교사로부터 배우지 않고, 학습자가 주도적이고 자발적으로 학습하는 것이다.

(6) 외국교육기관

외국의 각종 교육기관을 통하여 우리나라의 고급인력이 축적되어 왔음은 재언을 요하지 않는다. 해외취득 학위를 가진 대학교수나 고급전문인력이 그 예가 된다. 이러한 의미에서 외국의 교육기관은 인적자본 투자의 공급조직으로 볼 수 있다.

(7) 인적자본 투자의 기타 공급조직

앞서 언급한 것 이외에 기업의 문화사업이나 장학재단에 의한 장학사업, 독지가의 후원은 인적자본 투자의 공급조직(단위)으로서 그 역할을 한다.

이상에서 설명한 인적자원형성(양성)의 주체와 인적자본 투자의 수요자, 인적자본 투자의 대상, 그리고 인적자본 투자의 공급조직을 정리하면 [그림 2-1]과 같다. 요약하면 [그림 2-1]은 인적자원의 육성, 개발, 형성과정을 나타낸다고 하겠다.

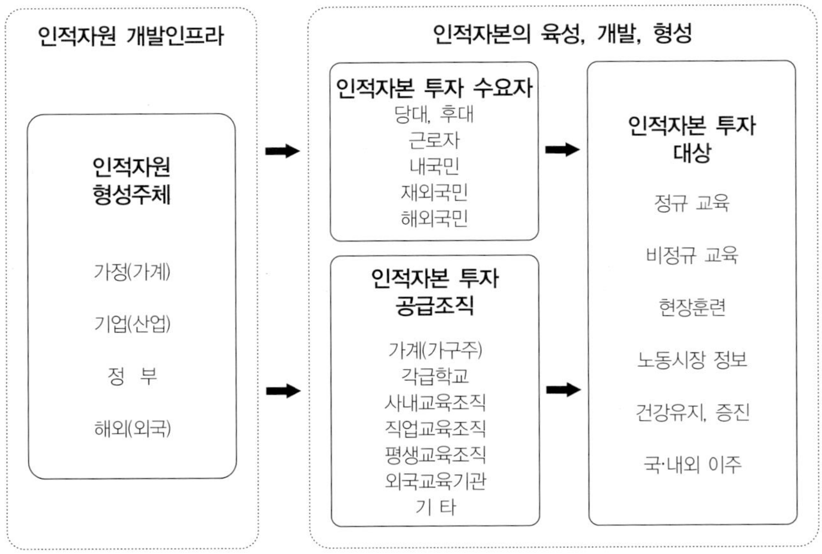

[그림 2-1] 인적자본형성의 주체, 인적자본 투자의 수요자, 대상, 공급조직

2 인적자원 이행 및 활용

1) 인적자원의 이행

(1) 인적자원 이행의 의미

인적자원의 이행(移行, transition)은 주어진 경제사회가 시간의 흐름에 따라 육성, 개발 형성한 인적자원이 활용되기 이전의 과정을 의미한다. 전이과정(轉移過程)이라고도 한다. 국제적으로 통용되는 이행과정은 연령으로 보아 청소년기를 거친 후 29세까지의 이행을 의미한다(OECD, 2001).

(2) 인적자원 이행의 과정

이행과정은 주로 학교를 마친 후 직업세계에 진입하는 것(학교 → 취업)을 의미한다. 이행과정은 다양한 모습을 보인다. 즉, 중학교를 마친 후 고등학교에 진학하거나 고등학교를 마친 후 대학에 진학(학교 → 학교)하는 것도 이행이다. 이행과정은 본질적으로 학교 → 취업과정을 의미하고, 취업 → 취업, 취업 → 학교 등을 포함하여 취업 → 실업(이직), 취업 → 취업(전직), 실업 → 취업 등 모든 과정을 포괄한다.

이행과정에는 진로정보(교육정보)와 진로지도는 물론 공공 및 민간에 의한 고용정보가 포함된다. 각급 학교에서 이루어지는 진학지도 및 진로지도는 물론 Career-Net, Worknet, HRD-Net 등이 포함된다. 직업진로정보의 생산과 전달을 통하여 개인의 경력개발을 지원하는 모든 시스템은 이행과정에 포함된다 하겠다.

(3) 노동 이동

노동이동은 두 가지 의미가 있다. 즉, 노동이동(勞動移動, labor mobility)과 노동이동(勞動異動, labor turnover)이다. 전자는 지역 간, 산업 간, 직종 간 이동을 뜻하여 인적자원의 활용을 의미하고, 후자의 노동이동은 기업의 관점에서 입직(入職)과 이직(離職)을 의미한다.

전이과정으로서 노동이동은 후자의 입직에 관심이 있다. 사용자(기업)의 구인활동과 연계된 근로자(개인)의 구직활동을 통하여 직장을 얻는 일이 중요한 관심이다. 즉, 개인의 구직활동의 기간, 구직을 위하여 요구되는 자격, 그리고 구직을 위하여 어떠한 숙련 또는 훈련이 필요한지는 이행과정 속에서 이루어진다. 축적된 인적자원은 지역 간, 산업 간, 직업 간, 직종 간, 기업 간에 끊임없이 이동한다. 해외이주도 인적자원의 이동이라고 하겠으나 이러한 이동은 '인적자원의 유출'로 파악된다. 이 같은 인적자원의 이동은 인적자원을 적재적소에 배치시켜 생산성을 높이고 또한 노동에 대한 보상을 높인다는 점에서 인적자원의 효율적인 활용(배분)이라고 하겠다.

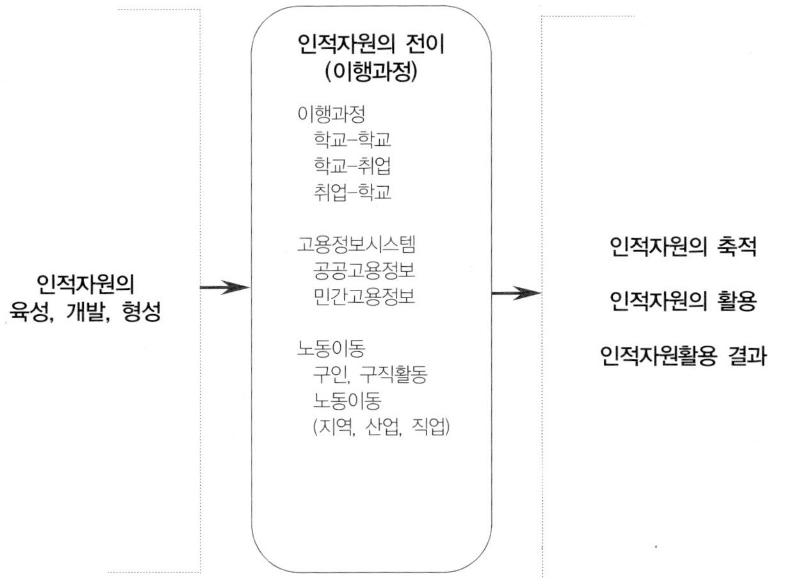

[그림 2–2] 개발 · 형성된 인적자원의 이행과정

2) 인적자원의 축적 및 활용

(1) 인적자원의 축적

앞서 살펴본 이행과정을 거친 인적자원은 경제 · 사회적 활동단위에 속하여 그 기능을 수행한다. 일정시점에서 볼 때 이러한 인적자원은 양적 질적인 축적량(stock)으로 파악이 된다고 할 것이다. 일정시점에서 인적자원의 규모, 구조, 수준, 그리고 분포 등은 인적자원의 축적량을 파악하는 통상적인 방법이다. 인적자원의 규모는 인구가 많을수록 그 규모가 크다. 2023년 기준 14억 명이 넘는 인구인 중국과 5천만 명이 조금 넘는 한국의 인구는 인적자원의 규모면에서 약 28배의 차이가 난다. 또한 인적자원의 규모는 총인구 중 생산에 직접적으로 종사하는 인구가 많을수록 크다고 볼 수 있는데, 통계청의 2023년 장래인구추계에 의하면 2021년 우리나라는 생산에 직접적으로 종사하는 생산가능인구가 점차 줄어들고 65세 이상의 연령층이 증가하여 노년부양비[2]가 증가하는 노령화된 인구구조[3]가 될 것으로 예상하고 있다. 이를

2) 부양인구비는 생산가능연령층(15~64세) 인구에 대한 비생산연령층(0~14세, 65세 이상 인구의 합) 인구의 비율을 나타내는 것으로 노년부양인구비는 생산가능연령층(15~64세) 인구에 대한 노인인구(65세 이상)의 백분비를 의미하고, 소년부양인구비는 생산가능연령층(15~64세) 인구에 대한 유소년인구(0~14세)의 백분비를 의미함.

3) 보편적으로 한 국가의 인구구조에 의하여 노령화정도를 판단하는 기준은 흔히 국제연합(UN)의 분류를 따른다. 즉, 65세

연도별로 요약한 내용이 〈표 2-1〉과 같다(통계청, 2020).

〈표 2-1〉 인구구조 및 부양비

인구구조 및 부양비		2017	2020	2021	2023	2025	2030
총인구(명)		51,361,911	51,836,239	51,744,876	51,558,034	51,447,504	51,199,019
인구성장률		0.28	0.14	−0.18	−0.14	−0.10	−0.10
인구 구성비	0~14세(%)	13.1	12.2	11.9	11.0	10.2	8.5
	15~64세(%)	73.2	72.1	71.6	70.5	69.2	66.0
	65세 이상(%)	13.8	15.7	16.6	18.4	20.6	25.5
총부양비		36.7	38.7	39.7	41.8	44.5	51.4
유소년부양비		17.9	16.9	16.6	15.6	14.7	12.8
노년부양비		18.8	21.8	23.1	26.1	29.7	38.6
노령화지수		105.1	129.3	139.5	167.1	201.5	301.6

출처 : 통계청(2020). 인구주택총조사 및 장래인구추계(2023).

(2) 인적자원의 활용 및 결과

인적자원이 어떻게 활용되고 있는지는 인적자원의 수요와 공급, 그리고 인적자원의 비활용으로 파악된다. 우리나라는 경제사회가 발전함에 따라 필요한 인력, 즉 노동의 수요가 60년대에는 1차 산업 중심이었지만 제조업 및 중화학 공업의 발달로 1970년대 이후 2차 산업에 종사하는 근로자가 증가하였으며, 현재는 3차 산업이 가장 많은 노동자의 비중으로 바뀌었다. 경제활동 상태로 보아 인적자원이 활용되지 않는, 즉 비활용측면은 주로 실업과 비경제활동인구로 표시한다. 15세 이상 인구 중 대표적인 비경제활동인구는 학생, 가정주부 등이다.

인적자원의 활용의 결과 또는 효과는 크게 경제적 및 사회적 기여의 정도와 국가경쟁력향상의 정도에 의하여 표시된다. 인적자원의 경제적 기여는 가계경제 및 국가경제의 기여도에 의하여 경제성장으로서 나타난다. 경제성장에 '노동력'이 기여한 비율은 1970~1980년, 1980~1990년, 1990~2000년, 2000~2010년의 기간에 각각 40.2%, 36.8%, 32.0%, 20.9%로 점차 낮아졌으나, 경제성장에 '기술'이 기여한 비율은 같은 기간에 각각 9.6%, 23.4%, 40.7%, 28.2%

이상 인구가 총인구에서 차지하는 비중이 4%인 경우 유년인구국, 4~7%인 경우 성년인구국, 7% 이상인 경우 노년인구국으로 분류하고, 특히 이 비중이 7% 이상인 경우 노년화사회(aging society), 14% 이상인 경우 노년사회(aged society), 20% 이상인 경우 초노년사회(super-aged society)라고 분류한다.

로 점점 높아졌다(KDI, 2012). 또한 이러한 비율은 향후에도 지속적으로 유지, 상승될 것으로 예상된다.

인적자원활용의 사회적 결과는 사회적 이동(social mobility)과 도덕성, 협동성, 사회규범준수 등 사회적 통합과 신뢰를 이루는 무형적인 사회자본의 형성으로 나타난다.

사회적 이동은 저소득계층에 있는 사람이 고소득계층으로 이동하거나 농촌에서 도시로 이동하는 것 등을 의미한다. 그리고 정치, 경제, 사회, 문화 등 각 분야에서 도덕성, 협동성, 규범성이 증진될 때 눈에 보이지는 않으나 국민의 삶을 개선시키는 사회자본(social capital)이 형성된다고 하겠다. 이상과 같이 인적자원의 축적 및 활용의 결과를 그림으로 살펴보면 [그림 2-3]과 같이 나타낼 수 있겠다.

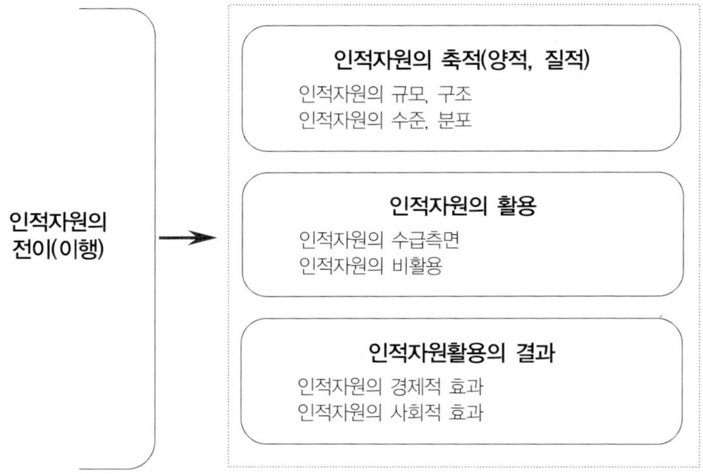

[그림 2-3] **인적자원의 축적, 활용, 결과**

3) 인적자원의 유출과 상실

(1) 인적자원의 유출

물적자원의 국제이동과 같이 육성 · 개발 · 형성된 인적자원은 국제적으로 이동한다. 우리나라의 입장에서 보아 인적자원이 타국으로 나가는 것은 인적자원의 유출(流出)이다. 국민의 해외이주는 인적자원 유출의 대표적인 예이며, 인적자원의 유출 중 취업을 위한 해외이주는 축적된 인적자원이 외국으로 빠져나가는 것을 의미한다.

(2) 인적자원의 상실

생로병사(生老病死)의 숙명에 따라 개인에게 체화된 인적자본은 시간의 흐름에 따라 상실된다. 인적자본의 집합인 인적자원 또한 주어진 생애주기상의 연령구조로 인하여 시간의 흐름에 따라 상실된다. 인적자원이 상실되는 요인은 노령과 질병에 의한 사망으로, 산업재해 · 각종사고 · 범죄 등으로 인한 이른바 인위적 재해에 의한 사망과 부상으로, 그리고 풍수해와 같은 자연적 재해에 의한 사망과 부상으로 나누어진다.

4) 인적자원의 순환

지금까지 설명한 내용을 정리하여 인적자원의 순환과정을 전체적으로 나타내면 [그림 2-4]와 같이 정리된다. 이 그림은 주어진 사회경제적 여건[4]하에서 인적자원 인적자원형성의 주체인 가정 · 기업 · 정부 · 해외(외국)는 인적자원을 육성 · 개발 · 형성하고, 육성된 인적자원은 전이과정(이행과정)을 거쳐, 시간이 흐름에 따라 인적자원이 축적되며, 활용되는 과정을 나타낸다. 그림에서 보듯이 인적자원의 순환과정 속에서 활용되지 않는 인적자원의 일부는 누출되어 인적자본의 육성 · 개발 · 형성과정에 진입하거나, 이행과정으로 다시 순환되는 과정을 나타내었다.

끝으로 [그림 2-4]는 이러한 순환과정에서 유출되거나 상실되는 인적자원의 흐름을 표시하였다. 즉, 인적자원의 유출은 외국으로 이민을 가거나 축적된 인적자원의 국외이동을, 그리고 사망, 산업재해, 질병, 각종사고로 인한 인적자원의 상실을 표시하였다. 다만, 이 그림에서는 국외 인적자원의 국내 유입(流入)에 관하여는 다루지 않았다는 점을 밝혀둔다.

4) 주어진 경제사회적 여건은 인적자원개발 인프라는 물론 인적자원개발을 위한 국민의 인식과 관행도 포함한다.

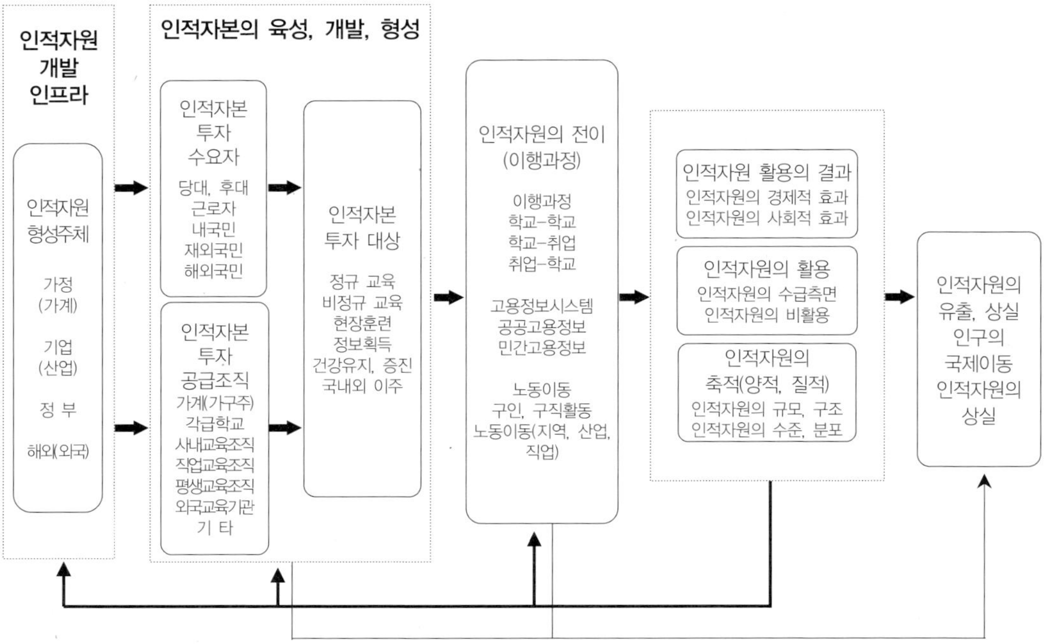

[그림 2-4] 인적자원의 축적, 활용, 결과

3 직업과 직업분류

1) 진로 · 직업의 개념

과거에는 한번 입직을 하면 은퇴까지 직업을 유지하는 평생직장이 많았으므로 진로와 직업을 동의어로 사용하는 경우가 많았으나 현대에 와서는 직업의 종류가 다양해지고 과정에서 여러 번의 직업 및 직장이 변경되는 이직(移職)이 많아졌다. 또한 산업의 변화에 따라 여러 직업군이 생기게 되었고 새로운 직업이 생성됨에 따라 진로와 직업의 구분이 필요해졌다.

(1) 진로

영어표현인 'career'는 여러 의미로 다양하게 사용되고 있고, 접근방법에 따라 다르게 사용되고 있다. 경영학의 관점에서 'career'는 경력이라고 번역하고 있으나, 심리학 또는 상담학에서는 주로 '진로'라 번역된다. 수퍼(Super)는 성인기에서의 career는 진로보다는 경력이라는 관점에서 접근해야 한다고 하였으나 여기에서는 주로 '진로'의 개념으로 접근하고자 한다.

진로에 대한 의미를 사전적으로 살펴보면 '한 개인의 생애의 전 과정'이라고 정의하고 있다. 진로는 임금을 받는 직업에만 국한되지 않으며, 유년기에서 시작하여 노년기로 접어들어 직장에서 은퇴한 후에도 계속되는 모든 일들의 활동을 포함하고 있다. 진로(career)라는 용어는 직업(vocation)이라는 용어보다 폭넓은 개념으로 생애전체를 말한다. 즉, 진로란 개인의 전 생애적 관점에서의 직업과 연관된 활동으로 인간 발달과 관련된 과정과 내용을 의미하는 것으로 초·중·고등학교에서 대학 등의 상급학교의 진학과는 구분되는 개념이다.

(2) 직업

국어사전에 의하면 직업(職業)이란 '생계를 위하여 일상적으로 하는 일'을 뜻한다. 생계(生計)는 입고, 먹고, 잠자는 이른바 의·식·주의 면에서 살아가는 방도를 말한다. 따라서 직업을 투박하게 표현하던 '살아가기 위해서 하는 일'이라고 하겠다. 직업이라는 말은 일상적인 대화에서 "당신이 하는 업이 무엇이냐?"와 같이 '업(業)'으로도, "당신이 하는 직이 무엇이냐?"와 같이 '직(職)'으로도 표현한다. 이러한 표현에서, '업'은 생계의 유지를 의미하고 '직'은 사회적 지위나 직무를 나타낸다.

직업의 영어표기는 'calling', 'occupation', 'work of life', 'job', 'profession', 'trade', 'vocation' 등 다양하게 사용된다. calling은 신의 명령에 의하여 하는 일로서 천직(天職)을 의미하고, 'occupation'은 가장 일반적으로 사용하는 경우로서 업무를 위하여 훈련이 필요한 직업을, 'work of life'라는 표현은 일의 종류에 관계없이 직업적인 일을 총칭하는 경우로서 생업(生業)을 의미한다. 'job'은 비서직, 사무직, 연구직 등과 같이 직업을 뜻하는 구체적인 표현으로서 직무(職務)를 의미한다. 'profession'은 변호사, 의사, 교사와 같이 전문적인 지식을 필요로 하는 전문가로서의 직업이다. 'trade'는 손의 훈련을 필요로 하는 직업으로서 산업혁명기에 생성된 노동조합을 'trade union'이라고 하는데 이는 생산작업을 하는 노동자를 중심으로 하기 때문에 이러한 명칭이 사용되었다.

영어표기의 'vocation'은 특정한 일에 적합한 자격요건을 지닌 사람이 일하는 정규직을 의미하지만, 전문가로서의 직업(profession)을 포함하는 용어는 아니다. 예를 들어, 직업교육(vocational education)이라고 말할 때 이는 개인의 현재 및 미래를 위하여 일반적으로 요구되는 기초적인 지식·기술·기능을 향상시키기 위하여 실시되는 교육을 의미하며 고도의 전문적인 지식과 훈련을 하는 것은 아니다(한성덕, 2000).

우리나라 통계청에서 발행하는 한국표준직업분류(2017)에서 직업은 '유사한 직무(job)의 집합'으로 정의내리며 직업의 성립요건에는 경제성, 계속성, 사회성, 윤리성이 포함되어야 한다. 또한 직업은 연령적인 측면에서는 특수한 경우를 제외하고는 어린 시기(만 15세 미만)에서는 선택할 수 없고, 청소년기에 탐색을 통하여 수입이 있는 일에 종사할 수 있다.

2) 한국표준직업분류

한국표준직업분류(KSCO : Korean Standard Classification of Occupations)는 우리나라 통계청에서 통계작성을 목적으로 개인이 수입을 위해 하고 있는 일(경제활동)을 수행되는 일의 형태에 따라 체계적으로 유형화한 것이다. 행정자료 및 인구총조사 등 고용관련 통계조사를 통하여 얻어진 직업정보를 분류하고 집계하기 위한 것으로, 직업관련 통계를 작성하는 모든 기관이 통일적으로 사용하도록 하여 통계자료의 일관성과 비교성을 확보하기 위한 것이다. 또한 각종 직업정보에 관한 국내통계를 국제적으로 비교 · 이용할 수 있도록 하기 위하여 ILO의 국제표준직업분류(ISCO : International Standard Classification of Occupations)를 근거로 설정되고 있다. 직업분류는 고용 관련 통계 및 장 · 단기 인력수급 정책수립과 직업연구를 위한 기초자료 작성에 활용되며, 다음과 같은 기준자료로 활용되고 있다.

① 각종 사회 · 경제통계조사의 직업단위 기준
② 취업알선을 위한 구인 · 구직안내 기준
③ 직종별 급여 및 수당지급 결정기준
④ 직종별 특정질병의 이환율, 사망률과 생명표 작성 기준
⑤ 산재보험요율, 생명보험요율 또는 산재보상액, 교통사고 보상액 등의 결정 기준

(1) 직업의 정의

ISCO에서 직무(job)는 '자영업을 포함하여 특정한 고용주를 위하여 개별 종사자들이 수행하거나 또는 수행해야할 일련의 업무와 과업(tasks and duties)'으로 설정하고 있으며, 직업(occupation)은 '유사한 직무의 집합'으로 정의된다. 여기에서 유사한 직무란 '주어진 업무와

과업이 매우 높은 유사성을 가지는 것'을 말한다.

직업은 유사성을 가지는 직무를 지속적으로 수행하는 계속성을 가져야 하는데, 일의 계속성이란 일시적인 것을 제외한 다음에 해당하는 것을 말한다.

① 매일, 매주, 매월 등 주기적으로 행하는 것
② 계절적으로 행해지는 것
③ 명확한 주기는 없으나 계속적으로 행해지는 것
④ 현재 하고 있는 일을 계속적으로 행할 의지와 가능성이 있는 것

직업은 또한 경제성을 충족해야 하는데, 이는 경제적인 거래관계가 성립하는 활동을 수행해야 함을 의미한다. 따라서 무급 자원봉사와 같은 활동이나 전업학생의 학습행위는 경제활동 혹은 직업으로 보지 않는다. 직업의 성립에는 비교적 엄격한 경제성의 기준이 적용되는데, 노력이 전제되지 않는 자연발생적인 이득의 수취나 우연하게 발생하는 경제적인 과실에 전적으로 의존하는 활동은 직업으로 보지 않는다.

직업활동은 전통적으로 윤리성과 사회성을 충족해야 하는 것으로 보고 있다. 윤리성은 비윤리적인 영리행위나 반사회적인 활동을 통한 경제적인 이윤추구는 직업 활동으로 인정되지 못한다는 것이다. 사회성은 보다 적극적인 것으로서 모든 직업활동은 사회 공동체적인 맥락에서 의미 있는 활동, 즉 사회적인 기여를 전제조건으로 하고 있다는 점을 강조한다.

(2) 직업으로 보지 않는 활동

앞서 살펴본 바와 같이 직업은 경제성, 계속성, 사회성, 윤리성을 확보해야 한다. 이러한 직업의 원칙은 직업선택의 자유를 보장하는 것으로 속박된 상태에서의 제반활동은 경제성이나 계속성의 여부와 상관없이 직업으로 보지 않는다. 그러므로 다음과 같은 활동은 직업으로 보지 않는다.

① 이자, 주식배당, 임대료(전세금, 월세) 등과 같은 자산 수입이 있는 경우
② 연금법, 국민기초생활보장법, 국민연금법 및 고용보험법 등의 사회보장이나 민간보험에 의한 수입이 있는 경우

③ 경마, 경륜, 경정, 복권 등에 의한 배당금이나 주식투자에 의한 시세차익이 있는 경우
④ 예 · 적금 인출, 보험금 수취, 차용 또는 토지나 금융자산을 매각하여 수입이 있는 경우
⑤ 자기 집의 가사 활동에 전념하는 경우
⑥ 교육기관에 재학하며 학습에만 전념하는 경우
⑦ 시민봉사활동 등에 의한 무급 봉사적인 일에 종사하는 경우
⑧ 사회복지시설 수용자의 시설 내 경제활동
⑨ 수형자의 활동과 같이 법률에 의한 강제노동을 하는 경우
⑩ 도박, 강도, 절도, 사기, 매춘, 밀수와 같은 불법적인 활동

(3) 직업분류의 체계 및 원칙

한국표준직업분류는 세분류를 기준으로 상위에는 소분류－중분류－대분류로 구성되어 있으며, 하위분류는 세세분류로 구성되어 있다. 하위분류는 세세분류로 구성되어 있다. 각 항목은 대분류 10개, 중분류 52개, 소분류 156개, 세분류 450개, 세세분류 1,231개로 구성되어 있는데 계층적 구조로 되어 있다. 분류번호는 아라비아 숫자와 알파벳 A로 표시하며 대분류 1자리, 중분류 2자리, 소분류 3자리, 세분류 4자리, 세세분류는 5자리로 표시된다. 대분류를 기준으로 분류항목의 개수는 〈표 2-2〉와 같다.

〈표 2-2〉 한국표준직업분류(2017)의 단계별 분류항목수

대분류	중분류	소분류	세분류	세세분류
1 관리자	5	16	24	82
2 전문가 및 관련종사자	8	44	165	463
3 사무 종사자	4	9	29	63
4 서비스 종사자	4	10	36	80
5 판매 종사자	3	5	15	43
6 농림어업 숙련 종사자	3	5	12	29
7 기능원 및 관련기능 종사자	9	21	76	198
8 장치 · 기계조작 및 조립종사자	9	31	65	220
9 단순노무 종사자	6	12	24	49
A 군인	1	3	4	4
계	52	156	450	1,231

또한 직업은 직무의 묶음으로 구분되며, 어떤 직무의 집합을 여타 직업과 구별하고 동일한 직업으로 분류하는 것은 유사성의 정도에 대한 판단을 전제로 하는데, 이는 직무상 서로 다른 것을 규정하는 직업별 직무 배타성(exclusivity)을 제시하는 것과 같다. 그런데 현장에서 일어나는 직무수행 조건의 복잡성과 기업규모의 차이 등에 따른 직무범위의 격차 때문에 직무별 유사성과 배타성을 판별하는 것은 매우 어려운 작업이다.

직무유사성의 기준에는 해당 직무를 수행하는 사람에게 필요한 지식(knowledge), 경험(experience), 기능(skill)과 함께 직무수행자가 입직을 하기 위해서 필요한 요건(skill requirements) 등이 있다. 때로는 직업 종사자가 주로 일하는 기업의 특성, 생산 과정이나 최종 산출물 등이 중요할 때도 있다. 유사하지 않은 직업은 배타성의 요건이 충족되어 상호 다른 직업이라고 할 수 있으며, 직무별로 노동시장의 형성이 다른 경우에는 가장 분명한 배타성을 갖는다고 할 수 있다. 이러한 기준 아래 한국표준직업분류는 다음과 같은 원칙에 의해 분류하고 있다.

① 직업분류의 일반원칙

㉮ **포괄성의 원칙** : 우리나라에 존재하는 모든 직무는 어떤 수준에서든지 분류에 포괄되어야 한다. 특정한 직무가 누락되어 분류가 불가능할 경우에는 포괄성의 원칙을 위배한 것으로 볼 수 있다.

㉯ **배타성의 원칙** : 동일하거나 유사한 직무는 어느 경우에든 같은 단위직업으로 분류되어야 한다는 점이다. 하나의 직무가 동일한 직업단위 수준에서 2개 혹은 그 이상의 직업으로 분류될 수 있다면 배타성의 원칙을 위반한 것이라 할 수 있다.

② 포괄적인 업무에 대한 직업분류 원칙

동일한 직업이라 할지라도 사업체 규모에 따라 직무범위에 차이가 날 수 있다. 예를 들면, 소규모 사업체에서는 음식조리와 제공이 하나의 단일 직무로 되어 조리사의 업무로 결합될 수 있는 반면에, 대규모 사업체에서는 이들이 별도로 분류되어 독립적인 업무로 구성될 수 있다. 직업분류는 국내외적으로 가장 보편적인 업무의 결합상태에 근거하여 직업 및 직업군을 결정한다. 따라서 어떤 직업의 경우에 있어서는 직무의 범위가 분류에 명시된 내용과 일치하지 않을 수도 있다. 이러한 경우 다음과 같은 순서에 따라 분류원칙을 적용한다.

㉮ **주된 직무 우선 원칙**(수적 우위의 원칙) : 2개 이상의 직무를 수행하는 경우는 수행되는 직무내용과 관련 분류항목에 명시된 직무내용을 비교 · 평가하여 관련 직무내용

상의 상관성이 가장 많은 항목에 분류한다. 예를 들면, 교육과 진료를 겸하는 의과 대학 교수는 강의, 평가, 연구 등과 진료, 처치, 환자상담 등의 직무내용을 파악하여 관련항목이 많은 분야로 분류한다.

㉯ **최상급 직능수준 우선 원칙** : 수행된 직무가 상이한 수준의 훈련과 경험을 통해서 얻어지는 직무능력을 필요로 한다면, 가장 높은 수준의 직무능력을 필요로 하는 일에 분류하여야 한다. 예를 들면, 조리와 배달의 직무비중이 같을 경우에는, 조리의 직능수준이 높으므로 조리사로 분류한다.

㉰ **생산업무 우선 원칙** : 재화의 생산과 공급이 같이 이루어지는 경우는 생산단계에 관련된 업무를 우선적으로 분류한다. 예를 들면, 한 사람이 빵을 생산하여 판매도 하는 경우에는, 판매원으로 분류하지 않고 제빵원으로 분류하여야 한다.

③ 다수 직업 종사자의 분류원칙

한 사람이 전혀 상관성이 없는 두 가지 이상의 직업에 종사할 경우에 그 직업을 결정하는 일반적 원칙은 다음과 같다.

㉮ **취업시간 우선의 원칙** : 가장 먼저 분야별로 취업시간을 고려하여 보다 긴 시간을 투자하는 직업으로 결정한다.

㉯ **수입 우선의 원칙** : 위의 경우로 분별하기 어려운 경우는 수입(소득이나 임금)이 많은 직업으로 결정한다.

㉰ **조사 시 최근의 직업 원칙** : 위의 두 가지 경우로 판단할 수 없는 경우에는 조사시점을 기준으로 최근에 종사한 직업으로 결정한다.

3) 직업전망

직업전망서는 직업전망 활동을 통하여 새롭게 신생, 소멸, 감소, 증가하는 직업정보를 생성·가공·제공하는 인쇄 매체 위주의 직업정보로서 노동시장의 변화 정보를 사전에 예측하며 노동시장에 새로이 진입하는 개인들의 구직활동 및 직업선택과 직업훈련과정에 유용한 정보로 활용하는 데 목적이 있다. 이러한 목적으로 사용되는 직업전망서의 인쇄매체는 나라마다 표현하는 어휘에 차이가 있는데, 일본의 경우 『직업핸드북』, 미국은 『직업전망서

(Occupational Outlook Handbook; OCH)』, 캐나다의 경우 『미래의 직업(Job Futures)』이란 명칭으로 정기적인 발간이 이루어지고 있다(김병숙, 2007).

(1) 수록직업

『2022 한국직업전망』에는 기계, 재료, 전기전자에너지, 식품가공, 화학, 섬유 및 의복 등 6개 분야 총 102개 직업이 포함된다. 이들 직업은 한국고용직업분류(KECO)의 세분류를 기준으로 종사자 수, 직업정보 제공가치, 직무의 배타성 등을 고려하여 선정하였다. 다만, 직업에 따라서는 유사직무이거나 통합정보를 제공하는 것의 가치 등을 고려하여 한국고용직업분류의 소분류 단위의 직업이 포함되기도 한다. 특히 현재 워크넷 직업 · 진로에서 제공하고 있는 500여 개 직업단위와 연계하여 『2021 한국직업전망』, 『2022 한국직업전망』, 『2023 한국직업전망』 등 3개년에 걸쳐 세부 직업정보와 일자리 전망을 제공할 예정이다.

(2) 직업별 수록 내용

직업전망에서 확인할 수 있는 내용은 ①대표 직업명, ② 하는 일, ③ 업무 환경, ④ 되는 길, ⑤ 적성 및 흥미, ⑥ 경력 개발, ⑦ 일자리 전망, ⑧ 관련정보 등을 제시하고 있다. 특히 『2022 한국직업전망』에서의 일자리 전망은 향후 10년간 해당 직업의 일자리(고용) 전망을 소개하며 증가, 다소 증가, 현 상태 유지, 다소 감소, 감소 등 총 5영역의 전망 중 해당되는 전망을 중심으로 고용전망에 영향을 미치는 요인을 설명하였다. 각 직업의 일자리 전망은 양적 전망(「2020-2030 중장기인력수급전망」(한국고용정보원, 2021), 정성적 직업전망조사를 비롯해 각 직업별 재직자조사 결과, 내외부 직업전망 전문가, 각 직업분야의 전문가 검토 등을 종합하여 최종 일자리 전망을 도출하였다. 또한 관련정보는 3가지로 관련직업, 직업코드, 관련 정보처를 제공하고 있다.

ⓐ 관련 직업 : 워크넷 직업 · 진로의 한국직업정보시스템(KNOW)에서 서비스하는 직업 등을 중심으로 직무, 전공, 경력 등을 고려하여 진출가능한 직업을 제시하였다.

ⓑ 직업 코드 : 한국고용직업분류(KECO)와 한국표준직업분류(KSCO)의 세분류(4-digits) 코드를 제시하였으며, 해당 직업이 소분류(3-digits) 수준이라면 세분류 직업들을 제시하였다.

ⓒ 관련 정보처 : 해당 직업과 관련된 기관, 협회, 학회 등의 연락처, 홈페이지 등을 제공하였다.

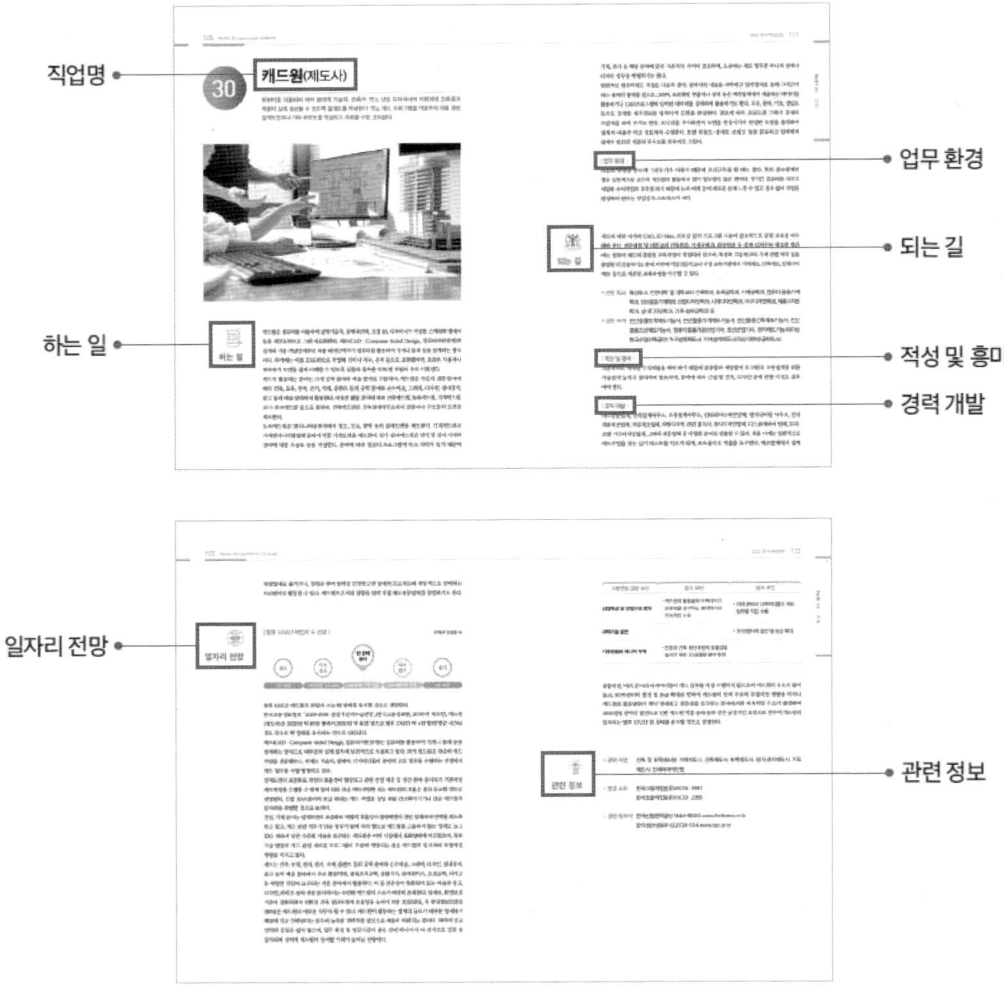

[그림 2-5] **한국직업전망 직업별수록 내용 예시**

(3) 분야별 일자리 전망 결과

「2022 한국직업전망」은 인구구조 및 노동인구의 변화, 가치관과 라이프스타일의 변화, 과학기술의 발전, 국내외 경기변화, 기업의 경영전략 변화, 산업특성 및 산업구조의 변화, 환경과 에너지, 법제도 및 정부정책 등을 일자리 전망에 영향을 미치는 주요 요인으로 이를 고려하여 전망결과를 나타내었다. 예컨대 '기계분야의 일자리 전망'은 인구구조의 변화와 관련해서는 직업에 따라 상이한 영향을 미침을 알 수 있는데, 저출산 고령화로 인한 인구감소는 자동차 감소를 가져와 관련 직업에 고용감소를 가져오는 요인으로 일부 작용한다는 의견과 고령인구의 삶을 지원해주는 서비스 로봇 활성화로 '로봇공학기술자'는 고용이 증가된다는 의견이 상존하였다. 반면, '선박조립원', '선박정비원'등은 '다소 감소'로 전망되었는데 제조분야에서의 디지털화, 내연기관자동차 감소, 선박자동항해기술(AI) 고도화 등이 관련 직업의 고용감소에 영향을 미치는 것으로 전망하였다.

〈표 2-3〉 2023 분야별 일자리 전망 결과 요약

분야	직업명	일자리 전망
기계 분야	플랜트기계공학기술자 및 연구원	감소
	물품이동장비설치 및 정비원(크레인, 호이스트 등), 냉난방설비조작원, 보일러설치 및 정비원, 건설 · 광업기계설치 및 정비원, 조선 · 해양공학기술자, 선박정비원, 선박조립원, 자동차부분품조립 · 검사원	다소감소
	공업기계설치 및 정비원, 엘리베이터 · 에스컬레이터설치 및 정비원, 냉동 · 냉장 · 공조기설치 및 정비원, 농업용 및 기타기계장비설치 및 정비원, 자동차공학기술자, 자전거판매 및 정비원, 자동차정비원, 자동차조립원, 금형원, 금속공작기계조작원, 일반기계조립원, 캐드원(제도사)	현상태유지
	건설기계공학기술자 및 연구원, 기계시험원, 항공공학기술자, 철도기관차 · 전동차정비원, 오토바이정비원, 헬리콥터정비원, 항공기정비원, 자동조립라인 · 산업용로봇조작원, 3D프린팅모델러	다소증가
	로봇공학기술자,	증가
재료 분야	주조원, 용접원, 도장원, 도금 · 금속분무기조작원, 비금속광물가공장치조작원	다소감소
	재료공학기술자, 금속 · 재료공학시험원, 판금원, 제관원, 단조원, 금속가공제어장치조작원, 금속가공기계조작원	현상태유지
전기 · 전자 · 에너지 분야	내선전기공, 외선전기공, 산업전기공, 컴퓨터설치 · 수리원, 사무용 전자기기설치 · 수리원, 가전제품설치 · 수리원, 이동전화기수리원, 전기 · 전자설비조작원, 에너지공학기술자, 에너지시험원	현상태유지
	전기기기 · 제품개발기술자, 전기계측제어기술자, 송배전설비기술자, 발전설비기술자, 전기안전기술자, 전기감리기술자, 전기 · 전자공학시험원,전자제품 · 부품개발기술자 , 전자계측제어기술자, 반도체공학기술자, 디스플레이연구개발자	다소증가
식품가공	제과 · 제빵사, 떡제조원(한과포함), 육류 · 어패류 · 낙농품가공기계조작원, 제분 · 도정기계조작원, 곡물가공제품기계조작원, 과실 · 채소기계조작원, 음료제조기계조작원, 식품 · 담배등급원, 정육원 및 도축원	현상태유지
	식품공학기술자 및 연구원, 식품공학시험원, 김치 · 밑반찬제조종사원	다소증가
화학	석유화학공학기술자 및 연구원, 도료 · 농약품화학공학기술자 및 연구원, 고무 · 플라스틱화학공학기술자 및 연구원, 화학공학시 험원, 석유 및 천연가스제조제어장치조작원, 화학물가공장치조작원, , 플라스틱제품생산기조작원, 고무 · 플라스틱제품조립원, 타이어 · 고무제품생산기계조작원	현상태유지
	비누 · 화장품화학공학기술자 및 연구원, 화학제품생산기조작원(고무 및 플라스틱 제품 제외)	다소증가
	의약품공학기술자 및 연구원	증가
섬유 및 의복	섬유제조기계조작원, 재봉사, 의복 · 가죽 · 모피수선원, 세탁기계조작원	현상태유지
	섬유공학기술자, 섬유공학시험원(섬유 · 염료), 직조기조작원, 표백 · 염색기조작원, 재단사, 한복제조원, 양장 · 양복제조원, 패턴사, 제화원, 신발제조기계조작원 및 조립원	다소증가

4) 4차 산업혁명과 미래 신직업

끊임없이 변화하는 세상에 살고 있는 우리는 신기술의 등장, 기존 산업의 변화, 4차 산업혁명 등 사회의 변화와 함께 고령화와 출생 인구 저하로 급격한 인구구조의 변화를 동시에 겪고 있다. 특히 2020년은 통계청 조사결과 처음으로 이전연도에 비해 인구가 자연 감소하는 데드크로스(dead cross) 현상까지 발생하였다. 인구 데드크로스란 사망자 수가 출생아 수를 앞질러 인구가 줄어드는 현상을 말한다. 이러한 전반적인 사회의 변화는 필연적으로 산업변화와 직업변화를 동시에 가져오게 된다.

4차 산업혁명에 대한 최초의 논의는 2016년 4월 세계경제포럼(WEF : World Economic Forum)과 이듬해 개최된 47차 연차총회에서 이루어졌다. 클라우스 슈밥(Klaus Schwab) 다보스포럼 회장은 "4차 산업혁명의 핵심은 디지털, 바이오, 오프라인 등의 기술을 융합하는 것"이라고 정의하며, 이는 인공지능, IoT, 로봇, 바이오 신기술, 자율주행 운송수단 등이 인류의 번영과 발전 및 인간의 삶에 긍정적 영향을 주며, 제4차 산업혁명이 미래의 인간 삶을 획기적으로 변화시킬 것이라 전망하고 있다. 한국고용정보원(2019)에서 발간한 「2019 미래를 함께 할 새로운 직업」에서는 미래형 신직업을 10개 분야 200여 개 소개하는데 이를 간략히 살펴보면 〈표 2-4〉와 같다.

〈표 2-4〉 미래형 10개분야 신직업

분 야	세부 직업
건축/ 도시재생/ 주택관리 분야	스마트시티전문가, 매매주택연출가, 도시재생전문가, 복지주거환경코디네이터, 그린빌딩인증평가전문가(녹색건축전문가), BIM디자이너, 주택진단사(건물하자평가사), 빈집코디네이터 등
보육/ 교육 분야	홈스쿨코디네이터, 창의트레이너, 임신출산육아전문가, 아동보호조사관, 난독증학습장애지도사, 진로체험코디네이터 등
의료/ 보건 분야	보조의사, 보조약사, 원격진료코디네이터, 유전학상담전문가, 복지용구전문상담원, 환자비서, 줄기세포연구원, 치매전문관리사, 케어매니저 등
첨단과학기술 분야	빅데이터전문가, 데이터거래중개인(데이터브로커), 감성인식기술전문가, 인공지능전문가, 의료용로봇전문가, 인간공학기술자, 임상엔지니어, 사물인터넷기기보안인증심사원, 로봇컨설턴트, 드론운항관리사, 전기차정비원, 로봇SI전문가, 가상현실개발자, 블록체인시스템개발자 등
동물 분야	반려동물장의사, 반려동물행동상담원, 반려동물사별애도상담원, 동물매개치유사, 동물물리치료전문가, 재활승마지도사, 애견산책도우미 등
안전/ 환경 분야	탄소배출권중개인, 가정에코컨설턴트, 기상감정사, 에너지절감시설원, 그린장례지도사, 온실가스관리컨설턴트, 리사이클링코디네이터, 기업재난관리자, 방재전문가, 층간소음관리자, IoT물관리시스템전문가 등

분 야	세부 직업
사업 서비스 분야	협동조합코디네이터, 원산지관리사,분쟁조정사, 기업컨시어지, 산업카운슬러, 직무능력평가사, 크라우드펀딩매니저, 사회적 기업컨설턴트, 공유경제컨설턴트, 생산성카운슬러, 기업비밀보호전문가, 폐업전문컨설턴트, 성평등전문가 등
개인 서비스 분야	문신아티스트, 주변환경정리전문가, 이혼플래너, 영유아안전장치설치원, 재능기부코디네이터, 지역사회교육코디네이터, 조부모-손자녀유대관계전문가, 정신대화사, 웰다잉전문가, 전직지원전문가, 식생활지도사, 양육비이행관리전문가, 수면컨설턴트 등
인터넷/ 미디어/ 문화예술 분야	소셜미디어전문가, 평판관리전문가, 디지털장의사, 붐오퍼레이터, 스토리에이전트, 비디오아트테크니션, 개인디지털정리가, 그로스해커, 게임레벨디자이너, 게임테크니컬아티스트, SNS불공정거래감시자, 웹툰에세이스트 등
농업/ 해양 분야	정밀농업기술자, 원목평가사, 곤충전문컨설턴트, 식용곤충요리사, 원예컨설턴트, 스마트팜구축자, 산림생태복원기술자, 나무의사, 레저선박시설(마리나)운영관리원, 크루즈플래너, 해양수산재해감정평가사 등

출처 : 한국고용정보원(2019). 「2019 미래를 함께 할 새로운 직업」에서 요약.

이상과 같은 미래직업들을 분야별로 몇 개의 직업을 간략히 살펴보면 다음과 같다.

(1) 건축, 도시재생, 주택관리 분야

주거와 신기술이 만나는 건축, 도시재생, 주택관리 분야의 미래형 신직업을 간략히 살펴보면 다음과 같다.

① **스마트시티전문가** : 급격한 도시화로 발생하는 교통, 안전, 환경, 에너지, 복지 같은 많은 문제를 신속히 대응 · 예방하고 도시가 효율적으로 유지되도록 스마트시티를 설계하고 구축하며 운영한다.

② **도시재생전문가** : 도시(혹은 마을)의 정체성(역사성, 문화성, 기존 거주자의 특성 등)을 보존하면서 거주민의 거주환경과 공동체로서의 삶의 질을 높일 수 있는 공간을 창조하고 기획한다.

③ **빈집코디네이터** : 빈집 대책 조언, 빈집 정보, 소유자 의향 파악 지원, 빈집 소유자에게 제안할 구체적인 활용 방법 작성 같은 빈집 문제 해결을 위해 활동한다.

(2) 의료보건 분야

100세 시대를 열어가는 의료, 보건 분야의 미래형 신직업을 간략히 살펴보면 다음과 같다.

① **유전학상담전문가** : 유전적 장애와 선천적 결함과 같은 다양한 선천적 조건에 대해 개인 또는 가족의 위험을 평가해 상담한다. 또 유전적 상태나 유전적 상담과 관련된 연구 수행을 돕기도 한다.

② **복지용구전문상담원** : 이용자의 신체 상태나 장애 상황에 맞는 복지 용구 선정 방법과 사용법을 조언한다.

③ **케어매니저** : 환자나 노인의 요양을 전문적으로 수행하는 전문가로, 수요자의 욕구를 통합적으로 판단, 제공하는 서비스를 총괄 조정한다.

(3) 첨단과학기술 분야

일상의 모든 순간을 바꾸는 첨단과학기술 분야의 미래형 신직업을 살펴보면 다음과 같다.

① **데이터거래중개인**(데이터브로커) : 데이터를 분석해 사업에 활용하고자 하는 수요자에게 적합한 데이터를 직접 판매하거나 데이터를 가진 공급자를 연결해 준다.

② **감성인식기술전문가** : 인간의 여러 감성을 컴퓨터가 인식할 수 있는 유무선 센서 기술과 감성 신호의 피드백에 따라 상황에 맞는 적절한 처리능력을 부여하는 기술을 개발한다.

③ **의료용로봇전문가** : 의료 현장에서 활동하는 지능형 로봇인 수술보조로봇, 수술 시뮬레이터, 재활로봇, 간호로봇 등을 연구 · 개발한다.

④ **로봇윤리학자** : 자동화된 시스템에서 기계나 컴퓨터 혹은 인공지능(AI)이 판단을 내려야 할 때 어떤 윤리 기준을 적용하는 것이 옳은지 연구하고 적용한다.

⑤ **블록체인시스템개발자** : 거래 데이터를 중앙에서 보관하는 것이 아닌 거래 참여자들과의 합의로 분산 저장해 나가는 기술을 개발해 안전한 거래가 가능한 시스템 환경을 개발 · 구축한다.

(4) 안전환경 분야

맑은 공기, 쾌적한 공간을 위한 안전, 환경 분야의 미래형 신직업을 살펴보면 다음과 같다.

① **탄소배출권중개인** : 탄소시장에서 탄소배출권을 팔거나 사려고 하는 국가나 기업 간의

거래를 주선한다.

② **그린장례지도사** : 친환경 서비스를 원하는 고객을 대상으로 환경친환적인 장례 서비스를 제공한다.

③ **층간소음관리자** : 각 가정을 방문해 층간소음을 측정하고 층간소음과 관련한 민원 상담과 해결, 갈등 중재 등을 담당한다.

(5) 인터넷, 미디어, 문화예술분야

감각과 끼, 열정이 만나는 인터넷, 미디어, 문화예술 분야의 미래형 신직업을 살펴보면 다음과 같다.

① **평판관리전문가** : 온라인 시대에 누구나 쉽게 정보를 접할 수 있게 되면서 온라인상의 개인이나 기업의 평판을 전반적으로 관리해 준다.

② **붐오퍼레이터** : 동시녹음 장비와 시스템 준비, 붐마이크의 필요 위치 파악, 붐마이크 조작·관리, 동시녹음 소스의 데이터 모니터링을 한다.

③ **게임레벨디자이너** : 게임의 밸런스를 조절하는 역할로 플레이어의 행동이나 콘텐츠 경험 경로를 꾸미는 일을 한다.

4 직업·진로 선택

직업상담의 아버지라고 칭해지는 파슨스(Parsons, 1909)는 『Choosing a Vocation』에서 직업선택을 위해서는 자기이해를 시작으로 직업세계 이해, 합리적 추론(과학적 방법으로 연결 Matching)을 하는 3단계를 주장하였다. 즉, 합리적 직업선택을 위해서는 우선적으로 자신의 특성에 대한 명확한 이해가 선행되어야 한다. 이를 바탕으로 해당 직업의 정보와 노동시장 정보의 획득을 통하여 자신의 특성에 맞는 인적자본 투자를 하여야 한다는 것이다.

직업선택에 실패하는 많은 실수 중에 하나가 자기이해 전 직업선택을 한 후 자신을 맞추려는 경우가 많다. 파슨스는 직업선택을 위해 가장 먼저 자신의 적성, 능력, 흥미, 자산, 한계, 기타 특성에 대한 명확한 이해를 해야 한다고 주장하였다. 이는 직업선택 후 자신의 삶을 보다 풍요롭고 행복하게 할 수 있는 근거가 된다. 즉, 자신의 특성을 이해하지 못하고 직업을 선택하게 된다면 직무 및 직업 불만족이 일어나고 이직의 가능성이 높게 된다는 것이다.

그렇다면 "자기이해를 위한 방법은 어떻게 하는 것이 좋을까?"라는 의문이 생긴다. 대표적인 자기이해의 방법은 MBTI, Enneagram, 홀랜드(Holland)의 유형론을 활용한 심리검사를 활용한 것이다. 여기에서는 진로 및 직업선택에서 가장 많이 활용되는 홀랜드의 심리검사와 MBTI에 대해 간략히 소개해 보기로 한다.

1) 홀랜드 흥미검사

(1) 홀랜드 흥미검사 배경

흥미검사는 홀랜드의 개인 · 환경 간 적합성 모형을 토대로 하여 개발된 것이다. 이 이론에 따르면 각 유형의 사람들은 성격이나 자신에 대한 평가, 선호하는 활동, 적성, 가치관 등 많은 분야에서 서로 독특함을 보인다. 홀랜드는 이를 이용해서 평소활동, 자신의 유능함 지각, 선호하는 직업이나 분야, 일반적 성향 등의 영역에서 개인이 나타내는 6가지 유형 각각의 상대적 우열을 구분해냄으로써 개인의 흥미구조를 밝힐 수 있다고 주장하였다. 홀랜드의 이론은 다음과 같은 네 가지 가정을 기초로 하고 있다.

① 대부분의 사람들은 여섯 가지 유형 중의 하나로 분류될 수 있다(현장형 Realistic, 탐구형 Investigative, 예술형 Artistic, 사회형 Social, 진취형 Enterprising, 사무형 Conventional).
② 환경 또한 여섯 가지 종류의 분류할 수 있다(RIASEC).
③ 사람들은 자신의 능력과 기술을 발휘하고 태도와 가치를 표현하고 자신에 맞는 역할을 수행할 환경을 찾는다.
④ 개인의 행동은 성격과 환경의 상호작용에 의해서 결정된다.

(2) 개인의 흥미유형 특징

앞서 살펴본 바와 같이 홀랜드의 흥미 유형은 [그림 2-6]과 같이 RIASEC의 6가지 유형으로 구분된다. 이를 간략히 살펴보면 다음과 같다.

[그림 2-6] **홀랜드의 6각형 모형**

① **현장형**(R) : 현장의 사람들은 자신의 손이나 도구를 사용하여 일하는 것을 좋아하고, 물건을 수선하거나 만드는 일을 선호한다. 실제적이고 안정되어 있으며, 기계를 사용하거나 신체활동을 통하여 하는 일을 좋아한다. 현장형 사람들은 가끔 자신에 대해서나 자신의 감정을 다른 사람들에게 말로 표현하기 어려워한다. 이 사람들은 일반적으로 공구나 기계를 다루는 업무, 현장 기술직과 같은 직업과 관련이 있다.

② **탐구형**(I) : 탐구형의 사람들은 수학, 물리학, 생물학, 사회과학과 같은 학문적 분야에서 연구하는 것을 좋아한다. 추상적인 문제를 풀기 좋아하며 분석적인 생각을 선호하며, 수학이나 과학 분야를 선호한다. 독립적으로 일하기 좋아하지만 때로는 연구팀과 함께 일하기도 한다. 탐구적인 직업은 흔히 실험실, 클리닉, 또는 기타 연구소에서 이루어진다. 이 직업의 일은 차트와 그래프, 숫자와 공식, 또는 물질의 성분 특성 같은 매우 다양한 종류의 물질적 현상 등을 파악하는 것이고, 어떤 일은 전국의 선거득표기록의 특성이나 서로 다른 음식의 단백질 비교 같은 것을 다룬다. 흔히 이러한 업무는 오랜 시간 동안 머리를 써야 하는 일이며 이런 직업을 가진 사람들은 자기가 맡은 과학적인 문제를 푸는 데 일주일을 고스란히 보내기도 한다.

③ **예술형**(A) : 예술형의 사람들은 창의성을 지향하며, 아이디어와 재료를 사용해서 자신을 새로운 방식으로 표현하는 작업을 한다. 직관적이며 상상력이 풍부하고 창조적이며, 예술적인 재능과 심미적 성향을 발휘하는 일을 선호한다. 미술, 문학, 음악, 드라마 작품들을 창작하는 직업들과 관련이 있다. 예술형 직업과 관련된 업무는 종종 글, 음악

또는 기타 예술적인 방법으로 예술품을 창작하는 것이다. 그들의 활동에 대한 구체적인 예는 그림을 그리거나 스케치하는 것, 음악을 작곡하거나 연주하는 것, 연극무대에 서거나 희곡을 쓰는 것, 오케스트라나 밴드에서 연주하는 것 등이다. 그리고 사무실을 장식하는 것, 집을 꾸미는 것, 또는 예술사진을 찍는 것도 예술형 직업에서 하는 활동의 예에 속한다.

④ **사회형**(S) : 사회형은 다른 사람과 함께 일하는 것을 지향한다. 사회형은 기본적으로 자선가적인 유형이다. 다른 사람을 육성하고 개발하는 것을 좋아한다. 이익이 적더라도 도움이 필요한 사람을 돕는 일을 한다. 이 사람들은 다른 사람들과 상호작용하는 것이 필요한 환경, 즉 사람들을 교육하거나 치료하는 직업 또는 사람들을 돕는 일에 관심이 있다. 사회형 직업의 예에는 고등학교 교사, 언어교정가, 운동감독 및 코치, 임상심리학자, 직업상담사, 보육교사 등이 있다.

⑤ **진취형**(E) : 물질이나 아이디어보다는 사람에 관심을 가지고 있다. 진취형의 기질이 강한 사람들은 다른 사람들을 도와주고 육성하기보다는, 특정 목표를 달성하기 위해 타인을 통제하고 지배하는 데 관심이 있다. 즉, 개인이나 조직의 목적을 위해 다른 사람들을 지도, 통제 및 설득하는 곳에서 활동하고 싶어 한다. 권력 사용을 좋아하고, 지위에 관심이 많으며, 성취의욕이 강하다. 또한 상황을 잘 통제할 수 있으며 리더십을 발휘할 수 있는 환경을 선호한다. 진취형 직업에는 다른 사람이 나와 같은 견해를 갖도록 설득하는 일이 많이 있다. 회사의 이사, 홍보팀 팀장, 영업사원, 정치캠페인 매니저, 주식 및 채권 중개인, 바이어, 마케팅 관리자 등을 예로 들 수 있다.

⑥ **사무형**(C) : 사무형의 사람들은 일반적으로 잘 짜여진 구조에서 일을 잘하고, 세밀하고 꼼꼼한 일에 능숙하여, 구조화된 직업과 활동을 즐기는 경향이 있다. 즉, 자신에게 기대되는 것이 무엇인지, 자신에게 정해진 일이 무엇인지 정확히 알고 싶어 한다. 고정되어 있어 잘 변하지 않는 상태를 선호하며 체계적이고 구조적이며 인내심이 있다. 정확하고 수리적인 과제를 잘 처리해낼 수 있으며, 사무직처럼 세부적이고 질서정연하며, 자료의 체계적인 정리 같은 업무와 관련이 있다. 사무형 직업에는 사서, 통계관리, 은행창구업무, 재고관리, 임금업무, 비서, 재무분석가, 회계사, 일반관리자, 은행환전 담당자 등이 있다. 이들은 진취형 사람들처럼 물질적인 소유와 지위에 가치를 두기는 하지만, 그들과는 달리 순응적이고 지시에 따라 일하기를 좋아하는 편이다.

(3) Holland 육각형 모델의 기본 개념

① 일관성

이 개념은 환경과 성격유형 모두에게 적용된다. 유형들의 어떤 쌍은 다른 유형의 쌍들보다 공통점을 더 많이 갖고 있다. 예를 들면 예술적(A), 사회적(S) 유형은 탐구적(I), 진취적(E) 유형보다 공통점을 더 많이 가지고 있다. 육각형의 중요한 기능중의 하나는 성격의 일관성의 정도를 규정하는 것이다. 탐구적이고 관습적인 활동에 흥미를 가진 실재적인 사람(RIC)은 설득적이고 사회적인 활동에 선호를 나타내는 실재적인 사람(RES)보다 더 일관성이 있다고 가정된다. 일관성을 알아보는 간단한 방법은 앞의 두 문자가 육각형에 인접할 때 일관성이 있다고 가정된다. 높은 일관성은 첫 두 문자가 인접할 때(RI, SC), 중간정도의 일관성은 육각형에서 다른 문자가 두 개 코드 사이에 있을 때(RA, SC), 낮은 일관성은 코드의 첫 두 개 문자가 육각형에서 두 개 사이에 낀 문자들에 의해 나누어질 때(RS, AC) 나타난다.

② 차별성(변별성)

어떤 사람이나 환경은 매우 순수하여 단 하나의 유형과 매우 유사한 반면 그 외 다른 유형과는 거의 일치하지 않는 경우가 있다. 또 다른 사람이나 환경유형은 상대적으로 많은 유형들과 유사성을 가지고 있음을 보여준다. 모든 유형에서 똑같은 정도의 유사성을 가지고 보이는 어떤 개인이나 환경은 변별적이지 않은 것 혹은 비교적 구별되지 않는 것으로 간주된다.

③ 정체성

Holland 이론 중 가장 최근에 첨가된 개념으로 성격과 환경유형 둘 다를 형성하도록 지원해 주는 이차적인 구조로 간주된다. 개인에게 있어서 정체성이란 개인의 목표, 흥미, 재능에 대한 명확하고 견고한 청사진을 말하고, 환경에 있어서 정체성이란 조직의 투명성, 안정성, 목표, 일 보상의 통합이라고 규정된다.

④ 일치성

한 개인이 자기 자신의 인성유형과 동일하거나, 유사한 환경에서 일하고 생활할 때를 의미한다. 그러나 예술적인 유형의 사람이 관습적인 환경에서 일하고 생활할 때 불일치성을 가지고 있다는 것이다.

⑤ 계측성(타산성)

Holland에 의하면 유형들(또는 환경들) 내 또는 유형들 간의 관계는 육각형 모형에 따라 정리될 수 있는데, 육각형 모형에서 유형들 간의 거리는 그것들 사이의 이론적인 관계에 반비례한다고 한다. 여기서 육각형은 개인 간 또는 개인 내에 있는 일관성의 정도를 나타내 주는 도형으로 이론의 본질적 관계를 설명해 준다.

(4) 검사실시 방법

홀랜드 검사는 유료로 할 수 있지만 우리나라 공공직업정보의 대표적인 사이트인 워크넷(그림 2-7)을 통하여 무료로 실시할 수도 있다. 홀랜드 검사는 전 세계적으로 많이 실시되고 있는 검사이며, 특히 직업선택을 위해서는 가장 많이 실시하는 검사이기도 하기 때문에 이 책을 읽는 독자들에게는 직업선호도 검사의 실시를 강력히 추천하는 바이다.

검사의 실시를 위해서는 워크넷에 접속하여 회원가입 후 상단의 직업·진로를 클릭하면 심리검사를 실시할 수 있는 링크로 이동된다. 성인대상 심리검사 클릭 → 직업선호도검사(S형 또는 L형) → 검사 실시하기 클릭 → 검사실시의 순서로 이어진다. 주의할 사항은 반드시 회원가입이 되어 있어야 한다. 또한 직업선호도 검사 중 S형은 흥미검사로만 구성되어 있고, L형은 흥미검사와 함께 성격검사와 생활사 검사의 세 가지로 구성되어 있다. 자기이해를 위해서는 되도록 L형을 추천하며, 검사를 할 때에는 혼자 집중할 수 있는 환경에서 실시하기를 바란다.

[그림 2-7] 워크넷 홈페이지

2) MBTI 검사

(1) MBTI의 기본 전제

인간의 성격은 선천적으로 결정된다고 말한 융(Jung)은 관찰과 직관에 의한 연구를 통해 심리학적 유형론을 발표하였다. Jung은 심리학적 유형을 두 가지 측면에서 보고 있는데 그 첫째는 일반적인 태도상에서 보는 유형으로 내향적 태도, 외향적 태도를 말하며, 둘째는 정신의 각 특수기능을 중심으로 하여 그 중 적응과정에서 가장 흔히 쓰이는 분화된 기능에 따라 구분하는 유형으로 이를 기능유형이라 하였다. Jung의 심리학적 유형론은 심리적 경향의 동적인 관계를 파악하는 데 그 특징이 있다. 그것은 반드시 정적인 어느 인간의 초상이 아니고 그 안에서 움직이는 구조 간의 동적인 관계이다. 이러한 원리를 바탕으로 Myers와 Briggs 모녀(母女)가 만든 검사가 바로 MBTI(Myers-Briggs Type Indicator)이다.

(2) MBTI의 4가지 지표

MBTI는 가치편중이 없는 선택의 형태로 형성되어 있으며, 두 가지 선택에서 자신이 더 끌리는 쪽, 혹은 편안한 상태를 응답지에 표시하면 된다. MBTI에서는 자신이 주로 사용하는 손(오른손 또는 왼손)이 밥을 먹거나 물건을 들 때 편안한 것처럼 자신의 심리적 속성 또한 편안한 상태를 찾고자 하는 것이다. 또한 이들 양극 차원은 "좋음-나쁨"이 없는 선호의 상태를 알아보는 것이다. 예를 들어 사과와 귤은 사람마다 좋아하는 취향의 문제이지 더 뛰어나다거나 이상한 것이 아니라는 의미이다. MBTI는 Jung의 이론에 따라 기본 양극성의 존재로 파악하고 아래 [그림 2-8]과 같은 4가지 선호지표를 통해 자신의 유형을 찾을 수 있다.

먼저 외향형(E)과 내향형(I)의 지표는 개인의 주의집중과 에너지의 방향이 인간의 외부로 향하는지 내부로 향하는지를 나타내는 것이다. 외향성의 사람들은 주로 외부세계를 지향하고 인식과 판단에 있어서도 외부의 사람이나 사물에 초점을 맞춘다. 내향성의 사람들은 내적세계를 지향하므로 바깥 세계에 대한 관심보다는 자기 내부의 생각에 관심을 두는 편으로 관념적 사고를 좋아하고 주로 내면세계에서 일어나는 것에 의해 에너지를 얻는다.

두 번째 감각형(S)과 직관형(N)의 지표는 정보를 인식하는 방식에서 나타나는 기능이다. 직관형(iNtuition)을 I로 쓰지 않고 N으로 사용하는 이유는 내향(I)과 혼동하지 않기 위해서이다. 감각기능을 선호하는 사람들은 모든 정보를 오관에 의존하여 받아들이는 반면 직관기능

[그림 2-8] MBTI의 양극 선호지표

출처: 네이버(naver.com) 심리검사 백과

을 선호하는 사람들은 통찰 또는 육감이나 영감에 의존하여 정보나 사건의 이면에 감추어진 의미나 관계, 가능성을 파악하는 사람이다. 일반적으로 감각형의 사람들을 숲보다는 나무를 보는 사람들이라고 한다면 직관형의 사람들은 나무보다 숲을 보는 사람이라는 비유를 자주 사용한다.

세 번째 사고형(T)과 감정형(F)의 지표는 인식된 정보를 가지고 판단을 내리는 방식의 선호에서 나타나는 기능이다. 사고형은 객관적인 기준을 바탕으로 정보를 비교하고 논리적 결과를 바탕으로 판단을 한다. 사고형은 정서에 따른 판단보다는 원리원칙에 입각하여 결정하므로 정의와 공정, 옳고－그름에 따라 판단한다. 이에 반해 감정형의 사람들은 논리적 분석보다는 자신이나 타인에게 어떤 영향을 줄 것인가 하는 점을 더 중시하며 인간관계에 따른 판단을 내리는 경향이 많다.

마지막으로 판단형(J)과 인식형(P)은 외부세계에 대한 태도나 적응에 있어 어떤 과정을 선호하는가의 기능으로 생활양식, 이행양식을 나타낸다. 판단형은 의사를 결정하고 종결을 짓는 활동, 계획을 세우고 체계적으로 진행시키기를 좋아한다. 한 가지 일을 끝내고 다음 일을 진행하는 편이다. 반면 인식형은 삶을 살아가는 데 있어 즉흥적인 측면으로 반응하는 편이다. 호기심이 많고 적응력이 높으며, 새로운 사건이나 변화를 추구하는 편이다. 여러 가지 동시다발적인 일을 하는 편으로 여유와 풍류를 선호한다.

(3) 16가지 성격유형의 조합

모든 사람은 각 차원에서 각기 다른 질적인 타고난 속성들을 소유하지만 최종적으로는 각 차원들이 모여 하나의 집합이나 결합이 되고 그 결과 독특한 선호를 나타내게 된다. MBTI의 네 가지 차원이 조합은 외향형(E－우리는 바깥세상 활동과 행동으로부터 우리의 에너지를 얻음), 내향형(I－내적 세계에 대한 반성과 묵상을 통해 우리의 에너지를 얻음) 중 하나의 선호가 나타나면 그 다음 두 번째 차원으로 감각형(S－관찰가능한 사실과 세부사항을 통하여 정보를 인식)과 직관형(N－이것은 의미와 관계에 대한 통찰을 통하여 정보를 인식) 중 하나를 선택한다. 세 번째는 사고형(T－논리와 객관적인 추론에 입각하여 결론에 도달하는 사고과정을 의미)과 감정형(F－주관적, 인간의 가치, 개인적으로 중요하게 생각하는 것에 입각하여 결정에 도달하는 사고과정을 의미) 중 하나를 선택하고, 마지막으로 판단형(J－계획에 의거하여 조직화된 방식으로 정보를 드러내고 종결)과 인식형(P－개방적이고 호기심 어린 방식으로 정보를 송출하고 수용적이고 융통성 있고 적응적) 중 하나를 선택하여 총 4가지의 문자를 이루게 된다. 이렇게 하면 모두 16가지 유형으로 나누어지는데 그 유형의 분류는 네 차원의 대립쌍의 알파벳의 머리글자의 조합으로 이루어진 것들로 ISTJ, ISFJ, INFJ, INTJ, ISTP, ISFP, INFP, INTP, ESTP, ESFP, ENFP, ENTP, ESTJ, ESFJ, ENFJ, ENTJ이다. 이를 정리해 보면 [그림 2－9]와 같다. 아래는 MBTI 16유형의 주된 특징으로 참고하기 바란다.

ISTJ 세상의 소금형	**ISFJ** 임금 뒷편의 권력형	**INFJ** 예언자형	**INTJ** 과학자형
ISTP 백과사전형	**ISFP** 성인군자형	**INFP** 잔다르크형	**INTP** 아이디어 뱅크형
ESTP 수완좋은 활동가형	**ESFP** 사교적인 유형	**ENFP** 스파크형	**ENTP** 발명가형
ESTJ 사업가형	**ESFJ** 친선도모형	**ENFJ** 언변능숙형	**ENTJ** 지도자형

[그림 2-9] MBTI의 16가지 성격유형

■ ISTJ : 세상의 소금형

조용하고 진지하며 집중력이 뛰어나다. 철저하고 체계적이며 세부사항도 놓치지 않는 편이다. 근면 성실하고 책임감이 강하다. 표준적인 방식에 따라 계획적으로 일하는 것을 선호하며, 실제적이고 실용적인 분야에 관심을 갖는다.

■ ISFJ : 임금님 뒤편의 권력형

조용하고 다정하며 신중하다. 자신에게 맡겨진 일에 책임을 다하고, 이를 꾸준하게 실행해 나간다. 소중한 주변 사람에게 헌신적이며, 관련된 구체적인 사항을 잘 알아차리고 기억한다. 직장과 가정이 정돈되고 조화로운 환경이 되도록 노력한다.

■ INFJ : 예언자형

사람의 동기를 이해하고 내면을 파악하는 통찰을 지니고 있다. 개념을 파악하고 가능성과 의미를 찾는다. 공동의 선을 추구하기 위한 명확한 비전에 관심을 가진다. 자신의 비전을 수행하기 위해 사람을 동기화시키고 조직한다.

■ INTJ : 과학자형

독창적이고 창의적인 마인드를 추구한다. 자신과 타인의 능력에 대해 높은 기준을 지니고 있으며, 자신의 아이디를 실현하고자 한다. 지적인 호기심이 많고, 광범위한 정보를 토대로 사건의 핵심을 통찰한다. 일을 조직하고 포괄적으로 수행한다.

■ ISTP : 백과사전형

상황에 대해 관조적이고 유연하다. 일반적으로 조용히 관찰하지만, 어떤 일이 발생하면 해결하기 위해 빠르게 움직인다. 문제의 현실적인 원인을 분석하고 논리적으로 해결한다. 감정에 휘둘리는 모습을 잘 보이지 않으며, 기계나 물건을 다루는 것에 관심이 많다.

■ ISFP : 성인군자형

조용하고 다정하며 친절하다. 자신의 가치를 중요시 여기며, 의미 있는 일이나 사람에게 헌신적이다. 자신과 타인의 정서에 민감하며, 어려움에 처한 사람에게 현실적인 도움을 주고자 한다. 현재의 순간을 즐기며, 논쟁이나 갈등을 싫어한다.

■ INFP : 잔다르크형

가치나 의미가 있다고 생각하는 이상적인 삶을 추구하는 데 열성적이다. 관대하고 융통성이 있으며, 감수성이 풍부하고 호기심이 많다. 실리보다는 어떤 일의 가능성을 보는 경향이 있다. 인간의 본질을 이해하려고 하며 이들의 가능성을 성취하도록 돕는다.

■ INTP : 아이디어 뱅크형

논리적이고 분석적이다. 관심분야에 대해서는 문제해결에 깊이 집중하는 모습을 보인다. 추상적인 개념과 문제해결을 위한 아이디어에 관심이 많다. 자신의 생각을 조용히 보유하며, 상황에 따라 유연하게 대처한다.

■ ESTP : 수완좋은 활동가형

상황에 유연하게 대처하며 행동 지향적이다. 이론이나 개념보다는 현실적으로 문제해결하는 데 관심이 많다. 즉흥적으로 행동하고, 즉각적으로 결론에 도달하기를 원한다. 현실적이고 실용적이며 솔직하다.

■ ESFP : 사교적인 유형

사교적이고 친절하며 관용적이다. 매사 긍정적이고, 사람들과 함께 즐겁게 일을 해 나가는 것을 좋아한다. 새로운 사람과 환경에 빨리 적응하는 편이며, 현실적이고 융통성을 잘 발휘한다.

■ ENFP : 스파크형

열정적이고 따뜻하며 상상력이 풍부하다. 세상을 가능성이 무궁무진한 곳으로 보기 때문에 다양한 분야에 관심을 보인다. 자발적이고 융통성이 있으며, 특히 자신이 관심 있는 일에는 매우 열성적인 모습을 보인다.

■ ENTP : 발명가형

활기차고 기민하며 거리낌 없이 표현한다. 새롭고 도전적인 문제를 해결하는 데 흥미를 느끼며, 개념적인 가능성에 민감하고 전략적으로 그것을 분석한다. 질문이 많고 토론을 즐긴다.

■ ESTJ : 사업가형

객관적이고 논리적이며 현실적이고 실용적이다. 추진력 있는 행동으로 결과를 지향한다. 목표를 효과적으로 달성하기 위해 업무와 사람을 체계적으로 조직하고 구조화하는 데 관심이 많다.

■ ESFJ : 친선도모형

따뜻하고 협조적이며, 주변 사람들과 조화롭고 화합하기를 원한다. 상대의 감정을 잘 알아차리며 현실적으로 도와주고자 한다. 자기가 맡은 일은 끝까지 책임을 지며. 사소한 일에도 성실하게 임한다.

■ ENFJ : 언변능숙형

조화로운 인간관계를 중요시하며, 표현어휘가 풍성하고 따뜻하다. 사람의 정서, 욕구, 동기에 관심이 많으며, 상호작용을 통해 내면의 성장을 추구한다. 사람들과 함께 공동의 목표를 달성했을 때 기쁨을 느낀다.

■ ENTJ : 지도자형

장기계획과 목표를 뚜렷하게 설정하고 이를 관철시킨다. 또한 자신의 아이디어와 비전을 제시하여 타인을 이끄는 경향이 있다. 문제에 논리적이고 객관적으로 접근하며, 전략적인 차원에서 해결 방안을 찾는다. 계획적이고 체계적이며 행동 지향적이다.

3) 직업세계(정보)의 이해

파슨스가 주장한 직업선택을 위한 두 번째 단계가 바로 직업세계를 이해하는 것이다. 이는 각기 다른 직업의 장점, 단점, 보상, 기회, 전망, 성공의 조건 및 요구되는 지식 등에 관해 이해하는 것으로 직업정보의 획득 및 활용이 여기에 해당한다. 여기에서는 직업정보의 종류 및 내용에 대해 간략히 살펴보기로 한다.

(1) 직업정보의 종류

직업정보는 내용 면에서 미래사회에 대한 정보, 직업세계에 관한 정보, 그리고 개인에 관한 정보로 분류된다. 또한 직업정보가 생산되는 대상인 개인, 기업, 사회, 국가 등에 요구되는 직업정보를 취업 전과 취업 시, 취업 후로 분류하여 제시하면 〈표 2-4〉와 같다.

〈표 2-4〉 **대상별, 단계별 직업정보의 종류**

분 류	진로탐색 시	직업선택 시	취업 후
사 회	① 대학 · 전문대학 ② 직업의 지역적 분포 ③ 전문지식 공급처 ④ 지역적 특성	① 전공학과 관련직업 ② 노조현황 ③ 관련단체	① 경기변동 ② 직업윤리 및 직업관 ③ 직업전환훈련프로그램
개 인	① 성별 및 적정연령 ② 학력 ③ 흥미 및 적성 ④ 신체조건 ⑤ 가정형편 ⑥ 자격 및 면허 ⑦ 자기평가	① 올바른 직업선택 방법 ② 직업윤리 ③ 구인처 명단 ④ 구비서류 ⑤ 이력서 작성법 ⑥ 면접법	① 적응관계 ② 직업전환 계획 ③ 전문지식의 경향 ④ 위기관리능력 ⑤ 자아실현
기 업	① 직업의 유래 ② 관련 및 유사한 직업 ③ 취업가능 직업명 ④ 생산품의 분류 ⑤ 사업체의 유형 ⑥ 직무의 내용 ⑦ 작업환경 ⑧ 장비 및 공구	① 취업경로 ② 임금 ③ 승진 ④ 전직 ⑤ 관련업체명 (소재지, 근로자 수, 생산품, 기숙사, 장학금, 통근버스, 사보, 노조) ⑥ 취업규칙	① 기업문화 ② 추가 이수하여야 할 교육훈련 ③ 직무의 책임한계 ④ 인간관계
국 가	① 인력수급 계획 ② 사업 및 직업분류 ③ 직업훈련 ④ 노동시장 ⑤ 자격검정제도 ⑥ 교과과정(고교, 대학) ⑦ 유학안내	① 직업안정제도 ② 직업훈련제도 ③ 사회보장제도 ④ 관련법규	① 특별한 교육과정(산업체 근로자로서 가능 고교 및 대학) ② 실업과 관련된 사회보장 제도 ③ 국가정책

출처 : 김동규 외(1999). EBS 직업상담사.

또한 직업정보는 제공주체에 따라 달리 분류할 수 있는데, 정부 및 공공기관에서 제공하는 공공직업정보와 민간기업 및 사설 직업정보 제공기관에서 제공하는 민간직업정보로 구분할 수 있다. 근래에 와서는 대부분의 직업정보를 인터넷 사이트에서 획득하게 되는데 대표적인 공공직업정보를 얻을 수 있는 사이트가 워크넷(work.go.kr)과 국가직무능력표준(NCS : National Competency Standards)이다. NCS는 다음 장에서 자세히 알아보기로 한다. 또한 민간직업정보는 사이트는 사람인(saramin.co.kr), 잡코리아(jobkorea.co.kr), 인크루트(incruit.com) 등의 사이트가 있다.

(2) 우리나라의 직업정보 현황

우리나라의 직업정보 전달 체계는 크게 직업정보서와 직업정보시스템으로 구분할 수 있다. 여기에서는 한국고용정보원에서 발간하는 직업정보서와 우리나라 최대의 취업포털이라고 할 수 있는 워크넷, 커리어넷, HRD-NET 등을 중심으로 알아보도록 하겠다.

① 직업정보서

직업정보서는 직업정보를 담은 책자, 팸플릿 등으로 오프라인에서 제공되고 있고, 직업정보시스템은 온라인을 통해 자신에게 적합한 직업을 탐색하고, 해당직업의 정보를 수집할 수 있는 전산시스템으로 구성되어 있다. 한국고용정보원(keis.or.kr)에서는 다양한 직업정보서를 발간하고 있는데, 대표적으로 한국직업사전과 한국직업전망이 있다.

② 워크넷

워크넷은 우리나라 최대의 취업포털사이트로 채용정보를 비롯한 직업 · 진로정보, 고용복지정책, 훈련정보, 인재정보 등의 메뉴로 구성되어 있다. 특히 직업 · 진로 메뉴를 클릭하면 [그림 2-10]으로 이동되는데 여기에서는 앞서 직업선호도검사 외에도 직업명으로 검색을 할 수도 있으며, 평균연봉 및 직업전망까지 함께 알 수 있다. 또한 진로선택을 위한 학과정보를 비롯하여 이색직업, 테마별 직업 등의 다양한 직업정보를 얻을 수 있다.

[그림 2-10] 직업 · 진로 정보 메인 페이지의 일부

③ 커리어넷

앞선 워크넷과 직업정보시스템 등은 한국고용정보원에서 제공하는 직업정보 사이트이다. 이에 반해 커리어넷(career.go.kr)은 정부출연기관인 한국직업능력개발원이 전담기관으로 지정되어 운영하고 있다. 여기에서도 각종 직업정보를 비롯하여 진로 및 직업과 관련된 각종 심리검사를 제공하고 있다. 특히 심리검사로서 대상별로 중/ 고등학교와 대학생/ 일반용의 검사를 제공하고 있으며, 심리검사의 종류로는 직업흥미검사, 직업적성검사, 진로성숙도검사, 직업가치관검사, 진로개발준비도검사, 이공계전공적합도검사, 주요능력효능감검사 등이다. 커리어넷의 홈페이지의 메인화면의 모습은 [그림 2-11]과 같다.

[그림 2-11] 커리어넷의 홈페이지의 일부

④ HRD-NET

HRD-NET(hrd.go.kr)은 직업훈련정보망으로 훈련과정 및 지원제도에 대한 소개와 함께 훈련 직종별, 지역별, 기간별 직업훈련을 소개하며, 해당 지역의 직업훈련을 검색할 수 있다. HRD-NET의 메인 홈페이지는 다음 [그림 2-12]와 같다. 메인 홈페이지에서 검색을 하게 되면 과정별 훈련정보와 함께 일자리 정보, 자격증 정보 등을 같이 찾아볼 수 있다. 특히 자격정보는 Q-NET(q-net.or.kr)을 활용하면 더욱 좋다.

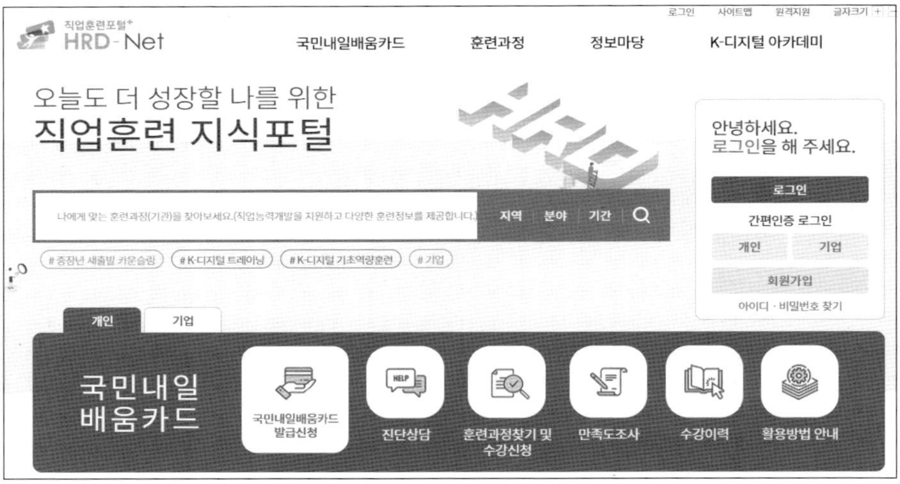

[그림 2-12] HRD-NET 홈페이지의 일부

4) 과학적 매칭

파슨스가 주장한 직업선택을 위한 세 번째 단계가 바로 과학적 매칭이다. 앞서 살펴보았던 자기이해와 직업세계에 대한 이해를 바탕으로 객관적 사실에 대한 분석결과를 토대로 합리적인 추론을 실시하여 직업을 선택하는 것이다. 이때 합리적 추론을 위해서는 전문가와 함께하는 것이 좋다. 직업선택 및 직업상담은 전문적 활동이기 때문에 가장 좋은 방법은 가까운 상담센터(또는 고용복지플러스센터)를 방문할 것을 추천한다. 또는 앞서 언급되었던 직업정보 사이트에서는 인터넷을 통한 상담이 진행할 수 있으니 혼자 고민하지 말고 전문가를 찾아 도움을 받기를 권하는 바이다.

(1) 의사결정을 위한 방법

진로 및 직업을 선택하는 데 있어 가장 중요한 일 중 하나는 여러 개의 대안 중 하나를 결정하는 것이다. 직업선택을 결정하는 기준은 다양하게 제시될 수 있는데, 여기에서는 개인적 요소와 외적 요소로 구분하여 살펴보기로 한다.

① **개인적 요소** : 자신의 성격, 흥미, 적성 등의 특성을 고려해야 하며, 직업에 대한 자신의 사회적 가치, 만족감, 자기발전의 가능성 등을 고려해야 한다. 직업은 단순한 생계유지

의 수단이 아니라 생을 살아가는 데 있어서 자아실현을 위한 방법이기 때문에 자신을 중심으로 선택하는 것이 필요하다. 또한 이러한 개인적 요소를 고려한 직업선택을 위한 방법으로 '부록 1. 자기이해를 위한 연습'을 꼭 해볼 것을 추천한다.

② **외적 요소** : 경제적 보상, 가족들의 권유, 여가선용의 기회, 존경하는 사람의 영향 등을 외적 요소로 뽑을 수 있다. 특히 경제성이 충족되지 않으면 직업으로 인정되지 않는다는 것은 이미 학습하였다. 외적 요소에서도 가장 중요한 것이 바로 경제성(수입)이라고 할 수 있다. 이는 2021년 통계청의 자료 〈표 2-5〉에서도 살펴볼 수 있는데, 이 조사에 따르면 청소년(13-19세)이 직업을 선택할 때 가장 중요하게 생각하는 요인은 수입(34.3%)이며, 다음으로 적성 · 흥미(31.3%), 안정성(16.6%) 순으로 나타났다.

〈표 2-5〉 직업 선택 요인 (단위 : %)

연도	계	수입	적성 흥미	안정성	발전성 장래성	보람 자아실현	명예 명성	근무 환경	기타 (잘모름)
2011	100.0	27.4	33.9	20.3	6.7	6.1	3.8	–	1.7
2013	100.0	27.0	34.2	21.3	6.1	6.4	3.6	–	1.4
2015	100.0	27.0	33.2	22.8	5.4	6.7	4.1	–	0.8
2017	100.0	30.5	32.2	20.8	5.7	5.7	3.7	–	1.4
2019	100.0	32.8	28.1	21.0	6.9	4.2	3.8	2.1	1.1
2021	100.0	34.3	31.3	16.6	3.7	3.9	4.9	3.9	1.3

출처 : 통계청(2021). 사회조사에서 일부 발췌.

(2) 진로선택 시 유의점

진로를 결정하는 시기는 일반적으로 고등학교 및 대학과정에 있는 청소년기이다. 청소년기에 부모의 뜻에 따라 진로를 결정하기도 하고, 본인의 의사와는 관계없이 '수능'과 '내신'성적에 맞춘 진로를 택하는 경우도 허다하다. 대학에 다니면서도 본인의 전공과 관계없는 분야의 사회진출을 준비하는 경우도 비일비재하여, 이러한 진로선택이 과연 올바른 것인가? 하는 의문과 회의를 지니기도 한다. 변화하는 기업환경은 세계화, 정보화, 네트워크화되는 환경으로 급속하게 바뀌고 있고, 이에 적응할 수 있는 인력을 요구하고 있다. 이 같은 변화에 대비하는 진로결정과정으로서 현재는 물론 앞으로도 다음과 같은 점이 고려되어야 할 것이다(한성덕 · 주석진, 2018).

① 진로결정 과정에서 본인 스스로 미래사회에 대비하는 내재적(內在的) 목적에 중점을 두어야 한다. 내재적 목적이란 인간의 잠재적 능력(potentiality, capability)을 최대한으로 발현시키는 것을 의미한다. 쉽게 말하면 자아실현을 가능하게 하는 진로결정을 하여야 한다는 말이다.

② 대부분의 부모님은 과거에 젖은 사고방식으로 인하여 자녀에게 경제적으로 유망한 직업을 갖는 진로선택을 강요하는 사례도 적지 않다. 이러한 사례는 자녀의 자아실현에 도움이 되지 않는다는 점을 강조하고자 한다. 부모의 입장에서 바람직한 자녀의 모습은 기성세대인 부모의 그림 속에 있다. 현재의 기성세대(부모)가 청소년기에 있을 때에는 당시의 기성세대(조부, 조모)의 경험을 전수받고 가르침을 따르면 세상살이에 어려움이 없었다. 그 이유는 경제사회가 복잡하지도 않았고 따라서 고도의 지식력(知識力)과 전문성이 요구되지 않았기 때문이다.

③ 진로선택을 잘하여, 즉 진로에 대한 판단과 본인의 의지와 노력에 의하여 성공한 삶을 영위하는 사람이 대부분이겠으나 앞에서는 잘못된 진로선택을 하는 경우를 짚어보았다. 이러한 경우는 대부분 진로정보(進路情報, career information)에 대하여 잘 알지 못하거나, 주변의 사람으로부터 또는 대중매체로부터 얻은 부정확한 정보를 받아들이는 경우가 허다하다. 진로정보를 모른다는 것은 전쟁을 수행하는 군인이 적군이 어디에 있는지, 어떤 무기를 가지고 있는지를 모른 채 전쟁을 하는 것과 같다.

CHAPTER 03

국가직무능력표준(NCS)

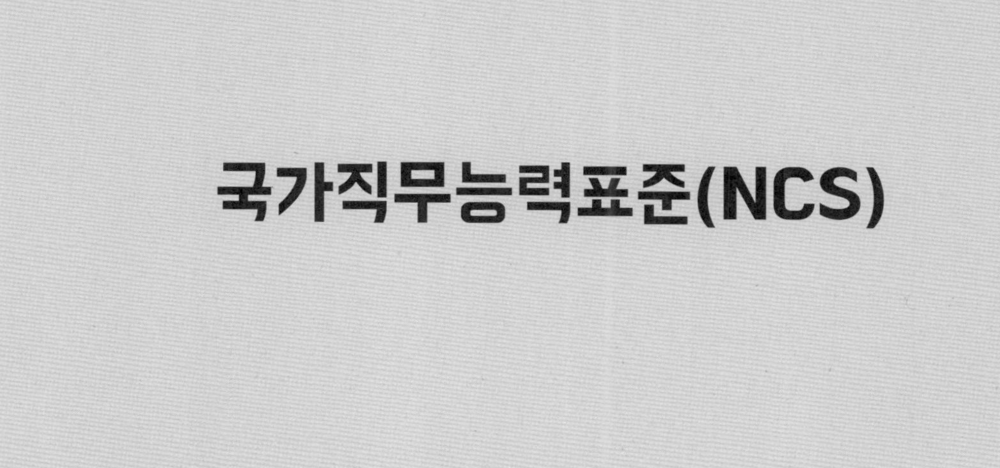

Chapter 03

국가직무능력표준(NCS)

1 국가직무능력표준의 개요와 분류체계

국가직무능력표준(NCS : National Competency Standards)은 산업현장에서 직무를 수행하기 위하여 요구되는 지식 · 기술 · 소양 등의 내용을 국가가 산업부문별 · 수준별로 체계화(자격기본법 제2조 제2호)하여 산업현장의 직무를 성공적으로 수행하기 위해 필요한 능력(지식, 기술, 태도)을 국가적 차원에서 표준화한 것을 의미한다. 기존의 직업훈련 및 자격제도는 산업현장과 괴리가 있어 기업이 인력을 채용하더라도 상당한 시간과 비용이 추가적으로 발생되는 문제점을 지니고 있었다. 이에 국가가 산업현장의 직무수요를 체계적으로 분석하여 제시함으로써 '일-교육 · 훈련-자격'이 연계될 수 있도록 국가적 차원의 표준을 제정함으로써 인적자원 개발의 핵심 토대로 활용하며, 학벌이 아닌 능력중심 사회로 변화될 수 있도록 직업정보를 제공하고 있다.

1) NCS의 개요

국가직무능력표준(이하 NCS)는 한 사람의 근로자가 해당 직업 내에서 소관 업무를 성공적으로 수행하기 위하여 요구되는 실제적으로 필요한 능력(지식 · 기술 · 태도)을 국가적 차원에서 표준화한 것이다. NCS는 현장과 교육훈련, 일-자격의 일원화를 통해 기업의 채용비용 및 훈련비용을 줄이고, 인재 선발 시 능력을 판단할 수 있는 기준으로 활용하며, 개인의 능력을 합리적으로 비교하기 위한 체계를 제시하고자 한다. 또한 학력보다는 능력중심 사회 구현을 위해 학교교육과정을 노동시장에서 요구하는 직무수행능력 관점으로 개편하는 것을 주요 내용으로 한다. 즉, "학교에서의 교육이 곧바로 산업체의 직무로 활용"될 수 있도록 교육과정을 개편하고 교과서를 대체하는 학습모듈을 개발하는 것이다. 특성화고, 마이스터고, 전문대학 등 직업교육기관의 학교교육을 NCS기반으로 한 일자리 중심으로 개편하여, 산업체에서 요구하는 내용으로 일자리의 양적 · 질적 미스매치를 해소하고, 이를 통하여 일자리를 창출하고자 하는 것이다.

일례로 대졸 신입사원의 재교육 기간은 2007년 기준 19.5개월이 소요되고 1인당 재교육 비용은 2008년 기준 6,088만 원이 소요되는 것으로 집계되었고, 국제경영개발연구원(IMD)의 경쟁력 평가 결과 2012년 기준 총 59개국 중 우리나라의 고등교육 이수율은 2위인 데 반하여 숙련엔지니어 보유수준은 48위인 것으로 조사되었다. 또한 일부 교육과 훈련 과정 및 자격종목은 개인의 직업능력 향상 기제가 아닌 불필요한 스펙으로 여겨지는 경우도 발생하고 있다. 한국노동연구원의 조사결과 신규 취업자의 학교에서 배운 내용과 기업 직무 간 불일치 비율은 2011년 기준 4년제 대학의 경우 14.0%, 전문대의 경우 26.0%, 전문계고의 경우 15.3%인 것으로 나타났고, 한국기술교육대의 국가기술자격 효용성 조사 결과, 2009~2011년 기준 조사대상 374개 자격종목 중 효용성이 보통(76종목) 또는 낮은 종목(55종목)이 35.1% 차지하는 것으로 나타났다.

이에 따라 산업현장의 직무수요를 중심으로 교육 · 훈련, 자격제도를 개편하기 위하여 국가직무능력표준(NCS)의 개발을 착수하게 되었다. 그간 꾸준히 NCS를 개발해 왔으나 관심 부족 등으로 개발된 NCS의 교육 · 훈련 및 자격제도와 산업현장 활용은 미흡하다는 비판을 받고 있다(교육부 · 고용노동부, 2013; 한국노동연구원, 2014). '능력중심 사회 구현'을 주요 국정과제로 설정하고, NCS를 기반으로 직업교육훈련과 자격제도를 개편하기 위한 사업을 추진하고 있다.

2) NCS의 기본개념

NCS를 이해하기 위해서는 표준의 의미를 이해할 필요성이 있다. 이에 NCS에서 사용하는 표준, 표준의 특성을 살펴보면 다음과 같다(고용노동부, 2013).

(1) 표준의 개념

국가직무능력표준(NCS)은 산업현장에서 직무를 수행하기 위해 요구되는 지식 · 기술 · 소양 등의 내용을 국가가 산업부문별 · 수준별로 체계화한 것으로, 산업현장의 직무를 성공적으로 수행하기 위해 필요한 능력(지식, 기술, 태도)을 국가적 차원에서 표준화한 것을 의미한다.

(2) 표준의 특성

한 사람의 근로자가 해당 직업 내에서 소관 업무를 성공적으로 수행하기 위하여 요구되는 실제적인 수행능력을 의미한다. 이는 직무수행능력 평가를 위한 최종 결과의 내용을 반영한 것으로 최종 결과는 '무엇을 하여야 한다'보다는 '무엇을 할 수 있다'는 형식으로 제시한다. 해당 직무를 수행하기 위한 모든 종류의 수행능력을 포괄하여 제시한다. 이에 해당하는 하위 개념은 다음과 같다.

- **작업능력** : 특정 업무를 수행하기 위해 요구되는 능력
- **작업관리 능력** : 다양한 다른 작업을 계획하고 조직화하는 능력
- **직무능력**
  ① 능력 = 직업기초능력 + 직무수행능력
  ② 직업기초능력 : 직업인으로서 기본적으로 갖추어야 할 공통 능력(10개)
  ③ 직무수행능력 : 해당직무를 수행하는 데 필요한 역량(지식, 기술, 태도)

NCS의 개발은 원칙적으로 고용노동부가 총괄한다. 또한 한국산업인력공단이 관련 실무를 담당하고, 산업계 수용에 적합한 국가직무능력 표준 개발을 위해 고용노동부(산업인력공단)는 원칙적으로 '산업별인적자원개발협의체(SC)' 또는 직종별 단체 등 현장 전문가, 교육훈련전문가 등에 위탁하여 국가직무능력표준을 개발한다.

이상과 같이 NCS는 산업현장의 직무수요를 체계적으로 분석하여 제시함으로써 '일-교육 · 훈련-자격'을 연결하는 고리, 즉 인적자원 개발의 핵심 토대로 기능할 수 있도록 하며, 국가직무능력표준은 교육훈련기관의 교육훈련과정, 직업능력개발 훈련기준 및 교재 개발 등에 활용되어 산업 수요 맞춤형 인력양성에 기여하도록 하고 있다. 또한 한국산업인력공단에서는 국가직무능력표준을 활용하여 교육훈련과정, 훈련기준, 자격종목 설계, 출제기준 등 제 · 개정

시 활용하며, 한국직업능력개발원에서는 국가직무능력표준을 활용하여 전문대학 및 마이스터고·특성화고 교과과정을 개편하기 위해 활용될 수 있도록 하고 있다(주석진, 2017).

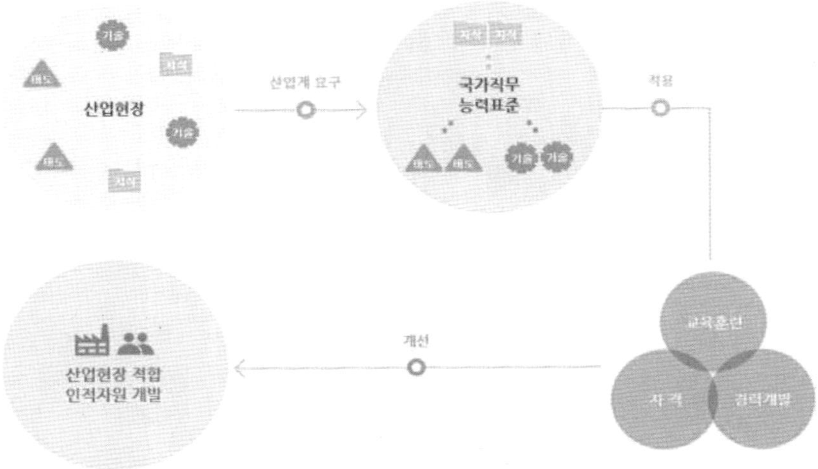

[그림 3-1] **국가직무능력표준(NCS) 표준 개념도**

출처 : www.ncs.go.kr

3) NCS의 분류체계

NCS의 분류체계는 직무의 유형(type)을 중심으로 국가직무능력표준의 단계적 구성을 나타내는 것으로, 국가직무능력표준 개발의 전체적인 로드맵을 제시하고자 하였다. 분류체계는 한국고용직업분류(KECO)를 중심으로, 한국표준직업분류, 한국표준산업분류 등을 참고하여 분류하였으며, 이러한 대분류별 체계는 다음 〈표 3-1〉과 같이 '대분류(24) → 중분류(81) → 소분류(271) → 세분류(1083)'의 순으로 구성(2023년 기준)되어 있다. 각 분류별 분류기준은 다음과 같다.

〈표 3-1〉 NCS 분류체계

대분류(24)	중분류(80)	소분류(257)	세분류(1022)
01. 사업관리	1	2	5
02. 경영 · 회계 · 사무	4	11	29
03. 금융 · 보험	2	9	36
04. 교육 · 자연 · 사회과학	2	3	8
05. 법률 · 경찰 · 소방 · 교도 · 국방	2	4	16
06. 보건 · 의료	1	2	11
07. 사회복지 · 종교	3	6	17
08. 문화 · 예술 · 디자인 · 방송	3	9	61
09. 운전 · 운송	4	8	31
10. 영업판매	3	8	18
11. 경비 · 청소	2	2	4
12. 이용 · 숙박 · 여행 · 오락 · 스포츠	4	12	46
13. 음식서비스	1	3	12
14. 건설	8	28	132
15. 기계	11	36	139
16. 재료	2	10	48
17. 화학	5	17	53
18. 섬유 · 의복	3	8	26
19. 전기 · 전자	3	36	115
20. 정보통신	3	17	111
21. 식품가공	2	4	21
22. 인쇄 · 목재 · 가구 · 공예	2	4	23
23. 환경 · 에너지 · 안전	6	19	67
24. 농림어업	4	13	54

※ 각 분류별 ( )안은 분류 개수임
NCS 중분류 이하의 명칭 및 세분류는 www.ncs.go.kr를 참고하기 바람

(1) 대분류

직능유형이 유사한 분야(한국고용직업분류 참조)

(2) 중분류

① 대분류 내에서 직능유형이 유사한 분야

② 대분류 내에서 산업이 유사한 분야

③ 대분류 내에서 노동시장이 독립적으로 형성되거나 경력개발경로가 유사한 분야

④ 중분류 수준에서 산업별인적자원개발협의체(SC)가 존재하는 분야

(3) 소분류

① 중분류 내에서 직능유형이 유사한 분야

② 소분류 수준에서 산업별인적자원개발협의체(SC)가 존재하는 분야

(4) 세분류

① 소분류 내에서 직능유형이 유사한 분야

② 한국고용직업분류의 직업 중 대표 직무

이와 같은 분류체계를 '핀테크 보안 · 인증 설계'이라는 능력단위를 예시로 들면 [그림 3-2]와 같다. 핀테크 보안 · 인증 설계의 대분류는 '20. 정보통신'에 해당하고, 중분류로는 '01. 정보기술'에 해당하며, 소분류는 '02. 정보기술개발'에 해당한다. 이러한 소분류는 다시 세분류 중 '10. 핀테크엔지니어링'의 직종으로 분류되는 것이다.

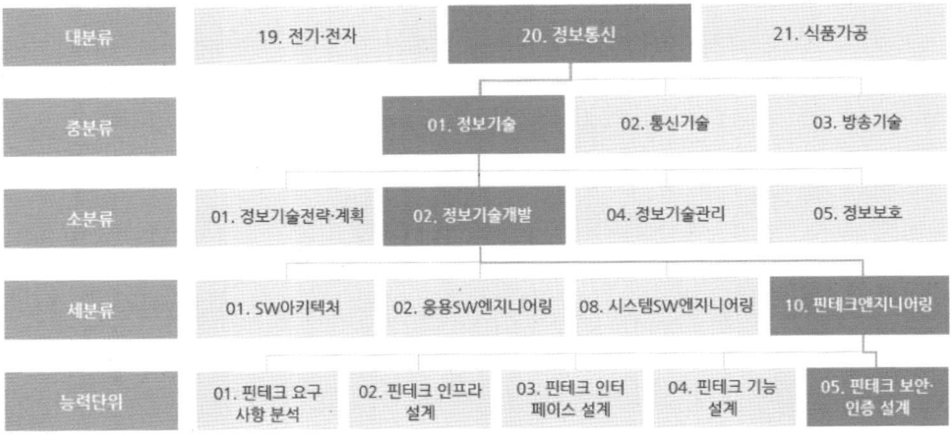

[그림 3-2] 정보통신-정보기술개발분야 분류예시

출처 : www.ncs.go.kr

2 국가직무능력표준의 구성

1) 능력단위

NCS는 직업 내에서 근로자가 수행하는 개별 역할인 직무능력을 능력단위(unit)로 하여 여러 개의 능력단위의 집합으로 구성되어 있다. 여기에서 직무는 NCS 분류체계의 세분류를 의미하고, 원칙상 세분류 단위에서 표준이 개발된다. 즉, 능력단위의 집합이 직무가 되는 것이다. 이러한 능력단위는 NCS 분류체계의 하위단위로서 국가직무능력표준의 기본 구성요소에 해당된다. 능력단위는 다시 능력단위요소(수행준거, 지식 · 기술 · 태도), 적용범위 및 작업상황, 평가지침, 직업기초능력으로 구성되는 계층구조를 가지고 있다. 이와 같은 능력단위에 대한 구성이 다음 [그림 3-3]에 제시되어 있다.

[그림 3-3] NCS 능력단위 구성

출처 : www.ncs.go.kr

이러한 능력단위 및 단위 요소의 수준을 평정으로 8단계의 수준으로 구분되는데, 이를 살펴보면 다음 〈표 3-2〉와 같다.

〈표 3-2〉 능력단위 수준체계

수준	직무수준 정의
8	해당분야에 대한 최고도의 이론 및 지식을 활용하여 이론을 창조할 수 있고, 최고도의 숙련으로 광범위한 기술적 작업을 수행할 수 있으며 조직 및 업무 전반에 대한 권한과 책임이 부여된 수준
	(지식기술) 해당분야에 대한 최고도의 이론 및 지식을 활용하여 새로운 이론을 창조할 수 있는 수준 최고도의 숙련으로 광범위한 기술적 작업을 수행할 수 있는 수준
	(역량) 조직 및 업무 전반에 대한 권한과 책임이 부여된 수준
	(경력) 수준 7에서 2~4년 정도의 계속 업무 후 도달 가능한 수준
7	해당분야의 전문화된 이론 및 지식을 활용하여, 고도의 숙련으로 광범위한 직업을 수행할 수 있으며 타인의 결과에 대하여 의무와 책임이 필요한 수준
	(지식기술) 해당분야의 전문화된 이론 및 지식을 활용할 수 있으며, 근접분야의 이론 및 지식을 사용할 수 있는 수준 고도의 숙련으로 광범위한 작업을 수행하는 수준
	(역량) 타인의 결과에 대하여 의무와 책임이 필요한 수준
	(경력) 수준 6에서 2~4년 정도의 계속 업무 후 도달 가능한 수준
6	독립적인 권한 내에서 해당분야의 이론 및 지식을 자유롭게 활용하고, 일반적인 숙련으로 다양한 과업을 수행하고, 타인에게 해당분야의 지식 및 노하우를 전달할 수 있는 수준
	(지식기술) 해당분야의 이론 및 지식을 자유롭게 활용할 수 있는 수준 일반적인 숙련으로 다양한 과업을 수행할 수 있는 수준
	(역량) 타인에게 해당분야의 지식 및 노하우를 전달할 수 있는 수준 독립적인 권한 내에서 과업을 수행할 수 있는 수준
	(경력) 수준 5에서 1~3년 정도의 계속 업무 후 도달 가능한 수준
5	포괄적인 권한 내에서 해당분야의 이론 및 지식을 사용하여 매우 복잡하고 비일상적인 과업을 수행하고 타인에게 해당분야의 지식을 전달할 수 있는 수준
	(지식기술) 해당분야의 이론 및 지식을 사용할 수 있는 수준 매우 복잡하고 비일상적인 과업을 수행할 수 있는 수준
	(역량) 타인에게 해당분야의 지식을 전달할 수 있는 수준 포괄적인 권한 내에서 과업을 수행할 수 있는 수준
	(경력) 수준 4에서 1~3년 정도의 계속 업무 후 도달 가능한 수준

수준	직무수준 정의
4	일반적인 권한 내에서 해당 분야의 이론 및 지식을 제한적으로 사용하여 복잡하고 다양한 과업을 수행하는 수준
	(지식기술) 해당분야의 이론 및 지식을 제한적으로 사용할 수 있는 수준 복잡하고 다양한 과업을 수행할 수 있는 수준
	(역량) 일반적인 권한 내에서 과업을 수행할 수 있는 수준
	(경력) 수준3에서 1~4년 정도의 계속 업무 후 도달 가능한 수준
3	제한된 권한 내에서 해당분야의 기초이론 및 일반지식을 사용하여 다소 복잡한 과업을 수행하는 수준
	(지식기술) 해당분야의 기초이론 및 일반지식을 사용할 수 있는 수준 다소 복잡한 과업을 수행하는 수준
	(역량) 제한된 권한 내에서 과업을 수행하는 수준
	(경력) 수준2에서 1~3년 정도의 계속 업무 후 도달 가능한 수준
2	일반적인 지시 및 감독하에 해당분야의 지식을 사용하여 절차화되고 일상적인 과업을 수행하는 수준
	(지식기술) 해당분야의 일반 지식을 사용할 수 있는 수준, 절차화되고 일상적인 과업을 수행하는 수준
	(역량) 일반적인 지시 및 감독하에 과업을 수행하는 수준
	(경력) 수준1에서 6~12개월 정도의 계속 업무 후 도달 가능한 수준
1	구체적인 지시 및 철저한 감독하에 문자이해, 계산능력 등 기초적인 일반 지식을 사용하여 단순하고 반복적인 과업을 수행하는 수준
	(지식기술) 문자이해, 계산능력 등 기초적인 일반지식을 사용할 수 있는 수준 단순하고 반복적인 과업을 수행하는 수준
	(역량) 구체적인 지시 및 철저한 감독하에 과업을 수행하는 수준

2) 능력단위의 구성 체계

개발된 NCS는 능력단위를 중심으로 능력단위분류번호(competency unit code), 능력단위명칭(competency unit title), 능력단위정의(competency unit description), 능력단위요소(competency unit element), 수행준거(performance criteria), 지식 · 기술 · 태도(KSA), 적용범위 및 작업상황(range of variable), 평가지침(guide of assessment), 직업기초능력(key competency)의 9가지로 구성된다. 이에 대한 설명은 다음 〈표 3-3〉과 같으며, 주요 내용을 예시와 함께 간략히 살펴보기로 한다.

〈표 3-3〉 NCS 능력단위 분류체계

구성항목	내 용
① 능력단위분류번호	• 능력단위를 구분하기 위하여 부여되는 일련번호로서 14자리로 표현
② 능력단위명칭	• 능력단위의 명칭을 기입한 것
③ 능력단위정의	• 능력단위의 목적, 업무수행 및 활용범위를 개략적으로 기술
④ 능력단위요소	• 능력단위를 구성하는 중요한 핵심 하위능력을 기술
⑤ 수행준거	• 능력단위요소별로 성취 여부를 판단하기 위하여 개인이 도달해야 하는 수행의 기준을 제시
⑥ 지식 · 기술 · 태도	• 능력단위요소를 수행하는 데 필요한 지식 · 기술 · 태도
⑦ 적용범위 및 작업상황	• 능력단위를 수행하는데 있어 관련되는 범위와 물리적 혹은 환경적 조건 • 능력단위를 수행하는 데 있어 관련되는 자료, 서류, 장비, 도구, 재료
⑧ 평가지침	• 능력단위의 성취 여부를 평가하는 방법과 평가 시 고려되어야 할 사항
⑨ 직업기초능력	• 능력단위별로 업무 수행을 위해 기본적으로 갖추어야 할 직업능력

① 능력단위분류번호와 능력단위 명칭

국가직무능력표준의 분류번호는 국가직무능력표준의 구성단위인 능력단위에 대한 식별번호로 대분류, 중분류, 소분류, 세분류, 능력단위 및 개발연도로 구성된다.

- **대분류** : 대분류 체계의 2자리 숫자(2 digits)
- **중분류** : 대분류의 체계 중 중분류 체계의 2자리 숫자(2 digit)
- **소분류** : 중분류 체계 중 소분류 체계의 2자리 숫자(2 digit)
- **세분류** : 소분류 체계 중 세분류 체계의 2자리 숫자(2 digits)
- **능력단위** : 세분류 체계 중 능력단위 연번으로 2자리 숫자(2 digits)
- **개발연도** : 능력단위 개발 · 보완 연도 2자리 숫자(2015년 → 15)로 작성하되, 앞의 분류와 구분하기 위하여 "_" 이후에 연도 기입
- **버전** : 표준 개발 순서 2자리(첫번째 → v, 두 번째 → 숫자)/ (2 digits)

예시적으로 2016년 NCS 체계로 개발된 '워터젯 CAD 설계'라는 직무에 대해 살펴보면, 다음 [그림 3-4]와 같다. 이를 살펴보면, 워터젯가공은 대분류 '15. 기계', 중분류 '02. 기계가공', 소분류 '02. 특수가공', 세분류 '03. 워터젯가공', 능력단위 '03. 워터젯 CAD 설계', 개발연도 '16'년 버전 '3'으로 구분되어 있음을 알 수 있다.

1502020303_16v3							
(능력단위명칭 : 워터젯 CAD 설계) 15 02 02 03 03 - 16 v3							
15	02	02	03	03	-	16	3
대분류	중분류	소분류	세분류	능력단위	-	개발연도	버전

[그림 3-4] NCS 분류번호 체계

② 능력단위요소

능력단위요소는 해당 능력단위를 구성하는 핵심 하위요소로서 국가직무능력표준 대분류 · 중분류 · 소분류 · 세분류 · 능력단위 · 개발연도 · 버전 등에 따른 일련의 분류번호를 가지게 된다. 또한 직무분석을 통하여 능력단위요소는 능력단위와 직접적으로 연계되어야 하며 능력단위 범위 내에서 수행되는 기능을 도출하고 능력단위 내에서 다른 능력단위요소와 중복되지 않도록 구성한다.

③ 적용범위 및 작업상황

해당 능력단위의 사용범위 능력단위 수행에 필요한 물리적 · 환경적 조건, 능력단위요소의 부연설명 사항을 고려사항에 제시하고 수행준거의 지식, 기술 및 태도에서 제시된 용어를 중심으로 사용하여 기술한다. 또한 해당 능력단위를 수행하는 데 필요한 정보, 정보원, 서류 등을 자료 및 관련서류에 제시하고 능력단위를 수행하는데 필요한 장비, 기계, 공구, 재료 등을 기술 장비 및 도구에 제시한다.

④ 평가지침

평가지침은 피평가자의 과정평가와 결과평가 평가방법으로 평가유형을 구분하여 작성하여야 하고, 능력단위별로 확인할 수 있는 적정한 평가방법을 선정하여 평가하되, 단일한 평가방법으로만 평가하기 어려운 경우에는 복수의 평가방법을 선정한다. 평가의 방법으로는 포트폴리오 · 문제해결시나리오 · 서술형시험 · 논술형시험 · 사례연구 · 평가자질문 · 평가자 체크리스트 · 피평가자 체크리스트 · 일지/ 저널 · 역할연기 · 구두발표 · 작업장평가 등을 들 수 있으며 평가 시 능력단위 요소별 수행준거와 평가지침을 참고하여 작성한다.

3) 직업기초능력

앞서 살펴보았던 NCS 능력단위에서 '[그림 3-3] NCS 능력단위 구성'은 능력단위의 하위요소는 능력단위요소, 적용범위 및 작업상황, 평가지침, 직업기초능력으로 구분되어 있었다. 직업기초능력은 해당 직업에서 필요로 하는 직무를 수행하는 능력 외에 해당 직무를 수행하기 위해 기본적으로 갖추어야 할 직업능력으로 의사소통능력 · 수리능력 · 문제해결능력 · 자기개발능력 · 자원관리능력 · 대인관계능력 · 정보능력 · 기술능력 · 조직이해능력 · 직업윤리 등 직업기초능력 등 10개의 능력으로 다음 [그림 3-5]와 같이 이해할 수 있다.

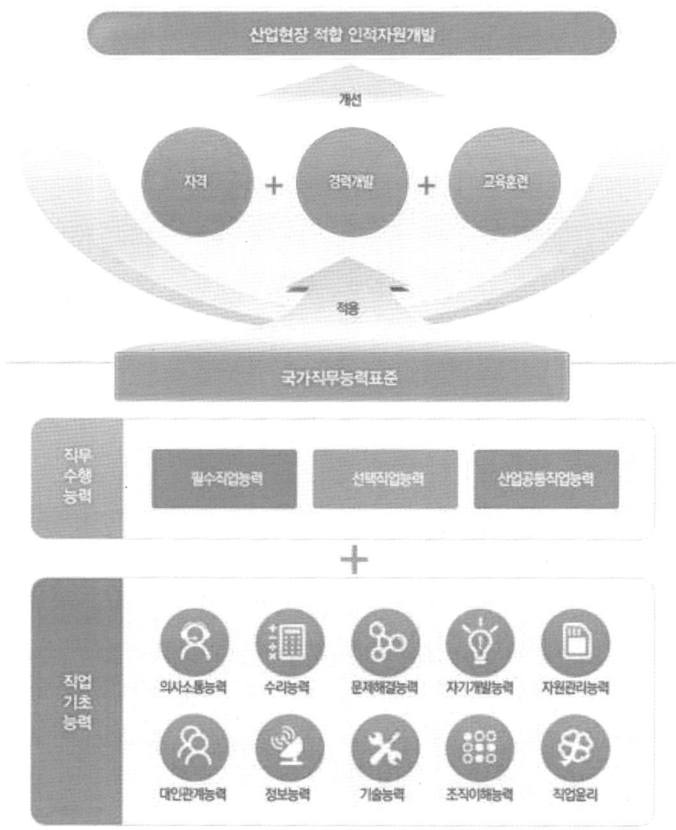

[그림 3-5] 직업기초능력의 개념

10개의 직업기초능력은 해당 직업과 관련성이 높은 5개 이상의 직업기초능력을 선정하여 주요영역 및 하위영역을 기술한다. 이에 대한 간략한 사항은 다음 〈표 3-4〉와 같다.

〈표 3-4〉 직업기초능력의 하위능력단위

직업기초능력 영역 하위영역	정 의
1. 의사소통 능력	업무를 수행함에 있어 글과 말을 읽고 들음으로써 다른 사람이 뜻한 바를 파악하고, 자기가 뜻한 바를 통해 정확하게 쓰거나 말하는 능력
문서이해 능력	업무를 수행함에 있어 다른 사람이 작성한 글을 읽고 그 내용을 이해하는 능력
문서작성 능력	업무를 수행함에 있어 자기가 뜻한 바를 글로 나타내는 능력
경청능력	업무를 수행함에 있어 다른 사람의 말을 듣고 그 내용을 이해하는 능력
의사표현능력	업무를 수행함에 있어 자기가 뜻한 바를 말로 나타내는 능력
기초외국어 능력	업무를 수행함에 있어 외국어로 의사소통할 수 있는 능력
2. 수리능력	업무를 수행함에 있어 기초적인 사칙연산, 통계, 확률의 의미를 정확하게 이해하고, 이를 업무에 적용하는 능력
기초연산 능력	업무를 수행함에 있어 기초적인 사칙연산과 계산을 하는 능력
기초통계 능력	업무를 수행함에 있어 필요한 기초 수준의 백분율, 평균, 확률과 같은 통계능력
도표분석 능력	업무를 수행함에 있어 도표(그림, 표, 그래프 등)가 갖는 의미를 해석하는 능력
도표작성 능력	업무를 수행함에 있어 필요한 도표(그림, 표, 그래프 등)를 작성하는 능력
3. 문제해결능력	업무를 수행함에 있어 문제 상황이 발생하였을 경우, 창조적이고 논리적인 사고를 통하여 이를 올바르게 인식하고 적절히 해결하는 능력
사고력	업무와 관련된 문제를 인식하고 해결함에 있어 창조적, 논리적, 비판적으로 생각하는 능력
문제처리 능력	업무와 관련된 문제의 특성을 파악하고, 대안을 제시, 적용하고 그 결과를 평가하여 피드백하는 능력
4. 자기개발능력	업무를 추진하는데 스스로를 관리하고 개발하는 능력
자아인식 능력	자신의 흥미, 적성, 특성 등을 이해하고, 이를 바탕으로 자신에게 필요한 것을 이해하는 능력
자기관리 능력	업무에 필요한 자질을 지닐 수 있도록 스스로를 관리하는 능력
경력개발 능력	끊임없는 자기 개발을 위해서 동기를 갖고 학습하는 능력
5. 자원관리능력	업무를 수행하는 데 시간, 자본, 재료 및 시설, 인적자원 등의 자원 가운데 무엇이 얼마나 필요한지를 확인하고, 이용 가능한 자원을 최대한 수집하여 실제 업무에 어떻게 활용할 것인지를 계획하고, 계획대로 업무 수행에 이를 할당하는 능력
시간자원관리능력	업무수행에 필요한 시간자원이 얼마나 필요한지를 확인하고, 이용 가능한 시간자원을 최대한 수집하여 실제 업무에 어떻게 활용할 것인지를 계획하고 할당하는 능력
예산자원관리능력	업무수행에 필요한 자본자원이 얼마나 필요한지를 확인하고, 이용 가능한 자본자원을 최대한 수집하여 실제 업무에 어떻게 활용할 것인지를 계획하고 할당하는 능력

직업기초능력 영역 하위영역	정 의
물적자원관리능력	업무수행에 필요한 재료 및 시설자원이 얼마나 필요한지를 확인하고, 이용 가능한 재료 및 시설자원을 최대한 수집하여 실제 업무에 어떻게 활용할 것인지를 계획하고 할당하는 능력
인적자원관리능력	업무수행에 필요한 인적자원이 얼마나 필요한지를 확인하고, 이용 가능한 인적자원을 최대한 수집하여 실제 업무에 어떻게 활용할 것인지를 계획하고 할당하는 능력
6. 대인관계능력	업무를 수행함에 있어 접촉하게 되는 사람들과 문제를 일으키지 않고 원만하게 지내는 능력
팀워크능력	다양한 배경을 가진 사람들과 함께 업무를 수행하는 능력
리더십능력	업무를 수행함에 있어 다른 사람을 이끄는 능력
갈등관리 능력	업무를 수행함에 있어 관련된 사람들 사이에 갈등이 발생하였을 경우 이를 원만히 조절하는 능력
협상능력	업무를 수행함에 있어 다른 사람과 협상하는 능력
고개서비스능력	고객의 요구를 만족시키는 자세로 업무를 수행하는 능력
7. 정보능력	업무와 관련된 정보를 수집하고, 이를 분석하여 의미 있는 정보를 찾아내며, 의미 있는 정보를 업무수행에 적절하도록 조직하고, 조직된 정보를 관리하며, 업무 수행에 이러한 정보를 활용하고, 이러한 제 과정에 컴퓨터를 사용하는 능력
컴퓨터활용능력	업무와 관련된 정보를 수집, 분석, 조직, 관리, 활용하는 데 있어 컴퓨터를 사용하는 능력
정보처리능력	업무와 관련된 정보를 수집하고, 이를 분석하여 의미 있는 정보를 찾아내며, 의미 있는 정보를 업무수행에 적절하도록 조직하고, 조직된 정보를 관리하며, 업무 수행에 이러한 정보를 활용하는 능력
8. 기술능력	업무를 수행함에 있어 도구, 장치 등을 포함하여 필요한 기술에는 어떠한 것들이 있는지 이해하고, 실제로 업무를 수행함에 있어 적절한 기술을 선택 하여 적용하는 능력
기술이해능력	업무 수행에 필요한 기술적 원리를 올바르게 이해하는 능력
기술선택능력	도구, 장치를 포함하여 업무 수행에 필요한 기술을 선택하는 능력
기술적용능력	업무 수행에 필요한 기술을 업무 수행에 실제로 적용하는 능력
9. 조직이해능력	업무를 원활하게 수행하기 위해 국제적인 추세를 포함하여 조직의 체제와 경영에 대해 이해하는 능력
국제감각	주어진 업무에 관한 국제적인 추세를 이해하는 능력
조직체제이해능력	업무 수행과 관련하여 조직의 체제를 올바르게 이해하는 능력
경영이해능력	사업이나 조직의 경영에 대해 이해하는 능력
업무이해능력	조직의 업무를 이해하는 능력
10. 직업윤리	업무를 수행함에 있어 원만한 직업생활을 위해 필요한 태도, 매너, 올바른 직업관
근로윤리	업무에 대한 존중을 바탕으로 근면하고 성실하고 정직하게 업무에 임하는 자세
공동체윤리	인간 존중을 바탕으로 봉사하며, 책임있고, 규칙을 준수하며 예의 바른 태도로 업무에 임하는 자세

직업기초능력능력의 10가지 영역별 학습자료는 NCS 홈페이지를 참고하기 바라며, 여기에서는 직업윤리에 대해 간략히 살펴보고, 기업에서 서류전형(자기소개서) 및 면접에서 자주 출제되는 의사소통능력(4장)과, 대인관계능력(5장)을 중심으로 알아보기로 한다.

3 직업윤리와 기업윤리

사람들은 사회 안에서 생활을 하며, 경제활동으로 생계를 유지하며 살아간다. 경제학적 관점에서는 최대다수의 최대행복과 최소한의 비용으로 최대한의 효과를 거두기 위한 노력들을 한다. 자본주의 경제시스템에서 중요한 것은 수익(또는 이익)과 분배이기 때문에 직업윤리와 기업윤리는 모순적이라는 지적도 있다(이한메, 2011). 그럼에도 불구하고 윤리란 인간이 사회의 일원으로 지켜야 할 도리, 즉 인간이 행하여야 할 올바른 길이며, 공동의 선에 해당하는 인간의 도리이기 때문에 지켜야 한다. 근래에 와서 직업생활을 함에 있어 개인이 반드시 지켜야 할 직업윤리로 청렴을 많이 언급하고 있다. 또한 기업의 윤리는 개인의 직업윤리에 영향을 미친다는 점에서 그 중요성이 부각되고 있다.

1) 직업관과 직업윤리

(1) 직업관

한 개인이 자신의 직업에 대한 관점을 어떻게 지니는가가 직업관이다. 직업관을 분류하면 자기 본위의 직업관, 사회 본위의 직업관, 그리고 일 본위의 직업관으로 나눌 수 있다(유제홍 외, 1999).

① 자기 본위의 직업관

직업을 생계유지를 위한 활동과 출세를 위한 수단으로 보는 입장이다. 이러한 직업관은 직업을 오로지 개인의 의식주를 해결하기 위한 수단이나 사회적 지위나 권력을 얻기 위한 수단으로만 생각하는 이기적인 직업관이라 할 수 있다. 또한 개인의 욕구 충족을 기본으로

하기 때문에 사회에 기여한다는 의미를 찾아보기 어렵다.

② 사회 본위의 직업관

직업을 단순히 자기 자신이나 가족의 이익을 위하는 것으로 생각하지 않고 사회나 국가를 위하여 봉사하는 것으로 생각하는 직업관이다. 이는 직업을 사회적 역할 분담의 측면에서만 본 것으로, 봉사지향적 직업관이라고도 한다. 즉, 직업의 사회성을 강조한 직업관이다. 어떤 의미에서 직업이란 사회의 유지 및 발전을 위해 필요한 기능의 개인적 분담이라 볼 수 있기 때문에 개인의 직업생활은 항상 전체 사회의 발전을 염두에 두고 이루어져야 한다고 보는 것이다.

③ 일 본위의 직업관

직업을 자아실현의 과정으로 이해하는 입장이다. 여기서 직업은 자신의 생계나 출세를 위한 것도 아니고 남을 위한 것도 아닌, 일 자체를 위한 것이다. 즉, 일 본위의 직업관에서는 직업이 무엇을 얻기 위한 수단으로 평가되지 않고 자아실현의 과정으로 간주되는 것이다. 자기가 가지고 있는 재능을 일을 통하여 마음껏 발휘하고 그 자체를 즐기기 위하여 직업을 선택하는 경우다. 일 본위 직업관은 직업을 수단이나 도구화하지 않고 그 자체를 목적으로 한다는 점에서 본질적인 직업관이라고도 할 수 있을 것이다. 그러나 모든 사람은 직업을 통하여 사회적 관계를 형성하고, 직업을 통하여 삶에 필요한 재화나 용역을 얻는 것이 현실이기 때문에 일 본위의 직업관이란 하나의 이상적인 직업관에 불과할 수 있다.

(2) 직업윤리의 중요성

직업윤리(occupational ethics)는 직업 생활에 대한 윤리적 준거 혹은 도덕적 준거로서 사회 구성원 간의 관계에 있어서 책임과 의무를 나타내는 근원이 되며, 개인은 물론 국가나 사회의 신뢰와 생산성의 근간이 되는 중요한 요인이라고 할 수 있다(장홍근 외, 2007).

과거 우리나라는 국가주도의 경제성장지상주의라는 패러다임 속에서 '성장형 직업윤리'에 기초하여 발전하였다. '성장형 직업윤리'란 직업의 의미를 경제성에 두고, 직업에 대한 헌신성, 직무만족도 및 몰입도가 강하며, 직업과 일의 비중을 가정보다 우위에 두는 직업의식을 포함하는 개념이다. 그러나 우리나라는 1980년대를 거치면서 서서히 성장형 직업윤리에서 탈피하였으며, 1997년 경제위기를 겪으면서 성장형 직업윤리는 완전히 소멸되었다(이근식 외, 2006). 그 결과로 우리사회는 직업윤리의식의 부재라는 혼란을 겪었으며, 아직까지 대체 직업윤리를 정착시키지 못한 채 다음 세대를 위한 직업윤리 교육이 미흡하기 때문에 직업윤리 교육의 중요성이 강조되고 있다(김병숙 외, 2007; 박경미, 2005; 박순성 외, 2005).

우리나라는 세계화와 정보화로 요약되는 경제구조 변화 속에서 다양한 도전을 받고 있다. 그 도전의 하나가 바로 자유시장경제 이념이다. 1997년 경제위기로 인하여 밀려든 자유시장경제의 이념은 개인주의, 합리주의 등과 같은 문화규범이 존재할 때 비로소 작동될 수 있다(백용호, 2005). 이 문화규범은 서방세계에 고유한 문화적 특수성(particularism)에서 서식해온 것으로 아시아 지역의 국가에 속하는 우리 사회가 자유시장경제를 수용 또는 응전할 수 있는 문화규범으로서 직업윤리는 중요한 의미를 가진다. 직업윤리는 각 사회의 문화적 특수성, 즉 문화규범의 틀 속에서 형성되고, 변화하며 발전하는 것이고, 어떤 직업윤리가 정답이라고 할 수는 없다. 그러나 어떤 직업이건 이를 천직으로 받아들이는 소명의식이 결여될 경우 자본주의적 생산력을 기대하기는 어려울 것이다(장홍근 외, 2007).

(3) 직업윤리의 개념

윤리란 사람이 지켜야 할 도리 또는 개인적 사회적 행위의 규범을 가리키며 올바른 행위를 의미한다. 따라서 직업윤리란 직업인으로서 지켜야 할 도리, 개인적 사회적 행위의 규범, 바람직한 행위규범을 의미하는 것으로 정의할 수 있다(장홍근 외, 2007).

박순성 등(2005)은 직업윤리란 생활에 필요한 경제력을 얻기 위해 인간이 행하는 직업활동에서 인간이 지켜야 할 행위규범으로 정의하고 있으며, 김병숙 · 최병훈 · 김소영(2007)은 직업윤리란 개인이 갖는 사회적 규준과 노동에 대한 가치를 의미하는 것으로 정의하고 있다. 김록환(2000)은 직업윤리란 사회에서 직업인에게 요구되는 직업적 양심, 또는 사회적 규범의 하나로서 윤리적 이해와 관심을 직업생활이라는 조직체와 특수한 상황에 적용한 것이라고 할 수 있다. 이와 같이 직업과 관련하여 인간이 사회적 역할을 수행하는 과정에서 반드시 지켜야 할 내 · 외적 행위규범을 직업윤리라 한다.

박상호 · 유영동(1993)에 따르면, 직업윤리는 크게 '직업일반의 윤리'와 '직업별 윤리' 두 가지로 나눌 수 있다. 직업일반의 윤리는 어떠한 직업에서도 요구되는 행동규범을 의미하며, 직업별 윤리는 특정한 직종이 사회의 역할분담적 입장에서 가져야 할 행동기준을 의미한다.

직업일반의 윤리는 모든 사람들이 그 직업활동에서 지키는 것이 사회적으로 기대되는 마음가짐을 말하며, 이러한 마음가짐은 직업활동상의 정신, 기풍, 기질 등으로 바꾸어 말할 수 있다. 직업별 윤리는 전체 사회에서 공인된 행동기준이고 그 적용을 받아들이는 모든 사람들에 대해 그것으로서의 준수가 요구되는 사회적 규범을 의미한다.

이러한 직업윤리의 개념은 그 사회의 문화적 전통과 특성을 반영한다. 서구 사회의 직업윤리의 개념에는 기독교적 직업윤리가 중요한 영향을 미쳤으며, 한국, 일본 등 아시아 국가들에서는 유교적 가치가 직업윤리 형성에 큰 영향을 미쳤다(홍종률, 1988).

독일, 미국 등 서구사회에 영향을 미친 기독교적 직업윤리는 막스 베버(Max Weber)의 이론에 따르면 근대적 시민사회의 합리적 자주적 직업관이며, 초기자본주의사회와 연결시킨 금욕적 직업윤리(asketische Berufsethik)와 일맥상통한다. 금욕적 직업윤리는 직업을 통해 개인은 사회와 같은 인간적 질서 유지가 아닌 신에의 봉사를 목표로 하며, 직업에 대한 헌신은 직업에의 최선의 성과를 얻도록 노력하는 것을 의미하며, 이 헌신은 자의적이고 자발적인 태도라고 본다. 또한 직업은 맹목적인 희생이 아니라 개성의 발휘를 목적으로 한다. 막스 베버는 청교도적 직업윤리의 기본적 행동양식으로서 근면 성실성, 신뢰성, 정확성, 절약성 등을 제시하였으며, 정당한 책임을 강조하며, 결과를 겸허히 수용하는 태도를 중요시한다. 또한 청교도적 직업윤리는 부의 축적에 대한 도덕적 정당성을 제공한다.

그러나 미국의 경우 시장중심적 자본주의 국가로서 경제윤리의 측면에서 영국, 독일과는 구분되는 독특한 특성을 지닌다. 이것은 노동 · 근면성 · 계획을 강조하는 청교도적 윤리를 미국화시킨 것으로 노동을 신의 소명으로 간주하여 신성화하고, 또한 신을 섬기는 가장 훌륭한 수단으로 인정하지만, 시장에 대해서는 자조(self-reliance)를 강조하며 능력이 있는 자는 보상받고 패배자는 그 대가를 치러야 한다는 적자생존(survival of the fittest)의 어두운 면을 발전시키기도 하였다. 따라서 생존을 위해서 사전에 계획하고, 열심히 일하며, 가족을 중심으로 자기충족적인 삶을 살아야 한다는 것을 강조한다(이근식 외, 2006).

반면에 동양의 유교적 직업윤리는 사회적 계층 또는 구조에 있어서의 질서를 강조하며 체면 또는 품위를 지키고자 하는 강한 욕구를 존중한다(조경순, 2003). 일본 자본주의 정신의 요체는 근면-성실, 정직-검약, 그리고 부-이윤을 정당시하는 자세라고 할 수 있다. 일본 국민의 근면성은 선진국 중 최고의 노동생산성을 자랑하고 있으며, 정직과 성실성은 '최선주의'가 아닌 '완벽주의'로 나타나 일본 제품이 세계 제일의 품질을 유지하는 바탕이 되었다. 이러한 일본 자본주의 정신은 전국시대를 종식시키기 위해 일본적 유불종교개혁이 이루어지는 과정에서 형성되었다. 즉, 노동은 곧 불행(佛行)이며, 사농공상 각 계층이 각기 맡고 있는 직분을 성심성의를 다해 수행하면 자연히 부처가 된다는 가르침이다. 일본의 직업윤리는 이러한 일본 국민의 노동을 신성시하는 정신, 곧 근면의 정신에서 비롯되었다. 즉, 노동을 신성시하고 그렇기 때문에 근면하고, 세속의 업무는 단순한 생계수단이 아니라 종교수업의 연장이므로 완벽주의를 추구하게 되었다(김두겸, 1995). 우리나라는 근면-성실, 정직-검약 그리고 인(仁)의 정신에서는 일본과 같은 유교, 불교권이라는 점에서 비슷하나 평등과 능력이 공존하고 개인 지향적 공동체의식을 가지고 있다는 점에서 차이가 있다. 한국은 근면 정직을 강조하고 있으면서도 그것은 어디까지나 자기보다는 다른 사람의 몫이라는 생각이 강하다. 또한 일본은 청부(淸富)를 인정하는 반면에 우리나라는 최대 덕목인 청빈사상이 해방 후 미국식 자본주의의 도입 과정에서 자본의 논리와 충돌하였다. 이에 따라 부를 인정하면서도 부의 축적 과정에 대해 긍정적 인식보다는 부정적 인식을 형성하게 되었다(장홍근 외, 2007).

NCS에서는 직업윤리에 대해 직업환경의 특성상 모든 직업에 공통적으로 요구되는 윤리원칙을 다음과 같은 다섯 가지로 분류하며 직업윤리의 대원칙이라고 명명하였다.

① **객관성의 원칙** : 업무의 공공성을 바탕으로 공사구분을 명확히 하고 모든 것을 숨김없이 투명하게 처리하는, 원칙을 말한다.
② **고객중심의 원칙** : 고객에 대한 봉사를 최우선으로 생각하고 현장중심 실천중심으로 일하는 원칙을 말한다.
③ **전문성의 원칙** : 자기업무에 전문가로서의 능력과 의식을 가지고 책임을 다하며 능력을 연마하는 것을 말한다.
④ **정직과 신용의 원칙** : 업무와 관련된 모든 것을 숨김없이 정직하게 수행하고 본분과 약속을 지켜 신뢰를 유지하는 것을 말한다.
⑤ **공정경쟁의 원칙** : 법규를 준수하고 경쟁원리에 따라 공정하게 행동하는 것을 말한다.

(4) 개인윤리와 직업윤리의 조화

직업윤리는 개인윤리에 비해 특수성을 가지고 있다. 예를 들어, 개인윤리의 덕목에는 타인에 대한 물리적 행사(폭력)가 절대 금지되어 있지만, 경찰관이나 군인 등의 경우 필요한 상황에서 그것이 허용된다는 점을 생각하면 쉽게 이해될 것이다. 직업윤리와 개인윤리는 아래와 같이 조화를 이루게 된다(NCS 홈페이지).

① 업무상 개인의 판단과 행동이 사회적 영향력이 큰 기업시스템을 통하여 다수의 이해관계자와 관련되게 된다.
② 수많은 사람이 관련되어 고도화된 공동의 협력을 요구하므로 맡은 역할에 대한 책임완수가 필요하고, 정확하고 투명한 일 처리가 필요하다.
③ 규모가 큰 공동의 재산, 정보 등을 개인의 권한하에 위임, 관리하므로 높은 윤리의식이 요구된다.
④ 직장이라는 특수 상황에서 갖는 집단적 인간관계는 가족관계, 개인적 선호에 의한 친분관계와는 다른 측면의 배려가 요구된다.
⑤ 기업은 경쟁을 통하여 사회적 책임을 다하고, 보다 강한 경쟁력을 키우기 위하여 조직원 개개인의 역할과 능력이 경쟁상황에서 적절하게 꾸준히 향상되어야 한다.
⑥ 각각의 직무에서 오는 특수한 상황에서는 개인적 덕목 차원의 일반적인 상식과 기준으로는 규제할 수 없는 경우가 많다.

위와 같은 여러 가지 이유로 직업윤리가 기본적으로는 개인윤리를 바탕으로 성립되는 규범이기는 하지만, 상황에 따라 양자는 서로 충돌하거나 배치되는 경우도 발생한다. 개인윤리가 보통 상황에서의 일반적 원리 규범이라고 한다면 직업윤리는 좀 더 구체적 상황에서의 실천규범이라고 이해하여야 할 것이다. 그렇게 되면 업무수행상에서 양자가 충돌할 경우 행동기준으로는 직업윤리가 우선될 것이다. 또한 한편으로는 기본적 윤리기준에 충실하여 개인적 윤리의 준수와 공인으로서의 직분을 실천하려는 지혜와 노력이 필요하다.

2) 기업윤리

기업은 이윤을 추구하는 조직이다. 자본주의 발달과 함께 기업은 최소한의 비용으로 최대한의 효과를 가지려는 경제원칙에 입각하여 조직을 운영한다. 일상적인 경제조직은 경제제도에 기초하여 조직을 분영하게 되는데, 경제제도는 구성원이 필요로 하는 재화와 서비스를 생산하고, 사회구성원에게 분배하는 두 가지 중요한 목적을 달성하기 위해 만들어진다. 기업은 재화와 서비스의 생산과 분배를 어떻게 할 것인지에 대해 고민하게 되고, 이는 기업의 이윤창출과 연결된다. 여기에서 문제되는 것이 바로 기업의 이윤을 창출하는 행위가 사회적 기여와 가치에 부합하는가와 관련된다.

(1) 기업윤리의 개념

기업윤리는 기업이 조직을 운영함에 있어 지켜야 하는 기본 윤리(원칙)으로 이는 기업의 경영자와 구성원들이 기업에서 지켜야 할 행동규범의 기준이라 할 수 있다. 이는 기업경영이라는 상황에서 나타나는 행동, 태도, 옳고 그름 등의 구분하는 판단기준과 도덕적 가치와 관련된 기업경영의 의사결정 등의 모든 원칙을 포함한다. 또한 기업윤리는 기업가 정신을 바탕으로 기업이 올바르게 운영하는 기준을 마련하며, 다른 경제주체와 상호협력, 경쟁하는 데 필요로 하는 기업의 도덕성과 소비자에 대한 책임 등을 포함하는 광범위한 부분의 기업의 윤리를 말한다.

이진복(2011)은 기업윤리에 대해 기업의 정책과 제도 그리고 행위에 적용되는 도덕기준에 초점을 맞추어야 기업의 본질을 명확히 할 수 있다고 하였고, 김종철(2010)은 경영활동의 옳고 그름을 구분해 주는 규범 기준을 사회의 윤리적 가치체계에 두는 경영방식을 의미한다고 주장하며 기업윤리를 보는 경영형태에 따라 다음 〈표 3-5〉와 같이 구분하였다.

〈표 3-5〉 **기업윤리에 대한 태도를 기준으로 한 경영방식 분류**

구 분	비윤리적 기업	초윤리적 기업	윤리적 기업
윤리규범	경영의 의사결정과 행동은 윤리와 독립	경영의 의사결정과 행동은 윤리와 독립	경영활동은 윤리적 기준과 일치
기업의 목표	이익과 관계없이 이익과 조직의 성공	이윤 외의 목적은 고려할 필요 없음	법과 윤리기준의 이익추구
기업의 책임	경제적 책임	경제적 + 법적 책임	경제적 + 법적 + 윤리적 책임
법률에 대한 태도	법은 경영목표 달성에 장애물	법률이 곧 윤리	법은 최저한의 기준
전 략	이익과 합치되면 무조건 추진	경영상 필요한 범위 내에서만 개인적 윤리 적용	건전한 윤리기준과 공생

출처 : 김종철(2010). 기업윤리와 CSR에 관한 연구.

(2) 기업윤리의 중요성

기업윤리가 중요한 이유 중의 하나는 비윤리적 행위의 손해가 소비자에게 전가된다는 것이다. 예를 들어, 상품에 대한 광고가 과장 또는 허위 광고일 때 그에 대한 손해는 고스란히 그 상품을 소비하는 소비자에게 돌아가는 것이다. 그렇기 때문에 기업은 경영활동을 통해 이해관계자들에게 해를 끼쳐서는 안 되며, 조직 내 비윤리적인 구성원들로부터 기업의 가치를 보호해야 한다.

또한 기업의 윤리적 행동은 우수한 인재를 확보하는 계기가 됨으로 기업에 도움이 된다. 기업의 윤리적 경영활동으로 좋은 평판을 가지게 되면 우수한 인재가 기업으로 몰리게 되고, 직원들의 충성도와 생산성이 올라간다. 동시에 시장에서의 신뢰도가 높아져서 기업가치가 상승하고 제품 및 서비스 가격 프리미엄을 확보할 수 있다. 이는 소비자들로부터 꾸준한 신뢰와 매출로 이어져 결국 사회적 성과가 재무적 성과로 이어지는 발판을 마련할 수 있다. 기업윤리는 윤리 원칙을 기업이라는 상황에 적용하여 조직구성원의 의사결정과 행동에만 영향을 미칠 뿐만 아니라 기업을 둘러싼 사회와 복잡한 이해관계자들의 삶에도 지대한 영향을 미친다. 또한 기업의 재무적 성과와 사회적 성과에도 실질적인 가치를 부여하므로 '기업가치 극대화'를 달성하는 데 있어서도 주요한 경영정신이라고 할 수 있다(남미정, 2011).

4 사회적 기업

사회적 기업 또는 사회적 경제기업(Social Enterprise)의 시작은 사회적 경제(Social Economy)에서 시작되었다고 볼 수 있다. '사회적 경제'는 1930년 프랑스 샤를 듀느와이에(Charles Dunoyer)에 의해 처음 사용되었지만, 프랑스의 경제 사상가 샤를 지드(Charles Gide)가 연대 혹은 공동체성을 중시하는 조직들을 궁극적으로 시장 경제를 사회적(social)이고 공평한(equitable) 경제체제로 전환할 것을 목표로 사회적 경제를 규정한 것이 현대적 의미를 가진다. 1977년 데로쉬(Deroche)에 의해 '사회적 경제기업'이 제안되었고, 1980년대 후반부터 프랑스의 '사회적 경제' 개념은 유럽 다른 나라들로 전파되면서 1989년에는 유럽위원회는 사회적 경제 전담 부서를 신설하고 사회적 경제의 개념 정의를 채택했다. 우리나라의 사회적 경제는 1960년대 협동조합으로 농협, 수협, 새마을금고, 신협 등의 민간 주도 금융협동조합으로 성장해 왔다. 그리고

2000년대 「국민기초생활보장법」의 자활기관 중심으로 확대하였으며, 2007년 「사회적 기업육성법」을 제정하고, 2010년 지역별 마을기업으로 육성하며, 2012년 「협동조합기본법」 제정으로 사회적 경제의 활발한 양적 증가와 토대가 마련되었다. 이후 최근에는 질적 성장에 대한 관심이 확대되었으며, 추가적인 관련 법령의 제정 논의와 함께 지방자치단체 차원의 사회적 경제 지원 및 활성화를 위한 조례 제정의 확산으로까지 이어지고 있다(노용숙, 2020; 차연희, 2020).

1) 사회적 기업의 개념 및 특징

(1) 사회적 기업의 정의

사회적 기업이란 영리기업과 비영리기업의 중간 형태로, 사회적 목적을 우선적으로 추구하면서 재화·서비스의 생산·판매 등 영업활동을 수행하는 기업(조직)을 말한다. 「사회적 기업 육성법」에서는 사회적 기업을 취약계층에게 사회서비스 또는 일자리를 제공하여 지역주민의 삶의 질을 높이는 등의 사회적 목적을 추구하면서 재화 및 서비스의 생산·판매 등 영업활동을 하는 기업으로서 고용노동부 장관의 인증을 받은 기관으로 정의하고 있다. 영리기업이 주주나 소유자를 위해 이윤을 추구하는 것과는 달리, 사회적 기업은 사회서비스를 제공하고 취약계층에게 일자리를 창출하는 등 사회적 목적을 조직의 주된 목적으로 추구한다는 점에서 차이가 있다. 이러한 사회적 기업의 영역은 [그림 3-6]과 같다.

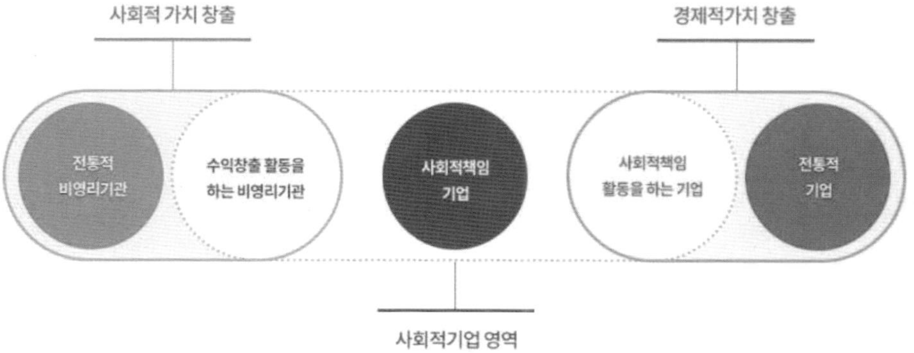

[그림 3-6] 사회적 기업의 영역

출처 : 한국사회적 기업진흥원 홈페이지(socialenterprise.or.kr).

(2) 사회적 기업의 등장배경

사회적 기업은 1800년대 유럽의 사회적 기업 토대 및 사회적 경제 기업가 활동의 뿌리에서 찾을 수 있다. 협동조합의 창시자인 로버트 오웬(Robert Owen)은 근로자 및 그 가족의 복지를 향상시킬 수 있는 방안 마련을 위하여 사회적 기업을 창안하게 된다. 그는 면직 무역에서 출발해 스코틀랜드의 뉴 라너크(New Lanark) 방적공장에서 협동조합의 성공적인 효시를 보여 주었다. 여기에서 최초의 협동조합 소매점을 열게되었고, 노동자들은 자신들의 식량을 재배하고 의류를 만듦으로써 빈곤에서 벗어날 수 있게 하는 '협동조합 마을'이 결국에는 자치지역으로 변화하게 된다. 이러한 협동조합의 정의와 특성들이 사회적 기업에 반영되었으며, 전 세계로의 확산과 함께 국제 경제 발달 촉진과 빈곤층을 위한 사회정의 실현의 기능을 수행해 오고 있다. 이러한 사회적 경제의 출발 이후 서유럽에서 사회적 기업은 1970년대 후반부터 제3섹터에서 서비스 개발과 더불어 수익창출의 다양성에 관심을 두면서 등장했다. 1970년 말에서 1990년대까지 지속된 경제불황과 실업의 증가는 대부분의 유럽 복지국가들에서 위기를 가져오게 되는데, 이러한 복지국가의 긴축재정은 분산화, 민영화, 서비스의 제한으로 이어졌다. 일단 정부가 기금을 조성하고 서비스를 제공하면, 정책을 지방정부로 분산시키거나, 계약을 통해 민간공급자에게 위임 또는 서비스 공급을 제한하기도 했다. 이러한 변화로 인해 다양하면서도 많은 수의 민간 서비스 공급자들이 필요하게 되었으며, 점차 제3섹터의 새로운 분야인 사회적 기업으로 대응되기 시작했다(정무성 외, 2011). 이와 같은 사회적 경제, 사회적 기업, 제3섹터를 도식화해 보면 [그림 3-7]과 같다.

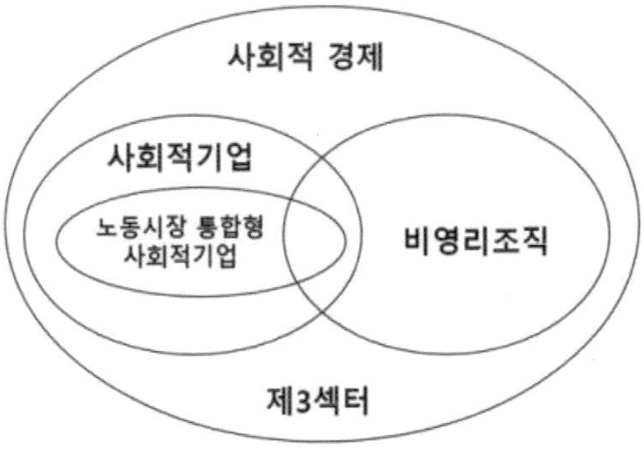

[그림 3-7] 사회적 경제, 사회적 기업, 제3섹터의 구분

우리나라의 경우 1997년 외환위기 이후 짧은 기간 동안 공공근로, 자활 등 정부재정지원에 의한 일자리가 확대되었으나, 안정적인 일자리로 연결되지 못함에 따라 정부재정지원의 효과성과 관련한 논란이 지속적으로 제기되었다. 2000년대에 들어 고용 없는 성장의 구조화, 사회서비스 수요의 증가 등에 대한 대안으로 유럽의 사회적 기업 제도 도입과 관련한 논의가 본격화, 비영리법인 · 단체 등 제3섹터를 활용한 안정적인 일자리창출 및 양질의 사회서비스 제공 모델로서 사회적 기업 도입 논의가 구체화되었으며, 사회적 기업 육성을 통해 지속가능한 경제, 사회통합 구현을 위해 다음과 같은 네 가지 의의를 가지고 있다(한국사회적 기업 진흥원 홈페이지).

① **지속가능한 일자리 제공** : 취약 계층을 노동시장으로 통합, 보람되고 좋은 일자리 확대
② **지역사회 활성화** : 지역사회 통합, 사회적 투자 확충을 통한 지역경제 발전
③ **사회서비스 확충** : 새로운 공공서비스 수요 충족, 공공서비스 혁신
④ **윤리적 시장 확산** : 기업의 사회공헌과 윤리적 경영문화 확산, 착한 소비문화 조성

(3) 사회적 기업과 예비 사회적 기업

예비 사회적 기업은 사회적 기업의 이전 단계라고 볼 수 있다. 사회적 기업이 추구하고자 하는 사회적 목적을 실현하며 기업 활동을 수행하고 있으나, 몇 가지 인증 요건을 충족하지 못해 현재 사회적 기업 인증을 받지 못하는 기업을 육성 · 지원하여 향후 사회적 기업으로 전환할 수 있도록 돕는 제도이다. 사회적 기업과 예비 사회적 기업의 가장 큰 차이점은 "사회적 기업 인증 요건을 모두 충족하고 있는가"로 이해할 수 있다. 이러한 차이는 〈표 3-6〉과 같으며, 예비 사회적 기업은 지역형과 부처형으로 구분된다(한국사회적 기업진흥원, 2018).

〈표 3-6〉 사회적 기업과 예비 사회적 기업 비교

구분	사회적 기업(인증)	예비 사회적 기업(지정)
법령	「사회적 기업 육성법」	• 자치단체 조례 및 규칙 • 예비 사회적 기업 지정 지침
요건	① 조직 형태 민법상 법인 · 조합, 상법상 회사 또는 비영리 민간단체 등	① 조직 형태 민법상 법인 · 조합, 상법상 회사 또는 비영리 민간단체 등
	② 유급근로자를 고용하여 영업활동을 수행할 것(6개월 이상)	② 유급근로자를 고용하여 영업활동을 수행할 것(3개월 이상)
	③ 사회적 목적 실현(취약계층 고용 · 사회 서비스 제공 등)	③ 사회적 목적 실현(취약계층 고용 · 사회 서비스 제공 등)
	④ 이해관계자가 참여하는 의사결정 구조 ⑤ 영업활동을 통한 수입(매출액이 노무비의 50% 이상) ⑥ 정관 · 규약 등을 갖출 것	④ – ⑤ – ⑥ 정관 · 규약 등을 갖출 것
	⑦ 배분 가능한 이윤의 2/ 3 이상 사회적 목적을 위해 재투자(상법상 회사 등의 경우)	⑦ 배분 가능한 이윤의 2/ 3 이상 사회적 목적을 위해 재투자(상법상 회사 등의 경우)

2) 사회적 경제기업의 유형

사회적 경제조직의 형태를 기준으로 분류하면 사회적 기업, 협동조합, 마을기업, 자활기업으로 분류할 수 있다.

(1) 사회적 기업

취약계층에게 사회서비스 또는 일자리를 제공하거나 지역사회에 공헌함으로써 지역 주민의 삶의 질을 높이는 등의 사회적 목적을 추구하면서 재화 및 서비스의 생산, 판매 등 영업활동을 하는 기업이다. 이는 ① 사회서비스 제공형, ② 일자리 제공형, ③ 혼합형, ④ 지역사회 공헌형, ⑤ 기타(창의 · 혁신)형으로 나누어진다.

(2) 협동조합

공동으로 소유하고 민주적으로 운영하는 사업체를 통하여 경제 · 사회 · 문화적 필요와 열망을 이루기 위해 자발적으로 결성한 사람들의 자율적인 조직이다.

(3) 마을기업

지역 주민이 지역 자원을 활용하여 기업을 운영, 그 수익으로 지역문제 해결을 위해 활동하고 소득과 일자리를 만들어 지역경제 발전을 위해 설립, 운영하는 기업으로 지역공동체 활성화를 도모하기 위한 조직이다.

(4) 자활기업

2인 이상의 수급자(차상위자) 등 취약계층이 협동조합이나 공동창업을 통해 상호 협력하여 빈곤을 탈출을 목표로 자활사업을 운영하는 기업이다.

3) 사회적 기업의 유형

(1) 사회서비스 제공형

사회서비스란 개인 또는 사회 전체의 복지 증진 및 삶의 질을 높이기 위한 교육, 보건, 사회복지, 환경 및 문화 분야 등의 서비스를 의미하는 것으로 '사회서비스 제공형'은 취약계층에게 사회서비스를 제공하는 형태를 의미한다. 인증받기 위해서는 전체 서비스의 수혜자 중 취약계층 비율이 50%가 되어야 한다.

(2) 일자리 제공형

'일자리 제공형' 사회적 기업은 취약계층에게 양질의 일자리를 제공하여 노동시장에 통합시키는 유형이다. 전체 근로자 중 취약계층 근로자 비율이 50%가 되어야 인증받을 수 있다. 취약계층은 자신에게 필요한 사회서비스를 시장가격으로 구매하는 데 어려움이 있거나 노동시장의 통상적인 조건에서 취업이 곤란한 계층을 이야기한다. 취약계층으로는 저소득층, 고령자, 장애인, 경력단절여성, 장기실업자, 북한이탈주민, 한부모 자녀, 결혼이민자, 범죄구조피해자 등이 있다.

(3) 혼합형

'혼합형'은 취약계층에게 일자리와 사회서비스를 동시에 제공하는 유형이다. 해당 유형으로 인증받기 위해서는 전체 근로자와 전체 서비스 수혜자 중 취약계층 비율이 각 30%가 되어야 한다.

(4) 지역사회 공헌형

'지역사회 공헌형'으로 인증을 받기 위해서는 첫째, 지역의 인적 · 물적 자원을 활용하여 지역 주민의 소득과 일자리를 늘림으로써 지역사회에 공헌하거나, 둘째, 지역의 빈곤 · 소외 · 범죄 등 사회문제를 해결하거나, 셋째, 지역의 사회적 목적을 추구하는 조직을 지원해야 한다. 세 가지 중 하나를 만족하면 '지역사회 공헌형'으로 인증을 받을 수 있는 요건을 갖추게 된다.

(5) 기타(창의 · 혁신)형

단순히 취약계층 고용이나 사회서비스 제공 등을 정량적으로 판단하기 어려운 사업모델을 가지고 있는 경우 '기타형'으로 분류할 수 있다. '기타형'의 경우 폭넓게 사회적 기업을 육성하고 지원하기 위한 유형이라고 할 수 있다.

CHAPTER 04

의사소통능력

Chapter

의사소통능력 04

모든 일 경험에서 공통으로 요구하는 의사소통능력은 일 경험 중 문서나 상대방이 하는 말의 의미를 파악하고, 자신의 의사를 정확하게 표현하고, 간단한 외국어 자료를 읽거나 외국인의 간단한 의사표시를 이해하는 능력이다. 직업인은 업무를 수행하는 과정에서 문서를 읽거나 동료나 상사, 고객 등 다른 사람의 말을 듣고 의미를 파악하여 업무를 추진하며, 그에 따라 자신의 의견을 표현해야 한다. 이때 원활한 의사소통이 이루어지지 못한다면 자신의 의도를 잘 표현하지 못하고 직업생활에서 높은 업무 수행성과를 내기 어려울 것이므로, 의사소통능력을 개발하는 것은 필수이다.

국가직무능력표준(NCS)에서는 의사소통능력을 '업무를 수행함에 있어 글과 말을 읽고 들음으로써 다른 사람이 뜻한 바를 파악하고, 자기가 뜻한 바를 글과 말을 통해 정확하게 쓰거나 말하는 능력'으로 정의하고, 다음 〈표 4-1〉과 같이 다섯 가지 하위능력을 제시하였다. 본서에서는 간략하게 이들에 대해 알아보도록 한다.

〈표 4-1〉 의사소통능력의 하위능력

하위능력	정 의	세부요소
문서이해능력	업무를 수행함에 있어 다른 사람이 적성한 글을 읽고 그 내용을 이해하는 능력	• 문서 정보 확인 및 획득 • 문서 정보 이해 및 수집 • 문서 정보 평가
문서작성능력	업무를 수행함에 있어 자기가 뜻한 바를 글로 나타내는 능력	• 작성 문서의 정보 확인 및 조직 • 목적과 상황에 맞는 문서 작성 • 작성한 문서 교정 및 평가

하위능력	정 의	세부요소
경청능력	업무를 수행함에 있어 다른 사람의 말을 듣고 그 내용을 이해하는 능력	• 음성 정보와 매체 정보 듣기 • 음성 정보와 매체 정보 내용 이해 • 음성 정보와 매체 정보에 대한 반응과 평가
의사표현능력	업무를 수행함에 있어 자기가 뜻한 바를 말로 나타내는 능력	• 목적과 상황에 맞는 정보조직 • 목적과 상황에 맞게 전달 • 대회에 대한 피드백과 평가
기초외국어능력	업무를 수행함에 있어 외국어로 의사소통할 수 있는 능력	• 외국어 듣기 • 일상생활의 회화 활용

1 의사소통능력의 이해[1)]

1) 의사소통의 의미

의사소통능력이란 상대방과 대화를 나누거나 문서를 통해 의견을 교환할 때, 상호 간에 전달하고자 하는 의미를 정확하게 전달할 수 있는 능력을 의미한다. 또한 글로벌 시대에서 필요한 외국어 문서이해 및 의사표현능력도 포함한다. 이와 같이 현대를 살아가는 모든 사람들에게 사회생활에서 필요한 원만한 인간관계를 유지하고, 업무 성과를 높이기 위해서는 최소한의 의사소통능력이 요구된다.

(1) 의사소통의 개념

의사소통(communication)의 원래 뜻은 '상호 공통점을 나누어 갖는다'로 라틴어 'communis(공통, 공유)'에서 나온 말이다. 의사소통이란 두 사람 또는 그 이상의 사람들 사이에서 일어나는 의사의 전달과 상호교류가 이루어진다는 뜻이며, 어떤 개인 또는 집단이 개인 또는 집단에 대해서 정보, 감정, 사상, 의견 등을 전달하고 그것들을 받아들이는 과정을 의미한다. 대부분의 사람들은 의사소통을 아주 어려운 것이며 고도의 능력이 있어야 하는 것처럼 생각한다. 하지만 의사소통능력은 상대방의 말을 잘 들어주고, 내가 상대방의 말을 잘 듣고 있다는 표현을 하고, 상대방이 원하는 바를 잘 이해하여 업무활동이나 일상생활에서 필요한 부분(문서,

1) NCS 홈페이지(ncs.go.kr)의 직업기초능력 자료 중 의사소통능력의 하위요소를 발췌함.

공문, 메일, 대화 등)에 충분히 반영하는 것이다.

(2) 일 경험에서 의사소통

① 일 경험에서 의사소통의 의미

일 경험에 있어서의 의사소통의 의미는 공식적인 조직 안에서의 의사소통을 의미한다. 직업생활에서의 의사소통은 조직의 생산성을 높이고, 사기를 진작시키고 정보를 전달하고, 설득하려는 목적을 가지고 있다.

② 일 경험에서 의사소통의 목적과 기능

일 경험에서 발생하는 의사소통의 목적은 다음과 같다.

첫 번째, 원활한 의사소통을 통해 조직의 생산성을 높인다.
두 번째, 조직 내 구성원들의 사기를 진작시킨다.
세 번째, 조직 생활을 위해 필요한 정보를 전달한다.
네 번째, 구성원 간 의견이 다를 경우 설득한다.

요약하면, 일 경험에서 발생하는 의사소통이란 조직과 팀의 생산성 증진을 목적으로 구성원 간 정보와 지식을 전달하는 과정이다. 또한 공통의 목표를 추구해야 하는 조직 특성상 의사소통은 집단 내의 기본적 존재 기반이자 성과를 결정하는 핵심 기능이라 할 수 있다.

③ 일 경험에서 의사소통의 중요성

일 경험에서 의사소통은 구성원들 사이에서 서로에 대한 지각의 차이를 좁혀주며, 선입견을 줄이거나 제거해 주는 수단이다. 직장에서 상사나 동료 혹은 부하와의 의사소통이 원활하게 이루어지면 구성원 간 공감이 증가하고, 조직 내 팀워크가 향상된다. 향상된 팀 워크는 직원들의 사기 진작과 능률 향상으로 이어지게 될 것이다. 따라서 어떤 일이건 일 경험 중 의사소통은 반드시 필요하다. 그러나 조직이란 다양한 사회적 경험과 지위를 가진 구성원들의 집단이므로 동일한 내용의 메시지를 전달하더라도 각각 다르게 받아들일 수 있다. 메시지는 주고받는 화자와 청자 간의 상호작용에 따라 다양하게 변형될 수 있다는 사실을 기억해야 한다.

(3) 의사소통 시 올바른 태도

의사소통은 내가 상대방에게 메시지를 전달하는 과정이 아니라 상대방과의 상호작용을 통해 메시지를 다루는 과정이다. 성공적인 의사소통을 위해서는 자신이 가진 정보와 의견을 상대방이 이해하기 쉽게 표현하는 것뿐 아니라, 상대방이 어떻게 받아들일 것인가를 반드시 고려해야 한다.

의사소통이라고 하면 무조건 기계적인 정보의 전달만으로 잘못 이해되어 왔다. 그러나 의사소통은 정보 전달 이상의 것이다. 의사소통이란 다른 이해와 의미를 가지고 있는 사람들이 공통적으로 공유할 수 있는 의미와 이해를 만들어 내기 위해 서로 언어 또는 문서, 그리고 비언어적인 수단을 통해 상호 노력하는 과정이다. 따라서 일방적인 말하기가 되지 않도록 의사소통의 정확한 목적을 알고, 의견을 나누는 자세가 필요하다.

2) 의사소통능력의 종류

일 경험 중에는 많은 사람들과 다양한 의사소통방법을 통해 업무가 이루어진다. 기획서나 보고서, 공문서 등을 작성하는 능력이 필요하고 이미 작성된 문서를 이해할 수 있어야 한다. 또한 일 경험 중 만나게 되는 다양한 관계의 사람들과 원활한 소통을 하기 위해 적절하게 본인의 의사를 표현하고 경청하는 태도를 가져야 한다. 이처럼 일 경험을 하는 동안 다양한 의사소통능력이 요구되는데, 이러한 의사소통능력은 문서적 의사소통능력과 언어적 의사소통능력으로 구분할 수 있다. 또한 세계화 시대에 맞춰 외국인 회사와 업무 협력을 하기 위한 기초 외국어능력 역시 필수적인 의사소통능력이다.

(1) 문서적인 측면에서의 의사소통 : 문서이해능력과 문서작성능력

① 문서를 통한 의사소통능력의 의미

문서를 보고 그 내용을 이해하고 요점을 판단하며, 이를 바탕으로 목적과 상황에 적합한 정보를 효과적으로 전달하기 위해 문서를 작성하는 능력을 말한다. 일 경험 중 갖추어야 할 문서적인 의사소통능력은 결국 일 경험의 대부분에서 필요한 능력이며, 전화 메모부터 고객을 위한 예산서나 주문서, 직장 내에 의견전달을 위한 기획서나 다른 회사와의 협력을 위한 공문에 이르기까지 다양한 상황에서 요구된다.

② 문서적인 측면의 의사소통 구분

- **문서이해능력** : 업무와 관련된 다양한 문서를 읽고, 문서의 핵심을 이해하며, 구체적인 정보를 획득하고, 수집 · 종합하는 능력을 말한다.
- **문서작성능력** : 업무 관련 상황과 목적에 적합한 문서를 시각적이고 효과적으로 작성하는 능력을 말한다.

③ 문서적인 측면으로서 의사소통의 특징

문서적인 의사소통은 언어적인 의사소통에 비해 권위감이 있고, 정확성을 기하기 쉬우며, 전달성이 높고, 보존성도 크다. 문서적 의사소통은 언어적인 의사소통의 한계를 극복하기 위해 문자를 수단으로 하는 방법이지만 이 또한 그리 쉬운 것은 아니다. 문서적인 방법은 때로는 필수불가결한 것이기는 하지만 때로는 혼란과 곡해를 일으키는 경우도 얼마든지 있기 때문이다.

(2) 언어적인 측면에서의 의사소통 : 경청능력과 의사표현능력

① 언어적 의사소통능력의 의미

언어를 통해서 의사소통을 하는 방법은 가장 오래된 것으로 사람은 언어를 수단으로 하는 의사소통에 공식적이든 비공식적이든 간에 자신의 일생에서 75%의 시간을 사용한다.

② 언어적인 의사소통능력의 구분

- **경청능력** : 원활한 의사소통을 위해 상대방의 이야기를 주의를 기울여 집중하고 몰입하여 듣는 능력을 말한다.
- **의사표현력** : 자신의 의사를 목적과 상황에 맞게 설득력을 가지고 표현하는 능력을 말한다.

③ 언어적인 측면으로서 의사소통의 특징

언어적인 의사소통은 여타의 의사소통보다는 정확성을 기하기 힘든 경우가 있다는 결점이 있다. 그러나 대화를 통해 상대방의 반응이나 감정을 살필 수 있고, 그때그때 상대방을 설득시킬 수 있으므로 유동성이 있다. 또한 모든 계층에서 관리자들이 많은 시간을 바치는 의사소통 중에서도 듣고 말하는 시간이 상대적으로 비교할 수 없을 만큼 많다는 점에서 경청능력과 의사표현력은 매우 중요하다.

(3) 글로벌 의사소통 능력 : 기초 외국어능력

직장생활에서 기초 외국어능력은 매우 중요하며, 직장인의 의사소통은 매우 다양하게 이루어지고 있다. 기획서나 보고서의 작성 등의 문서적인 의사소통능력과 동료와의 대화 등을 통한 언어적인 의사소통 외에도 국제화, 세계화 시대에 접어들면서 직업인에게는 기초 외국어능력이 직업생활의 의사소통능력으로서 필요성을 더하고 있다.

① 직장인에게 필요한 기초 외국어능력

• 기초 외국어능력

– 기초 외국어능력은 외국어로 된 간단한 자료를 이해하거나, 외국인과의 전화응대와 간단한 대화 등 외국인의 의사표현을 이해하고, 자신의 의사를 기초 외국어로서 표현할 수 있는 능력이다.

• 일 경험에서 요구되는 기초 외국어 능력

– 국제화, 세계화 시대를 살아가는 직장인에게 요구되는 의사소통능력으로서의 기초 외국어능력은 직업생활 중에 필요한 문서이해나 문서작성, 의사표현, 경청 등 기초적인 의사소통을 기초적인 외국어로서 가능하게 하는 능력을 말한다.

– 직장생활 속에서 컴퓨터의 사용이나, 공장의 기계의 간단한 외국어 표시 등을 이해하는 것을 포함한다.

② 기초 외국어능력을 대하는 마음가짐

• 상대방과 목적을 공유하라

자신이 전달하고 싶은 것을 생각하고, 이를 기초외국어로 표현하는 것이 중요하다. 현재 자신이 맡고 있는 업무에서 기본적인 의사소통, 예를 들어, 고객의 전화응대나 안내, 메일 작성이나 다양한 문서작성과정에서 기초외국어를 통해 의사소통을 하는 것이 가장 중요한 점이다.

• 외국어를 너무 어렵게만 생각하지 마라

외국인과의 의사소통이라고 하여 독특한 그들만의 방식이 있는 것은 아니며, 우리가 흔히 하는 의사소통을 다만 외국어로 하는 것이다. 직장인들은 기초 외국어조차 하기 어렵다고 자신을 책망하기보다는 조금이나마 자신이 아는 것을 자신 있게 표현하여 외국인들과 즐거운 의사소통을 하는 것이 중요하다.

• 자신을 극복하라

외국어에 대한 자신감이 부족한 사람들이 가지는 특징은 외국어를 잘 못한다는 지나친 의식, 불명확한 의사표현, 의견정리의 어려움, 표현력의 저하 등이다. 그러므로 이러한 마음상태를 극복하고, 자신만의 기초외국어로의 의사소통방법을 만들어 나가는 것도 기초 외국어능력을 높이는 좋은 방법이라 할 수 있다.

3) 의사소통능력의 개발

직업 분야와 고용 형태에 상관없이 효과적인 의사소통능력은 직업생활의 성공을 위한 필수 요인이다. 우리는 누구나 의사소통의 중요성을 알고 있지만, 의사소통능력은 개개인에 따라 다양하다. 또한 종종 직업인들은 자신도 알지 못하는 사이에 원만한 의사소통을 저해하는 행동을 하기도 한다. 의사소통을 방해하는 습관이 없더라도 자신의 의사소통능력을 개발하는 것은 쉬운 일이 아니다. 그렇다면 의사소통의 저해요인과 의사소통능력을 개발할 수 있는 방법을 알아보자.

(1) 바람직한 의사소통을 저해하는 요인

① '일방적으로 말하고', '일방적으로 듣는' 무책임한 마음

직업생활에서 누구나 '실수를 범하지 않도록' 주의하며 의사소통을 시도한다. 그러나 내 메시지가 '정확히 전달되었는지', 상대방이 '정확히 이해했는지'를 확인하지 않고 그 순간을 넘겨 버린다면 서로 '엇갈린 정보'를 가지게 된다. 이런 '엇갈린 정보'에 대한 책임은 듣는 사람에게도 있으며 듣는 사람은 자신이 들은 정보에 대해 확인하는 책임을 가진다. → 의사소통 과정에서의 상호작용 부족

② '그래서 하고 싶은 말이 정확히 뭐야?' 분명하지 않은 메시지

업무를 위한 의사소통은 많은 정보를 담아야 하는 경우가 종종 있다. 그러나 말하는 사람은

지나치게 많은 정보를 한 번에 담거나, 서로 경쟁하는 메시지를 듣는 사람에게 전달하지 않도록 주의해야 한다. 듣는 사람이 이해하기에 너무 복잡한 메시지, 서로 모순되는 내용을 가진 경쟁적인 메시지를 전달하는 것은 '잘못된' 의사소통으로 가는 지름길이다. → 복잡한 메시지, 경쟁적인 메시지

③ '말하지 않아도 아는 문화'에 안주하는 마음

'말하지 않아도 안다', '호흡이 척척 맞는다', '일은 눈치로 배워라' 등과 같이 직접적인대화를 통해서 관계하는 것보다, 오히려 '눈치'를 중요시하는 의사소통을 미덕이라고 생각하는 경향이 있다. 말하지 않아도 마음이 통하는 관계는 '최고의 관계'이지만, 비즈니스 현장에서 필요한 것은 마음으로 아는 눈치의 미덕보다는 정확한 업무처리임을 명심해야 한다. → 의사소통에 대한 잘못된 선입견

(2) 의사소통능력의 개발

의사소통능력을 개발하기 위해서는 자신이 원활할 의사소통을 하지 못하는 저해요인을 분명히 알고, 이를 제거하기 위한 훈련을 해야 한다. 그러기 위해서는 무엇보다도 자신이 스스로 의사소통의 중요한 주체임을 인지하고, 자신의 문제점을 객관적으로 분석할 수 있어야 한다. 또한 타인을 이해하려는 노력과 조직의 구성원으로서 조직 분위기를 개선하도록 노력하는 것도 필요하다.

① 사후 검토와 피드백(feedback) 주고받기

- 피드백(feedback)

  상대방에게 그의 행동의 결과가 어떠한지에 대하여 정보를 제공해 주는 것을 말한다. 즉, 그의 행동이 나의 행동에 어떤 영향을 미치고 있는지에 대하여 상대방에게 솔직하게 알려주는 것이다.

- 사후 검토와 피드백 활용

  의사소통의 왜곡에서 오는 오해와 부정확성을 줄이기 위하여 말하는 사람 또는 전달자는 사후검토와 피드백을 이용하여 메시지의 내용이 실제로 어떻게 해석되고 있는지를 조사할 수 있다. 얼굴을 맞대고 하는 의사소통에서는 이러한 사후 검토나 피드백

이 직접 말로 물어볼 수도 있고, 얼굴표정 등으로 정확한 반응을 얻을 수 있기 때문에 용이하다.

- 사후 검토와 피드백 시 유의점

피드백은 상대방이 원하는 경우 대인관계에 있어서 그의 행동을 개선할 수 있는 기회를 제공해 줄 수 있다. 하지만 부정적이고 비판적인 피드백만을 계속적으로 주는 경우에는 오히려 역효과가 나타날 수 있으므로 피드백을 줄 때 상대방의 긍정적인 면과 부정적인 면을 균형 있게 전달하도록 유의하여야 한다.

② 언어의 단순화

의사소통에서 나누는 내용을 구성할 때 사용되는 언어는 받아들이는 사람을 고려하여 어휘들을 주의하여 선택하여 보다 명확하고 이해 가능한 것을 선택해야 한다. 의사소통에서 필요한 상황에 따라 용어의 선택이 달라질 수 있다. 전문용어는 그 언어를 사용하는 집단 구성원들 사이에 사용될 때에는 이해를 촉진시키지만, 조직 밖의 사람들에게, 예를 들어 고객에게 사용했을 때에는 의외의 문제를 야기할 수 있기 때문에 의사소통을 할 때 주의하여 단어를 선택하는 것이 필요하다.

③ 적극적인 경청

우리는 다른 사람과 대화를 할 때 신체적으로는 가까이 있으면서도 상대가 말하고자 하는 내용에는 관심을 보여주지 않는다면 그 사람과는 의미 있는 대화를 더 이상 나누기 어렵다. 단순이 상대방의 이야기를 들어주는 것과 경청의 의미는 다르다. 듣는 것은 수동적인 데 반해 경청은 능동적인 의미의 탐색이다. 경청의 의미는 의사소통을 하는 양쪽 모두가 같은 주제에 관해 생각하고 있다는 것이다.

상대방의 입장에서 생각하려고 노력하면서 감정이 이입될 때, 현재 일어나고 있는 의사소통에서 무엇이 이야기되고 있는지를 주의 깊게 경청하므로 적극적 경청은 더욱 용이해진다.

④ 감정의 억제

우리는 감정적인 존재이므로 언제나 이성적인 방법으로 의사소통을 하지는 않는다. 의사소통에 있어서 느낌을 갖는다는 것은 자연스러운 일이다. 하지만 자신의 상황에 따라 어떤 문제에 대해 감정적으로 좋지 못한 상황에 있을 때 듣거나, 문서가 주어진다면 메시지를 곡해하기 쉽고, 반대로 자신이 전달하고자 하는 의사표현을 명확하고 정확하게 하지 못할 경우가 많다. 이러한 상황에 있을 때 가장 좋은 방법은 침착하게 마음을 비우도록 노력하고, 자신이 평정을 어느 정도 찾을 때까지 의사소통을 연기하는 것이다. 하지만 조직 내에서 의사소통을 무한정 연기할 수는 없기 때문에 먼저 자신의 분위기와 조직의 분위기를 개선하도록 노력하는 등 적극적인 자세가 필요하다.

2 문서이해능력

일 경험에서 요구되는 문서이해능력은 복잡하고 다양한 문서를 읽고, 그 내용을 이해하여 요점을 파악하는 능력이다. 많은 문서를 읽고, 작성해야 하는 상황에서 수많은 정보 중 핵심 내용을 이해하고 찾아내는 문서이해능력은 일 경험을 하는 모든 사람들에게 요구되는 매우 중요한 능력이다.

문서란 제안서, 보고서, 기획서, 편지, 이메일, 팩스, 메모, 공지 사항 등 문자로 구성된 것을 말한다. 사람들은 일상생활에서는 물론 다양한 직업현장에서 다양한 문서를 자주 사용한다. 그리고 이런 문서를 통하여 상대방에게 효율적으로 의사를 전달함으로써 자신의 의사를 상대에게 설득하고자 한다. 따라서 우리는 다양하게 주어지는 문서를 보다 정확하게 읽고, 이해하여 전달하고자 하는 내용을 명확하게 인식하여야 한다.

1) 문서이해능력의 의미

(1) 문서이해능력의 개념

문서이해능력이란 직업현장에서 자신의 업무와 관련된 인쇄물이나 기호화된 정보 등 필요한 문서를 확인하여 문서를 읽고, 내용을 이해하고 요점을 파악하는 능력이다. 문서에서 주어진 문장이나 정보를 읽고 이해하여, 자신에게 필요한 행동이 무엇인지 추론할 수 있어야 하며, 도표, 수, 기호 등도 이해하고 표현할 수 있는 능력을 의미한다.

(2) 일 경험 중 현장에서 요구되는 문서이해능력

일 경험 중에는 업무 관련 인쇄물부터 기호화된 정보로 간략하게 적힌 메모까지, 업무와 관련된 수많은 문서를 접하게 된다. 적절한 업무 수행을 위해서는 문서의 내용을 이해하고, 요점을 파악하며 통합할 수 있는 능력이 필요하다. 또한 문서이해능력은 문서의 내용 파악에 그치지 않고, 문서에서 전달하는 정보를 바탕으로 업무와 관련하여 요구되는 행동이 무엇인지 적절하게 추론하는 능력, 생산성과 효율성을 높이기 위해 자신이 이해한 업무 지시의 적절성을 판단하는 능력까지 포함한다.

직업생활에서 사용하는 문서는 업무와 관련된 타인의 의사를 우리에게 전달하고, 필요한 업무를 지시하며, 나아가 어떤 업무가 진행 중인지 기록으로 보존하는 역할을 한다. 따라서 문서이해능력이 부족하면 직업생활에서 본인의 업무를 이해하고 수행하는 데 막대한 지장을 끼치게 된다.

2) 문서의 종류

우리는 직장생활에서 수많은 문서를 접하게 되는데 문서의 종류가 다양하고, 각 문서에 따라 용도가 다르다. 문서의 종류를 구분해 보면 [그림 4-1]과 같다.

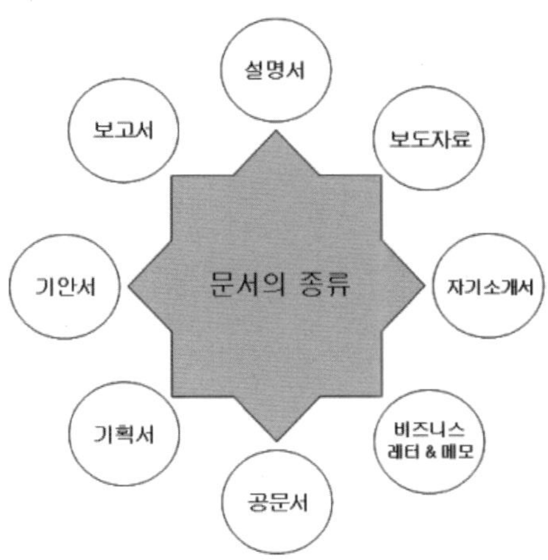

[그림 4-1] 문서의 종류

(1) 공문서

정부 행정기관에서 대내적, 혹은 대외적 공무를 집행하기 위해 작성하는 문서를 의미하며, 정부기관이 일반회사, 또는 단체로부터 접수하는 문서 및 일반회사에서 정부기관을 상대로 사업을 진행하려고 할 때 작성하는 문서도 포함된다. 엄격한 규격과 양식에 따라 정당한 권리를 가지 사람이 작성해야 하며 최종 결재권자의 결재가 있어야 문서로서의 기능이 성립된다.

(2) 기획서

적극적으로 아이디어를 내고 기획해 하나의 프로젝트를 문서형태로 만들어, 상대방에게 기획의 내용을 전달하여 기획을 시행하도록 설득하는 문서이다.

(3) 기안서

회사의 업무에 대한 협조를 구하거나 의견을 전달할 때 작성하며 흔히 사내 공문서로 불린다.

(4) 보고서

특정한 일에 관한 현황이나 그 진행 상황 또는 연구 · 검토 결과 등을 보고하고자 할 때 작성하는 문서이다. 보고서의 종류를 구분해 보면 다음 〈표 4-2〉와 같다.

〈표 4-2〉 **보고서의 종류**

종 류	내 용
영업보고서	재무제표와 달리 영업상황을 문장 형식으로 기재해 보고하는 문서
결산보고서	진행됐던 사안의 수입과 지출결과를 보고하는 문서
일일업무보고서	매일의 업무를 보고하는 문서
주간업무보고서	한 주간에 진행된 업무를 보고하는 문서
출장보고서	회사 업무로 출장을 다녀와 외부 업무나 그 결과를 보고하는 문서
회의 보고서	회의 결과를 정리해 보고하는 문서

(5) 설명서

대개 상품의 특성이나 사물의 성질과 가치, 작동 방법이나 과정을 소비자에게 설명하는 것을 목적으로 작성한 문서로 이를 구분해 보면 다음 〈표 4-3〉과 같다.

〈표 4-3〉 보고서의 종류

종 류	내 용
상품소개서	• 일반인들이 친근하게 읽고 내용을 쉽게 이해하도록 하는 문서 • 소비자에게 상품의 특징을 잘 전달해 상품을 구입하도록 유도하는 것이 궁극적 목적
제품설명서	• 제품의 특징과 활용도에 대해 세부적으로 언급하는 문서 • 제품 구입도 유도하지만 제품의 사용법에 대해 더 자세히 알려주는 것이 주목적

(6) 보도자료

정부 기관이나 기업체, 각종 단체 등이 언론을 상대로 자신들의 정보가 기사로 보도되도록 하기 위해 보내는 자료이다.

(7) 자기소개서

개인의 가정환경과 성장과정, 입사 동기와 포부 등을 구체적으로 기술하여 자신을 소개하는 문서이다.

(8) 비즈니스 레터(E-mail)

사업상의 이유로 고객이나 단체에 편지를 쓰는 것이며, 직장업무나 개인 간의 연락, 직접방문하기 어려운 고객관리 등을 위해 사용되는 비공식적 문서이나, 제인서나 보고서 등 공식적인 문서를 전달하는 데도 사용된다.

(9) 비즈니스 메모

업무상 필요한 중요한 일이나 앞으로 체크해야 할 일이 있을 때 필요한 내용을 메모형식으로 작성하여 전달하는 글이다. 비즈니스 메모는 업무를 전달하는 것이 많으므로 당사자에게 전달될 수 있도록 해야 하며, 다음 〈표 4-4〉와 같이 구분해 볼 수 있다.

〈표 4-4〉 비즈니스 메모의 종류

종 류	내 용
전화 메모	업무적인 내용부터 개인적인 전화의 전달사항 등을 간단히 작성하여 당사자에게 전달하는 메모. 휴대폰의 발달로 현저히 줄어듦.
회의 메모	회의에 참석하지 못한 상사나 동료에게 전달 사항이나 회의 내용에 대해 간략하게 적어 전달하거나, 회의 내용 자체를 기록하여 회의의 기록이나 참고자료로 남기기 위해 작성한 메모로서 월말이나 연말에 업무 상황을 파악하거나 업무 추진에 대한 궁금증이 있을 때 핵심적인 자료 역할을 함
업무 메모	개인이 추진하는 업무나 상대의 업무 추진 상황을 메모로 적는 형태

3) 문서이해 지침

우리는 일상생활과 일 경험 등 다양한 활동을 하면서 수없이 많은 문서를 읽어야 한다. 하지만 모든 문서의 내용을 다 이해하고, 머릿속에 기억하기는 어려운 일이다. 따라서 각각의 문서에서 중요한 내용만을 파악하여 필요한 정보를 획득하고, 다양한 정보를 수집하여 종합하는 능력을 키워나가야 한다.

(1) 문서이해를 위한 구체적인 절차

주문서와 보고서, 지시문 등 여러 가지 문서를 신속하게 이해하고 요약, 정리하는 구체적인 절차는 다음 [그림 4-2]와 같다.

문서의 목적을 이해하기
⇩
이러한 문서가 작성되게 된 배경과 주제를 파악하기
⇩
문서에 쓰여진 정보를 밝혀내고, 문서가 제시하고 있는 현안을 파악하기
⇩
문서를 통해 상대방의 욕구와 의도 및 내게 요구되는 행동에 관한 내용을 분석하기
⇩
문서에서 이해한 목적 달성을 위해 취해야 할 행동을 생각하고 결정하기
⇩
상대방의 의도를 도표나 그린 등으로 메모하여 요약, 정리해 보기

[그림 4-2] 문서이해를 위한 구체적인 절차

(2) 문서이해를 위해 필요한 사항

직업생활에서 우리가 다루는 문서의 종류와 양은 다양하다. 설사 주어진 문서를 모두 이해했다 하더라도 그 내용을 전부 기억하기란 불가능하다. 따라서 문서이해를 위해선 꼭 알아야 하는 중요한 내용만을 파악하여 필요한 정보를 획득하고, 종합하는 능력이 필요하다.

문서이해능력은 다독과 다작을 통해 문서이해능력과 내용종합능력을 키워나가는 노력이 필요하다. 문서이해능력을 키우기 위해서는 문서에서 전달하는 정보를 나만의 방식으로 소화하여 작성할 수 있어야 한다. 많은 정보를 이해하고 기억하기 위해 누군가에게는 도표가, 누군가에게는 3~4개의 핵심 단어 요약이 더 적합한 방식일 수 있다. 평소에 다양한 종류의 문서를 읽고, 구체적인 절차에 따라 이해하고, 정리하는 습관을 들이되 본인에게 적합한 정리 방식을 찾는 노력이 필요하다.

3 문서작성능력

문서작성능력이란 직업생활에서 요구되는 업무의 목적과 상황에 적합한 아이디어 또는 정보를 전달할 수 있도록 문서로 작성할 수 있는 능력을 의미한다. 직업인은 자신에게 주어진 업무나 자신을 둘러싸고 일어나는 상황에서 필요한 문서가 무엇인지 이해하고 작성할 때, 조직의 요구에 효과적으로 부응할 수 있다. 따라서 다양한 문서를 이해하고 상황과 목적에 맞는 문서작성능력의 함양이 요구된다.

1) 문서작성의 중요성

문서는 일 경험과 관련하여 사람들의 의사소통의 수단이 될 뿐만 아니라, 자신의 업무능력을 평가받게 되는 잣대가 될 수도 있다. 아무리 성실하게 업무를 수행하더라도 상황과 목적에 맞게 문서를 작성하지 못하면 자신의 능력을 제대로 평가받을 수 없다.

일 경험을 하면서 글을 쓰는 행위는 의사소통의 또 다른 방법이다. 공문서, 기획서, 보고서는 기본이며, 이메일을 통한 업무보고가 당연한 시대가 되면서 원활한 업무 수행을 위해 자신의 생각을 구체적이고 논리정연하게 표현해야 하는 문서작성능력이 더욱 절실하게 되었다.

(1) 문서의 의미

사람들은 일상생활에서는 물론 일 경험에서도 다양한 문서를 자주 사용한다. 일상생활에서의 문서작성이 개인과 관련된 일이라면 일 경험에서의 문서작성은 업무와 관련하여 조직의 비전을 실현시키는 과정으로, 조직의 생존을 위한 필수 행위라 할 수 있다. 그렇기 때문에 직업인의 주 업무로서 문서작성은 개인의 의사표현이나 의사소통을 위한 과정일 수도 있지만 이를 넘어 조직의 사활이 걸린 중요한 업무이기도 하다.

(2) 문서작성 시 고려사항

문서는 문서를 작성하는 목표, 즉 문서를 작성하는 이유와 문서를 통해 전달하려는 것을 명확히 한 후에 작성해야 한다. 문서작성은 개인의 사고력과 표현력을 총동원해야 하는 능력의 결정체이다. 그러므로 문서를 작성할 때는 문서의 대상, 목적, 시기가 포함되어야 하며, 기획서나 제안서 등 경우에 따라 기대효과 등이 포함되어야 한다.

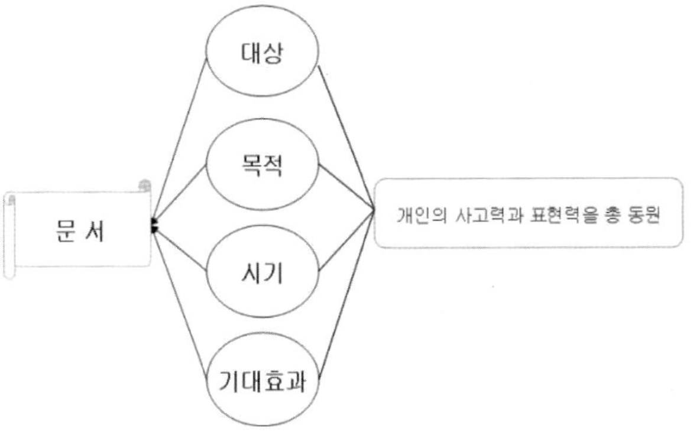

[그림 4-3] **문서작성 시 고려사항**

2) 문서작성 지침

일 경험 중에 사용되는 문서는 상황과 목적에 따라 다양하며, 성격도 모두 다르다. 예를 들어, 이메일은 일반적으로 개인적인 의사소통수단이지만, 회사 업무 보고서나 고객에게 보낼 때는 업무의 연장선이 된다. 이렇듯 상황과 목적에 맞는 문서의 종류에 따라 적절한 문서를 작성하고, 제시하는 능력이 필요하다. 대부분의 일 경험에서 업무는 문서를 통해 이루어진다. 자신의 명확한 생각을 전달하고자 할 때 문서를 활용하게 된다. 효과적이고 명확한 진행을 위한 문서작성 지침을 알아보자.

(1) 상황에 따른 문서작성법

일 경험에서 요구되는 문서는 상황에 따라 그 내용이 결정된다. 문서작성 상황은 요청이나 확인을 부탁하는 경우, 정보 제공을 위한 경우, 명령이나 지시가 필요한 경우, 제안이나 기획을 하는 경우, 약속이나 추천을 위한 경우 등으로 구분할 수 있다.

① 요청이나 확인을 부탁하는 경우

업무 내용과 관련된 요청사항이나 확인절차를 요구해야 할 때가 있다. 이러한 경우, 일반적으로 공문서를 활용한다.

② 정보 제공을 위한 경우

일 경험 중 성과를 높이기 위해서 적시에 유용한 정보를 제공하는 것이 필요하다. 정보 제공과 관련된 문서는 기업 정보를 제공하는 홍보물이나 보도 자료 등의 문서, 제품 관련 정보를 제공하는 설명서나 안내서 등이 있다. 정보 제공을 위한 문서를 작성할 때는 시각적인 자료를 활용하는 것이 효과적이다. 또한 모든 상황에서 문서를 통한 정보 제공은 무엇보다 신속하고 정확하게 이루어져야 한다.

③ 명령이나 지시가 필요한 경우

업무를 추진하다 보면 관련 부서나 외부기관, 단체 등에 명령이나 지시를 내려야 하는 일이 많다. 이런 경우, 일반적으로 업무 지시서를 작성한다. 업무 지시서를 작성할 때는 상황에 적합하고 명확한 내용을 작성할 수 있어야 한다. 또한 단순한 요청이나 자발적인 협조를 구하는 차원의 사안이 아니므로, 즉각적인 업무 추진이 실행될 수 있도록 해야 한다.

④ 제안이나 기획을 하는 경우

제안서나 기획서의 목적은 업무를 어떻게 혁신적으로 개선할지, 어떤 방향으로 추진할지에 대한 의견을 제시하는 것이다. 그러므로 회사의 중요한 행사나 업무를 추진할 때 제안서나 기획서를 효과적으로 작성하는 것은 매우 중요하다. 제안이나 기획의 목적을 달성하기 위해서는 관련된 내용을 깊이 있게 담을 수 있는 작성자의 종합적인 판단과 예견적인 지식이 요구된다.

⑤ 약속이나 추천을 위한 경우

약속을 위한 문서는 고객이나 소비자에게 제품의 이용에 관한 정보를 제공하고자 할 때, 추천서 개인이 다른 회사에 지원하거나 이직을 하고자 할 때 일반적으로 상사가 작성해 주는 문서이다.

(2) 종류에 따른 문서 작성법

보통 각 회사나 기관별로 고유의 문서양식이 있어서 상황에 따라 적합한 문서를 선정하여 작성하게 된다. 만일 별도의 양식이 정해져 있지 않으면 일반적으로 많이 쓰이는 양식을 선정하여 작성한다.

① 공문서

공문서는 회사 외부로 전달되는 문서이므로 누가, 언제, 어디서, 무엇을, 어떻게(왜)가 정확하게 드러나도록 작성해야 한다.

〈날짜 작성 시 유의사항〉

- 연도와 월일을 반드시 함께 기입한다.
- 날짜 다음에 괄호를 사용할 경우에는 마침표를 찍지 않는다.

〈내용 작성 시 유의사항〉

- 한 장에 담아내는 것이 원칙이다.
- 마지막엔 반드시 '끝'자로 마무리한다.
- 복잡한 내용은 항목별로 구분한다('-다음-', 또는 '-아래-').
- 대외문서이며 장기간 보관되는 문서이므로 정확하게 기술한다.

② 설명서

- 명령문보다 평서형으로 작성한다.
- 상품이나 제품에 대해 설명하는 글의 성격에 맞춰 정확하게 기술한다.
- 정확한 내용전달을 위해 간결하게 작성한다.
- 소비자들이 이해하기 어려운 전문용어는 가급적 사용을 삼간다.
- 복잡한 내용은 도표를 통해 시각화하여 이해도를 높인다.
- 동일한 문장 반복을 피하고 다양하게 표현하도록 한다.

③ 기획서

〈기획서 작성 전 유의사항〉

- 기획서의 목적을 달성할 수 있는 핵심 사항이 정확하게 기입되었는지 확인한다.
- 기획서는 상대에게 어필해 상대가 채택하게끔 설득력을 갖추어야 하므로, 상대가 요구하는 것이 무엇인지 고려하여 작성한다.

〈기획서 내용 작성 시 유의사항〉

- 내용이 한눈에 파악되도록 체계적으로 목차를 구성하도록 한다.
- 핵심 내용의 표현에 신경을 써야 한다.
- 효과적인 내용전달을 위해 내용과 적합한 표나 그래프를 활용하여 시각화하도록 한다.

〈기획서 제출 시 유의사항〉

- 충분한 검토를 한 후 제출하도록 한다.
- 인용한 자료의 출처가 정확한지 확인한다.

④ 보고서

〈보고서 내용 작성 시 유의사항〉

- 업무 진행 과정에서 쓰는 보고서인 경우, 진행과정에 대한 핵심내용을 구체적으로 제시하도록 작성한다.
- 핵심사항만을 산뜻하고 간결하게 작성한다(내용 중복을 피한다).
- 복잡한 내용일 때에는 도표나 그림을 활용한다.

〈보고서 제출 시 유의사항〉

- 보고서는 개인의 능력을 평가하는 기본요인이므로, 제출하기 전에 반드시 최종점검을 한다.
- 참고자료는 정확하게 제시한다.
- 내용에 대한 예상 질문을 사전에 추출해 보고, 그에 대한 답을 미리 준비한다.

일 경험에서 문서작성은 형식적인 면을 상당히 중요시한다. 공문서는 일정한 형식 안에서 내용을 일목요연하게 전개해야 하며 이 과정에서 정확하고 확실하게 작성하는 것이 요구된다. 기업의 경우 회사마다 각 문서에 대한 정형화된 틀이 있기 때문에 그 틀에 맞추어 작성하는 것이 필요하다.

(3) 문서작성의 원칙

① 문장 구성 시 주의사항

- 간단한 표제를 붙인다.
  문서의 내용을 바로 파악할 수 있도록 간단한 표제를 붙이면 문서 내용을 이해하는 데 도움이 된다.
- 문서의 주요 내용을 먼저 쓴다.
  업무와 관련된 문서 작성의 핵심은 결론을 먼저 제시하는 것이다.
- 문장을 짧고, 간결하게 작성하며 불필요한 한자 사용은 배제한다.
  문서 내용의 이해를 돕기 위해 문장은 육하원칙에 맞추어 짧고 간결하게 작성하고 행과 단락을 적절하게 배분하여 문서가 체계적으로 되도록 한다. 중요하지 않은 경우 한자 사용 등은 자제한다.
- 긍정문으로 작성한다.
  공문서에서 부정문이나 의문문의 형식은 피한다.

② 문서작성 시 주의사항

- 문서는 작성 시기를 정확하게 기입한다.
- 문서작성 후 반드시 다시 한번 내용을 검토해야 한다.

• 문서의 첨부자료는 반드시 필요한 자료 외에는 첨부하지 않는다.
• 문서내용 중 금액, 수량, 일자 등은 정확하게 기재하여야 한다.

3) 효과적 문서 작성

문서는 내용도 중요하지만 그 내용을 효과적으로 전달될 수 있어야 잘 작성된 문서라 할 수 있다. 직장업무 중 많은 비중을 차지하는 것이 문서와 관련된 일들이다. 그러나 문서 중에는 무엇을 의도하고 있는지 그 내용을 파악하기 어려운 경우가 종종 있다. 내용을 텍스트로 나열하는 방식보다 적절하게 시각화함으로써 보다 효과적으로 내용을 전달할 수 있다. 이런 시각화는 텍스트 나열에 비해 문서의 이해도를 높일 수 있다. 이번에는 효과적으로 문서 내용을 전달하는 방법에 대해 알아보자.

(1) 문서표현의 시각화

문서를 시각화하여 구성하는 방법은 크게 세 가지로 나눌 수 있다.

① **차트 시각화** : 데이터 정보를 쉽게 이해할 수 있도록 시각적으로 표현. 주로 통계 수치 등을 도표(graph)나 차트(chart)를 통해 명확하고 효과적으로 전달
② **다이어그램 시각화** : 개념이나 주제 등 중요한 정보를 도형, 선, 화살표 등 여러 상징을 사용하여 시각적으로 표현
③ **이미지 시각화** : 전달하고자 하는 내용을 관련 그림이나 사진 등으로 나타내는 것

위의 시각화 방법들은 모두 문서를 효과적으로 나타내기 위한 방법이다. 문서 시각화를 사용함으로써 문서를 읽는 대상은 문서의 전반적인 내용을 쉽게 파악하고, 문서 내용의 논리적 관계를 더욱 쉽게 이해할 수 있다. 또한 적절한 이미지 사용은 문서 내용에 대한 기억력을 높일 수 있다. 대상을 시각화하는 방법은 여러 가지이기 때문에 시각화할 정보의 성격에 따라 그에 맞는 적절한 방식을 사용해야 한다.

4 경청능력

경청능력은 다른 사람의 말을 주의 깊게 들으며, 공감하는 능력이다. 다양한 일 경험 상황에서 개인이나 조직 간에 원만하게 관계를 유지하고 업무 성과를 높이기 위해서는 적절하게 의사소통할 수 있는 능력이 필수적이다. 의사소통을 하기 위해서는 특히 다른 사람의 말을 주의 깊게 들으며, 공감할 수 있는 능력이 우선시되어야 할 것이다.

1) 경청의 중요성

우리는 다른 어떤 종류의 의사소통보다 다른 사람의 말을 듣는 데 많은 시간을 사용한다. 한 연구에서 대학생들은 다른 사람과 의사소통하는 시간 중 55%를 다른 사람의 말을 듣는데 사용하는 것으로 나타났다. 그만큼 듣기는 의사소통의 가장 흔한 형태이지만, 사람들은 자신의 의견을 말하는 것을 우선으로 생각하여 제대로 된 의사소통에 실패하는 경우가 많다. 경청의 의미는 무엇이고 왜 중요한지 생각해 보자.

(1) 경청의 의미

다른 사람과의 의사소통에서 듣기는 우리가 생각하는 것보다 더 많은 뜻이 있다. 듣기는 다른 사람이 전달하는 메시지를 이해하는 과정으로, 좋은 청자는 다른 사람의 음성만 듣는 게 아니라 목소리 톤, 강조, 빠르기, 얼굴 표정, 자세 등 비언어적 단서에 까지 주의를 기울인다.

이와 같이 경청은 상대방이 보내는 메시지 내용에 주의를 기울이고 이해를 위해 노력하는 행동을 의미한다. 경청을 통해 상대방은 우리가 그들에게 얼마나 집중하고 있는지 알 수 있다. 따라서 경청은 대화의 과정에서 신뢰를 쌓을 수 있는 최고의 방법 중 하나이다. 우리가 먼저 경청하면 상대는 자신도 모르게 더 집중하게 된다. 따라서 우리의 말과 메시지, 감정은 더욱 효과적으로 상대에게 전달된다. 즉, 경청은 우리가 상대의 말에만 귀를 기울이는 것이 아니다. 우리가 경청함으로써 상대방 역시 우리의 말에 귀를 기울이게 된다.

(2) 경청의 중요성

언어적 의사소통 과정에서 경청은 우리가 상대방의 소통 내용에 관심과 흥미를 가지고 있음을 전달하며, 상대방으로 하여금 개방적이고 솔직한 의사소통을 하도록 촉진하는 기능을 가진다.

의사소통은 내가 상대방에게 메시지를 전달하는 과정이 아니라 상대방과의 상호작용을 통해 메시지를 다루는 과정이다. 따라서 성공적인 의사소통을 위해서는 내가 가진 정보를 상대방이 이해하기 쉽게 표현하는 것도 중요하지만, 상대방이 어떻게 받아들일 것인가에 대한 고려가 바탕이 되어야 한다. 즉, 의사소통을 하기 위한 기본적인 자세는 경청이다. 이러한 경청은 다음의 세 가지의 측면에서 중요하다.

① 상대방을 한 개인으로 존중하게 된다. 이는 상대방을 인간적으로 존중함은 물론 그의 감정, 사고, 행동을 평가하거나 비판 또는 판단하지 않고 있는 그대로 받아들이는 태도이다.
② 상대방을 성실한 마음으로 대하게 된다. 이는 상대방과의 관계에서 느낀 감정과 생각 등을 긍정적이든 부정적이든 솔직하고 성실하게 표현하는 태도를 말한다. 이러한 감정의 표현은 상대방과의 솔직한 의사 및 감정의 교류를 가능하도록 도와주기 때문이다.
③ 상대방의 입장에 공감하며 이해하게 된다. 이는 자신의 생각이나 느낌, 가치, 도덕관 등의 선입견이나 편견을 가지고 상대방을 이해하려 하지 않고, 상대방으로 하여금 자신이 이해받고 있다는 느낌을 갖도록 하는 것이다.

2) 경청 종류와 훈련

직업생활에서 만나게 되는 고객들은 자신의 말에 귀를 기울여 주고, 공감해 주는 것만으로도 그 직원에 대해 만족감을 느낄 것이다. 직업인들은 직장 내에서 고객 만족을 실현하는 것이 최대 목표 중의 하나이며, 궁극적으로 고객만족은 직원들의 성과로 이어질 것이다

(1) 경청의 종류

경청은 의사소통의 기본 과정으로, 대화를 나누는 상대방의 메시지에 주의를 기울이고 이

해하기 위해 노력하는 행동을 의미한다. 의사소통 기술에서 경청의 중요성은 점점 더 강조되고 있다. 경청은 다른 사람의 이야기에 주의를 기울이겠다는 마음가짐으로만 볼 수는 없다. 오히려 경청은 구체적인 실천이 필요한 태도와 행동으로 볼 수 있다. 경청은 적극적 경청과 소극적 경청으로 나눌 수 있다.

① 적극적 경청

적극적 경청은 자신이 상대방의 이야기에 주의를 집중하고 있음을 행동을 통해 외적으로 표현하며 듣는 것을 의미한다. 상대방의 말 중 이해가 안 되는 부분을 질문하거나, 자신이 이해한 내용을 확인하기도 하고, 때로는 상대의 발언 내용과 감정에 대해 공감할 수도 있다.

② 소극적 경청

소극적 경청은 상대방의 이야기에 특별한 반응을 표현하지 않고 수동적으로 듣는 것을 의미한다. 즉, 상대방이 하는 말을 중간에 자르거나 다른 화제로 돌리지 않고 상대의 이야기를 수동적으로 따라가는 것을 의미한다.

(2) 경청 훈련

대화는 기본적으로 말을 하는 행위와 말을 듣는 행위로 이루어진다. 대화 과정에서 자신의 말에 상대방이 어떻게 반응하는가에 따라 우리의 감정은 달라질 수 있다. 상대가 나의 말을 경청하고 수용해 준다면 우리는 그에게 긍정적 감정을 가지게 된다.

자신의 이야기를 진지하게 들어주는 사람이 있다는 것은 고맙고 기쁜 일인 만큼 상대방에게 호감을 얻기 위한 첫째 조건으로 좋은 청자가 되는 것을 들 수 있다. 그리고 좋은 청자가 되기 위해서는 마음이 편안한 상태로 듣는다거나 듣고 있다는 것을 맞장구로 표현하여 상대가 알도록 한다거나 질문을 활용하는 등으로 평소에 경청 훈련을 해 두어야 한다. 대화법을 통한 경청 훈련을 통해서 습득한 대화법은 부부관계뿐만 아니라 부모-자녀 관계, 직장 동료와의 대화 등 모든 인간관계에서 그대로 적용될 수 있다.

① 주의 기울이기(바라보기, 듣기, 따라하기)

배우자의 이야기에 주의를 기울일 때는 몸과 마음을 다하여 들을 수 있어야만 자신의 관심을 상대방에게 충분히 보여주는 것이 된다. 따라서 산만한 행동은 중단하고 비언어적인 것, 즉 상대방의 얼굴과 몸의 움직임뿐만 아니라 호흡하는 자세까지도 주의하여 관찰해야 한다. 또한 상대방이 하는 말의 어조와 억양, 소리의 크기까지도 귀를 기울인다.

② 상대방의 경험을 인정하고 더 많은 정보 요청하기

다른 사람의 메시지를 인정하는 것은 당신이 그와 함께하며 그가 인도하는 방향으로 따라가고 있다는 것을 언어적·비언어적인 표현을 통하여 상대방에게 알려주는 반응이다. 아울러 상대방이 말하고 있는 것에 대해 관심과 존경을 보이게 되면, 비록 상대방의 말에 완전히 동의하지 않더라도 상대방의 경험이 무엇인지 알게 된다. 또한 '요청하기'는 부드러운 지시나 진술, 질문의 형태를 취함으로써 상대방이 무엇이든지 당신에게 더 많은 것을 말할 수 있도록 하는 수단이 된다.

③ 정확성을 위해 요약하기

요약하는 기술은 상대방에 대한 자신의 이해의 정확성을 확인하는 데 도움이 될 뿐만 아니라, 자신과 상대방을 서로 알게 하며 자신과 상대방의 메시지를 공유할 수 있도록 한다.

예를 들어, 상대방의 요점에 대해서 들은 것을 자신의 말로 반복하는 표현과 자신의 요약을 확인 또는 명료화하기 위해 질문하는 표현을 보자.

"당신은 어제 친구와 돈 문제로 언쟁이 있었군요. 그래서 기분이 몹시 상했군요."

"당신은 지금 가사 분담을 제의하였지요? 방법은 아직 결정하지 않았군요. 같이 의논하자는 것인가요?"

④ 개방적인 질문하기

개방적인 질문은 보통 '누가, 무엇을 어디에서, 언제 또는 어떻게'라는 어휘로 시작된다. 이는 단답형의 대답이나 반응보다 상대방의 다양한 생각을 이해하고 상대방으로부터 더욱 많은 정보를 얻기 위한 방법으로서, 이로 인하여 서로에 대한 이해의 정도를 높일 수 있다. 예를 들어, 다음과 같은 표현을 사용할 수 있다.

"이번 주말 여행 계획에 대해 말해주겠어요?"

"직장을 옮기는 것에 대해 어떤 생각을 하고 있어요?"

명확하지 않은 정보와 혼돈된 정보를 명확하게 하기 위해서, 인정 또는 사과의 정확성을 검토하기 위해서는 다음과 같은 표현을 사용한다.

"당신, 기운이 없어 보이는군요. 무슨 일이 있어요?"

"당신은 나 때문에 정말 화난 것 같군요. 어떠세요?"

⑤ '왜?'라는 질문 피하기 ('왜?'라는 말 삼가기)

왜?라는 질문은 보통 진술을 가장한 부정적·추궁적·강압적인 표현이므로 사용하지 않는 것이 좋다.

"왜요?", "왜 전화했어요?", "당신은 왜 내가 하라는 대로 하지 않지요?"

(3) 경청의 방해 요인

적극적 경청을 위하여 우리가 갖추어야 할 태도가 있듯이 어떤 태도는 우리의 경청을 방해하기도 한다. 경청을 위해 우리가 지양해야 할 태도들에 대해 살펴보면 다음과 같다.

① 짐작하기

상대방의 말을 듣고 받아들이기보다 자신의 생각에 들어맞는 단서들을 찾아 자신의 생각을 확인하는 것을 말한다. 이들은 상대방이 하는 말의 내용은 무시하고 자신의 생각이 옳다는 것만 확인하려 한다. 하나의 예시로 남편이 생일을 기억해 주지 않았기 때문에 말을 걸어도 표정이 안 좋고 시큰둥하게 대답한 것인데, 그걸 보고 남편은 부인이 시집 문제로 화가 난 것이라 지레짐작한다면 대화는 처음부터 어려워질 것이다.

② 대답할 말 준비하기

상대방의 말을 듣고 곧 자신이 다음에 할 말을 생각하는 데 집중해 상대방이 말하는 것을 잘 듣지 않는 것을 말한다. 결국 자기 생각에 빠져서 상대방의 말에 제대로 반응할 수가 없게 된다.

③ 걸러내기

상대의 말을 듣기는 하지만 상대방의 메시지를 온전하게 받아들이는 것이 아니라 듣고 싶지 않은 상대방의 메시지는 회피하는 것이다. 상대방이 분노나 슬픔, 불안을 토로해도 그러한 감정을 받아들이고 싶지 않을 때 자기도 모르는 사이에 상대방이 아무 문제도 없다고 생각해 버린다.

④ 판단하기

상대방에 대한 부정적인 선입견 때문에, 또는 상대방을 비판하기 위해 상대방의 말을 듣지 않는 것을 말한다. 당신이 상대방을 어리석다거나 고집이 세다거나 이기적이라고 생각한다면, 당신은 경청하기를 그만두거나 듣는다고 해도 상대방이 이렇다는 증거를 찾기 위해서만 귀를 기울일 것이다.

⑤ 다른 생각하기

대화 도중에 상대방에게 관심을 기울이는 것이 어려워지고 상대방이 말하는 동안에 자꾸 다른 생각을 하게 된다면, 이는 지금의 대화나 상황을 회피하고 있다는 위험한 신호이다. 회피는 부정적 감정이 내면화되어 있기 때문에 상대방은 오해받고 공격받는다는 느낌을 갖게 된다.

⑥ 조언하기

어떤 사람들은 지나치게 다른 사람의 문제를 본인이 해결해 주고자 한다. 그러나 상대방은 당신이 이야기를 들어주기만 해도 스스로 자기의 생각을 명료화할 수 있고, 해결책을 스스로 찾을 수 있다. 상대가 원하는 것이 조언일 때도 물론 있다. 그러나 상대가 원하는 것이 공감과 위로였을 경우에 당신의 조언은 오히려 독이 될 수 있다. 이러한 대화가 매번 반복된다면 상대방은 무시당하고 이해받지 못한다고 느끼게 되어 당신에게 마음의 문을 닫아버리게 된다.

⑦ 언쟁하기

언쟁은 단지 논쟁을 위해서 상대방의 말에 귀를 기울이는 것이다. 언쟁은 상호 문제가 있는 관계에서 드러나는 전형적인 의사소통 패턴이다. 상대방이 무슨 주제를 꺼내든지 설명하는 것을 무시하고 자신의 생각만을 늘어놓거나 지나치게 논쟁적인 사람은 상대방의 말을 경청할 수 없다.

⑧ 자존심 세우기

자존심이 강한 사람은 자신의 자존심에 상처를 입힐 수 있는 내용에 대해서 거부감이 강하기 때문에 자신의 부족한 점과 관련된 상대방의 이야기를 듣지 않는다. 당신은 자신이 잘못했다는 말을 받아들이지 않기 위해 거짓말을 하고, 고함을 지르고, 주제를 바꾸고, 변명을 하게 된다.

⑨ 슬쩍 넘어가기

대화가 너무 사적이거나 위협적이면 주제를 바꾸거나 농담으로 넘기려 한다. 문제를 회피하려 하거나 상대방의 부정적 감정을 회피하기 위해서 유머를 사용하거나 핀트를 잘못 맞추게 되면 상대방의 진정한 고민을 놓치게 된다.

⑩ 비위 맞추기

상대방을 위로하기 위해서 혹은 비위를 맞추기 위해서 너무 빨리 동의하는 것을 말한다. 그 의도는 좋지만 상대방이 걱정이나 불안을 말하자마자 *"그래요, 당신 말이 맞아", "미안해, 앞으로는 안 할 거야"*라고 말하면 지지하고 동의하는 데 너무 치중함으로써 상대방에게 자신의 생각이나 감정을 충분히 표현할 시간을 주지 못하게 된다.

3) 경청과 공감

경청에는 그에 대한 적절한 반응을 보여주는 것 역시 반드시 필요한 요소이다. 즉, 원활한 이해를 위해서 우리는 상대방의 말을 수용하고 공감하며 지지해 주는 반응이 필요하다. 청자가 상대방의 감정에 공감하고 있음을 나타낸다면 상대방은 그 자신이 이해받고 있는 느낌을 가진다. 그리하여 청자를 더욱 신뢰하고 자신을 더 많이 드러내 보이게 된다. 이러한 과정이 진행되면서 더욱 원만한 인간관계가 이루어지게 된다.

(1) 공감 반응

우리는 인간관계를 성숙하게 하기 위해서 서로가 서로의 의견을 공감하고 존중하며 의견을 조율해야 한다. 이를 위해 원활하고 깊이 있는 대화가 필요하며 이때 필요한 것이 바로 공감적 태도이다. 공감은 상대방의 마음을 깊이 있게 이해하고 느끼는 것을 의미한다. 즉, 공감이란 상대방이 하는 말을 상대방의 관점에서 이해하고 그의 감정을 느끼는 것을 뜻한다.

공감적 반응을 위해서 우리는 여러 가지를 노력해야 한다. 첫째, 상대방의 이야기를 자신의 관점이 아닌 그의 관점에서 이해하려는 태도를 가져야 한다. 나와 다른 상황에 처해 있는 상대방의 관점과 입장에 서서 그의 마음을 헤아리려는 노력이 필요하다. 둘째, 공감을 위해서는 상대방의 말 속에 담겨 있는 감정과 생각에 민감하게 반응해야 한다. 때로는 상대방이 전달하는 액면 그대로의 메시지만으로 상대의 감정과 생각을 헤아리기 어렵다. 따라서 우리는 상대방의 '말' 안에 담겨 있는 감정과 기분을 이해하려는 노력이 필요하다. 마지막으로, 공감을 할 때는 대화를 통해 자신이 느낀 상대방의 감정을 전달해 주어야 한다. 상대방의 이야기를 들으면서 그의 입장에서 그의 감정을 경험하고, 그 감정들을 다시 돌려주어야 한다. 이런 공감적 반응을 통해 상대방은 자신이 깊이 이해받고 있다고 느끼게 된다. 우리가 상대방의 의견과 감정을 깊이 헤아려 이해해 줄 때, 그리고 그가 이러한 우리의 공감을 느낄 때 서로의 관계는 더욱 의미 있는 관계로 발전하며 더욱 원활한 의사소통이 가능하게 된다.

Work Sheet

※ 메모 전달하기

당신은 A전자의 신입사원입니다.
입사 첫날 다른 직원은 모두 회의 중인 상황입니다.
사무실로 오는 전화를 받아
전화내용을 해당 직원에게 메모로 전달해 보세요.

〈전화내용〉

안녕하세요. 저는 거래처인 ABC상사의 홍길동 대리입니다.
김철수 차장님 자리에 계신가요? 공석이시면 메모 부탁드립니다.
이번 A전자와 거래 중인 반도체 SS-001 제품 납품이 계약일보다 약 3일 정도 늦을 듯합니다. 이에 양해를 구하며 제품 납품이 계약일보다 늦어짐에 따라 계약서상 최초 납품금액에서 약 5%를 할인하여 납품하도록 하겠습니다. 문의사항 있으시면 02-777-8888로 전화 부탁드립니다. 감사합니다.

〈메모지〉

Work Sheet

※ 문서 작성하기

〈사례연습〉

당신의 A전자의 사원복지팀 홍길동 사원입니다.
다가오는 금요일 10시부터 13시까지 약 3시간 동안 회사의 전직원이 참석하는 체육대회를 실시하고자 합니다.
체육대회의 장소는 사내 실내체육관이고, 구성은 족구(1H), 농구(1H), 점심식사(1H)로 구성됩니다.
체육대회 팀 구성을 위하여 목요일 오전까지는 부서별 참석이 가능한 직원을 확인하여야 합니다.
당신이 원활하게 체육대회를 진행할 수 있도록 각 부서에 협조문서를 작성하여 보세요.

Work Sheet

※ 문서 작성하기

〈사례연습〉

〈문서작성 예시〉

수신 : 사원복지팀장
발신 : 전 부서장

제목 : 2025년도 체육대회 개최 안내 및 부서별 참석자 조사 요청

2025년도 직원 사기진작을 위한 체육대회를 아래와 같이 추진하고자 합니다. 이에 전 직원의 적극적인 참석을 요청드립니다.

가. 건　　명 : 2025년도 A전자 체육대회
나. 일　　시 : 2025. 5. 20.(금). 10:00~13:00
다. 장　　소 : 사내 실내체육관
라. 구　　성 : 족구(1H), 농구(1H), 점심식사(1H)
마. 요청사항 : 체육대회 팀 구성을 위한 부서별 참석 리스트 제출(붙임 참조)
바. 제출기한 : 2025. 5. 19.(목). 12:00까지
사. 문의사항 : 사원복지팀 홍길동(내선번호 1012).

붙임. 체육대회 부서별 팀구성 참석 리스트 1부.　끝.

Work Sheet

※ 경청 연습

1. 2인 1조로 가위바위보를 통해 이긴 편과 진 편으로 나누세요.
2. 2분간 파트너와 자유롭게 대화를 나누세요.
3. 진 편은 이야기를 하고 이긴 편은 듣습니다.
4. 진 편이 이야기할 때 이긴 편은 다른 행동을 하고, 시선을 다른 곳을 보는 등 주의를 집중하지 않고 잘 듣지 않습니다.
5. 대화가 끝난 후 말을 한 사람이 어떤 기분과 감정이 들었는지 공유해 보세요.

1. 반대로 상대가 이야기할 때 듣는 사람은 눈을 맞추고, 고개도 끄덕여 주면서 주의를 집중하여 대화를 나눠보세요.
2. 대화가 끝난 후 말한 사람이 어떤 기분과 감정이 들었는지 공유해 보세요.

의사소통을 위한 노력

- 언제나 주위의 언어 정보에 민감하게 반응하고, 정보를 자신이 활용할 수 있도록 노력한다.
- 자신이 자주 사용하는 표현을 찾아내 다른 표현으로 바꿔 본다.
- 언제나 '다른 표현은 없을까?'하고 생각하고, 새로운 표현을 검토해 본다.

5 의사표현능력

의사표현능력이란 말하는 사람이 자신의 생각과 감정을 듣는 사람에게 음성 언어나 신체언어로 표현하는 능력이다. 의사표현능력은 의사소통의 중요한 수단으로 일상생활은 물론 일 경험 중에서도 개인이나 조직 간에 원만하게 관계를 유지하고 업무 성과를 높이기 위해 필수적인 능력이다. 자신의 능력을 제대로 표현하기 위해서는 효과적인 의사표현능력을 갖추어야 한다.

1) 의사표현의 개념과 중요성

오늘날은 의사표현의 시대이므로 제대로 표현을 못하면 자신의 능력을 충분히 표출하기 어렵다. 반면에 의사표현을 잘하면 인생의 목적을 쉽게 달성할 수 있다.

(1) 의사표현의 개념

의사표현이란 말하는 이가 자신의 감정, 사고, 욕구, 바람 등을 상대방에게 효과적으로 전달하는 중요한 기술이며 음성언어와 신체언어로 구분할 수 있다.

- **음성언어** : 입말로 표현하는 구어
- **신체언어** : 신체의 한 부분인 표정, 손짓, 발짓, 몸짓 따위로 표현하는 몸말을 의미

의사표현은 의사소통의 중요한 수단으로, 특히 말하는 이의 의도 또는 목적을 가지고 그 목적을 달성하는 데 효과가 있다고 생각하는 말하기를 의미한다. 의사소통의 중요한 수단인 말하기는 다음과 같은 경우에 주로 사용된다.

첫 번째는 말하는 이가 듣는 이의 생각이나 태도를 변화시키려는 의도로 주장하는 것이다. 즉, 설득을 주목적으로 한다. 두 번째는 말하는 이가 자신에게 필요한 정보를 제공받기 위하여 청자에게 질문하는 것이다. 세 번째는 말하는 이가 청자에게 자신에게 필요한 일을 하도록 요청하는 것이다.

의사표현의 종류는 상황에 따라 공식적 말하기, 의례적 말하기, 친교적 말하기로 구분하며 구체적으로 대화, 토론, 보고, 연설, 인터뷰, 낭독, 구연, 소개하기, 전화로 말하기, 안내하는 말하기 등이 있다.

첫째, 공식적 말하기는 사전에 준비된 내용을 대중을 상대로 말하는 것으로 연설, 토의, 토론 등이 있다. 연설은 말하는 이 혼자 여러 사람을 대상으로 자기의 사상이나 감정에 관하여 일방적으로 말하는 방식이고, 토의는 여러 사람이 모여서 공통의 문제에 대하여 가장 좋은 해답을 얻기 위해 협의하는 말하기이다. 토론은 어떤 논제에 관하여 찬성자와 반대자가 각기 논리적인 근거를 발표하고, 상대방의 논거가 부당하다는 것을 명백하게 하는 말하기 이다.

둘째, 의례적 말하기는 정치적 · 문화적 행사에서와 같이 의례 절차에 따라 하는 말하기이다. 예를 들어, 식사, 주례, 회의 등이 있다.

셋째, 친교적 말하기는 매우 친근한 사람들 사이에 가장 자연스러운 상태에 떠오르는 대로 주고받는 말하기이다.

(2) 의사표현의 중요성

일 경험을 할 때 상대방의 생각과 감정, 의견을 이해하는 것도 중요하지만, 자신의 의견과 감정을 상대방에게 잘 표현하는 것 역시 중요하다. 성공적인 일 경험을 위해서는 반드시 자신의 의사표현을 상대에게 정확히 전달해야만 하며, 이는 일 경험을 넘어 전반적인 인간관계에서 필수적인 요소라고 할 수 있다.

의사표현, 즉 그 사람이 하는 말은 그 사람의 이미지를 결정한다. 우리는 메시지를 통해 상대방에게 자신이 보여주고 싶은 모습을 전달할 수 있다. 즉, 의사표현을 통해 우리를 바라보는 다른 사람들의 방식에 영향을 미칠 수 있다.

우리는 적절한 의사표현을 통해 자신이 보이고 싶은 성격, 능력, 매력 등을 타인에게 보여줄 수 있다. 이를 통해 새로운 사람과의 관계를 시작하거나, 이미 맺은 관계를 관리할 수 있다. 또한 우리가 의사표현을 통해 전달하는 이미지들은 우리에 대한 다른 사람들의 순응을 얻는 데 도움이 될 수 있다. 예를 들어, 일 경험에서 다른 사람들과 나누는 사교적인 대화는 그 사람에게 호의를 얻음으로써 나중에 어떤 문제나 협업이 필요한 상황이 발생했을 때 도움이 될 수 있다.

2) 의사표현에 영향을 주는 요인

말을 잘하고 싶지만, 뜻대로 되지 않은 경우가 많다. 말을 할 때 영향을 끼치는 요소는 여러 가지가 있다. 무엇이 원활한 의사표현을 방해하는지, 이를 개선하려면 어떠한 노력을 해야 하는지 알아보자. 먼저 의사표현에 영향을 미치는 요소는 여러 가지 열거할 수 있지만, 여기서는 연단공포증, 말, 몸짓, 유머 등 네 가지에 대하여 알아보고자 한다.

(1) 연단공포증

면접이나 발표 등 청중 앞에서 이야기해야 하는 상황일 때, 가슴이 두근거리고 입술이 타고 식은땀이 나고 얼굴이 달아오르는 생리적인 현상이다. 이러한 연단공포증은 90% 이상의 사람들이 호소하는 불안이다. 그러므로 이를 걱정할 필요는 없으며, 오히려 이러한 심리현상을 잘 통제하면서 구두표현을 한다면 청자는 그것을 더 인간다운 것으로 생각하게 될 것이다.

(2) 말

의사표현은 기본적으로 '말하기'이기 때문에 말하는 이가 전달하려는 메시지의 내용만큼이나 '비언어적' 측면 역시 중요하다. 의사표현을 할 때 말의 내용이 아닌, 장단, 발음, 속도 등 비언어적인 요소들이 의사표현에 영향을 미친다.

① 장단

목소리의 길이는 한 음절을 얼마나 오래 끌며 발음하느냐를 뜻한다. 발음의 표기가 같은 말이라도 소리가 길고 짧음에 따라 전혀 다른 뜻이 된다. 이런 단어의 경우 긴 소리와 짧은 소리를 구분할 필요가 있다.

② 발음

발음이 분명하지 못하면 듣는 이에게 정확하게 의사를 전달하기 어렵다. 발음을 바르게 내는 기본 요령은 다음과 같다.

- 호흡을 충분히 한다.

- 목에 힘을 주지 않는다.
- 입술과 혀와 턱을 빨리 움직인다.

③ 속도

발표할 때 기본적인 말의 보통 속도는 10분에 200자 원고지 15장 정도로 하는 것이 적당하다. 이 기준보다 빠르게 말하면 청중이 내용에 대해 생각할 시간이 부족하고 놓친 메시지가 있다고 느낀다. 또한 빨리 말하는 것은 말하는 사람이 바쁘고 성의 없는 느낌을 주게 된다. 반대로 느리게 말하면, 분위기가 처지게 되어 청중이 내용에 집중을 하지 못할 수 있다.

④ 쉼

쉼이란 대화 도중에 잠시 침묵하는 것을 말한다. 쉼은 의도적인 경우와 비의도적인 경우로 구분할 수 있고, 의도적으로 쉼을 잘 활용함으로써 논리성, 감정제고, 동질감 등을 확보할 수 있다. 쉼의 경우는 여러 가지가 있는데, 이를 열거하면 다음과 같다.

- 이야기의 전이(轉移) 시
- 양해, 동조, 반문의 경우
- 생략, 암시, 반성의 경우
- 여운을 남길 때

(3) 몸짓

의사표현의 성공을 위해서는 언어적 요소와 비언어적 요소를 모두 고려해야 한다. 비언어적 요소는 위에서 이미 언급한 말의 장단, 발음, 속도뿐 아니라 화자의 몸짓, 표정, 신체적 외모 등도 포함한다.

① 몸의 방향

먼저 몸의 방향은 주로 말하는 이의 머리, 몸, 발 등이 듣는 이를 향하는가, 피하는가를 본다. 예를 들어, 대화 도중에 끼어든 제3자가 있다고 상상했을 때, 말하는 이가 제3자가 대화에 합류하는 것이 반갑지 않을 경우 그에게서 살짝 몸을 돌릴 수 있다. 물론 이런 몸의 방향은 의도적일 수도 있고, 비의도적일 수도 있으나 적어도 지금 현재 말하는 이가 그 사람을 '피하고' 있음을 표현하는 방식이 된다.

② 자세

자세는 의사표현의 비언어적인 요소 중에 가장 덜 모호한 유형이다. 실제로 사람들은 다른 사람들의 자세를 보며 그 사람의 감정을 이해할 수 있다. 적어도 특정 자세를 보고 그 사람의 분노, 슬픔, 행복과 같은 일부 감정들을 맞히는 것은 90% 이상 일치한다는 연구 결과가 있다. 그만큼 자세는 우리가 미처 언어적으로 표현하지 못하는 감정을 표현하는 효과적인 의사표현의 요소로 볼 수 있다. 따라서 자신뿐 아니라 지금 대화를 나누고 있는 상대방의 자세에 주의를 기울임으로써 우리는 언어적 요소와는 다른 중요한 정보를 얻을 수 있다.

③ 몸짓

몸짓은 손과 팔의 움직임으로 중요한 비언어적 요소 중 하나이다. 몸짓의 가장 흔한 유형은 몸동작으로 화자가 말을 하면서 자연스럽게 동반하는 움직임이다. 이런 몸동작은 말로 설명하기는 어려운 것들을 설명하는 데 자주 사용되며, 몸동작이 전혀 배제된 의사표현은 때로 어색함을 줄 수 있다. 몸짓의 또 다른 유형으로 상징적 동작이 있다. 예를 들어, 우리는 누군가에게 '정말 잘하고 있다', '최고다'라는 긍정적 신호를 보내기 위해 엄지를 들어올리기도 한다. 이런 상징적 동작은 말을 동반하지 않아도 의사표현이 가능한 몸짓이다. 그러나 몸동작과 달리 상징적 동작은 문화권에 따라 다를 수 있어 다른 문화권의 사람들과 의사소통을 해야 할 경우에는 문화적 차이를 고려해야 한다.

(4) 유머

유머는 우리의 의사표현을 더욱 풍요롭게 도와준다. 그렇지만 하루아침에 우리가 유머를 포함한 의사표현을 할 수 있는 것은 아니며, 평소 일상생활 속에서 부단히 유머 감각을 훈련하여야만 자연스럽게 상황에 맞는 유머를 즉흥적으로 구사할 수 있다. 유머는 흥미 있는 이야기로, 과장된 표현으로, 권위에 대한 도전으로, 자기 자신의 이유로, 엄숙한 분위기를 가볍게 만들 때, 변덕스러운 말로, 풍자 또는 비교로, 반대표현으로, 모방으로, 예기치 못한 방향전환으로, 아이러니 등의 방법이 사용될 때 그 성과를 기대할 수 있을 것이다.

3) 의사표현을 위한 지침

일 경험에서, 학교에서, 이웃과의 대화 같은 일상생활에서 우리가 의사표현을 하는 상황과 대상은 다양하다. 그때마다 같은 방식의 의사표현 전략을 사용하는 것은 효과적일 수 없다. 상황과 대상에 따라 의사표현을 어떻게 해야 하는지 알아보자.

(1) 효과적인 의사표현 방법

올바른 의사소통을 위해서는 자신의 의도, 생각, 감정을 효과적으로 상대방에게 전달하는 동시에 상대방의 메시지를 정확하게 전달받는 것이 중요하다. 이 중에서 의사표현은 자신의 메시지를 상대방에게 전달하는 중요한 능력이다.

메시지를 효과적으로 전달하는 여섯 가지 방법은 다음과 같다. 첫째, 말하는 이는 자신이 전달하고 싶은 의도, 생각, 감정이 무엇인지 분명하게 인식해야 한다. 둘째, 전달하고자 하는 내용을 적절한 메시지로 바꾸어야 한다. 메시지에 전달하려는 내용이 충분히 그리고 명료하게 담겨야 듣는 이가 이해하기 쉽다. 셋째, 메시지를 전달하는 매체와 경로를 신중하게 선택해야 한다. 같은 내용의 메시지라도 직접 얼굴을 보고 이야기하는 것과 전화나 이메일로 간접 표현하는 경우 듣는 이에게 다른 의미로 전달될 수 있다. 넷째, 듣는 이가 자신의 메시지를 어떻게 받아들였는지 피드백을 받는 것이 중요하다. 즉, 전달한 내용이 듣는 이에게 어떻게 해석되었는가 확인해야 한다. 다섯째, 효과적인 의사표현을 위해서는 비언어적 방식을 활용하는 것이 좋다. 말하는 이의 표정, 음성적 특성, 몸짓 등을 통해 메시지의 내용을 더욱 강력하게 전달할 수 있다. 마지막으로, 확실한 의사 표현을 위해서는 반복적 전달이 필요하다. 한 번의 의사표현으로 자신의 의도가 충분히 듣는 이에게 전달되는 경우는 드물다.

(2) 상황과 대상에 따른 의사표현법

효과적으로 의사표현을 하기 위한 일반적인 지침들을 위에서 살펴보았다. 하지만 의사표현을 하다 보면 상대방에게 하기 어려운 곤란한 말을 해야 할 때도 있고, 불쾌한 감정을 타인에게 전해야 할 때도 있다. 여러 상황과 대상에 따른 의사표현법을 알아보면 다음과 같다.

① 상대방의 잘못을 지적할 때

우리는 보통 상대방의 잘못을 지적해야 할 때 충고나 질책을 통해 의사표현을 한다. 질책은 샌드위치 화법을 사용하면 듣는 사람이 반발하지 않고 부드럽게 받아들일 수 있다. 샌드위치 화법이란 '칭찬의 말', '질책의 말', '격려의 말' 순서대로 질책을 가운데 두고 칭찬을 먼저 한 다음 끝에 격려의 말을 하는 것이다. 충고는 주로 예를 들거나 비유법을 사용하는 것이 효과적일 수 있다. 또한 충고는 가급적 최후의 수단으로 은유적으로 접근하는 것이 더 나을 수 있다.

② 상대방을 칭찬할 때

칭찬은 상대방을 기분 좋게 만드는 의사표현 전략이다. 그러나 상황과 상관없이 별 의미 없는 내용을 칭찬하면 빈말이나 아부로 여겨질 수 있다. 따라서 상대에게 정말 칭찬해 주고 싶은 중요한 내용을 칭찬하거나, 대화 서두에 분위기 전환 용도로 간단한 칭찬을 사용하는 것이 좋다.

③ 상대방에게 요구해야 할 때

여러 상황에서 상대방에게 우리가 원하는 무언가를 하도록 요구해야 하는 경우, 우리는 그 일이 사적인가, 공적인가, 업무상 반드시 필요한 일인가 등 여러 상황을 고려해서 상대방에게 부탁을 할 수도 있고 명령을 할 수도 있다. 먼저 부탁해야 하는 경우는 상대방의 사정을 듣고, 상대가 들어줄 수 있는 상황인지 확인하는 태도를 보여준 후, 응하기 쉽게 구체적으로 부탁한다. 이때 거절을 당해도 싫은 내색을 해서는 안 된다. 업무상 지시와 같은 명령을 해야 할 때는 강압적 표현보다는 청유형 표현이 훨씬 효과적이다.

④ 상대방의 요구를 거절해야 할 때

먼저 요구를 거절하는 것에 대한 사과를 한 다음, 응해줄 수 없는 이유를 설명한다. 요구를 들어주는 것이 불가능하다고 여겨질 때는 모호한 태도를 보이는 것보다 단호하게 거절하는 것이 좋다. 그러나 정색하는 태도는 자칫하면 인간관계까지 나빠질 수 있으므로 주의해야 한다.

⑤ 설득해야 할 때

설득은 상대방에게 나의 태도와 의견을 받아들이고 그의 태도와 의견을 바꾸도록 하는 과정이다. 일방적인 강요는 금물이다.

※ 설득력 있는 의사표현 지침

우리는 때로 상대방의 도움을 얻기 위해 절충과 협상을 해야 할 때가 있다. 나의 요구 혹은 도움 사항과 상대방이 들어줄 수 있는 여건을 절충해서 요구의 일부분이라도 도움을 얻는 경우들이다. 이런 현상과 절충을 통해 내가 원하는 도움을 효과적으로 얻는 두 가지 방법이 있다.

첫째는 '문 안에 한 발 들여놓기 기법(foot-in-the-door technique)'이다. 말하는 이가 요청하고 싶은 도움이 100이라면 처음에는 상대방이 'Yes'라고 할 수 있도록 50, 60 정도로 부탁을 하고 점차 도움의 내용을 늘려서 상대방의 허락을 유도하는 방법이다.

둘째는 위와 정반대로 '얼굴 부딪히기 기법(door-in-the-face technique)'이라고 해서 말하는 이가 원하는 도움의 크기가 50이라면 처음에 100을 상대방에게 요청하고 거절을 유도하는 것이다. 이후 이미 한 번 도움을 거절한 듣는 이는 말하는 이에게 미안한 마음을 가지게 되고, 좀 더 작은 도움을 요청받으면 미안한 마음을 보상하기 위해 100보다 작은 요청을 들어줄 수 있다.

6 기초 외국어능력

기초 외국어능력은 일 경험을 위해 외국어로 된 간단한 자료를 이해하거나, 외국인의 의사표현을 이해하는 능력을 의미한다. 오늘날 지구촌에서는 국경을 초월한 개방화, 정보화, 세계화가 이루어지고 있으며, 이에 따라 세계 각국의 사람들과 함께 일을 해야 하는 경우가 많아졌다. 따라서 세계화 시대에 능력 있는 직업인이 되기 위해서는 기초 외국어능력을 길러야 한다.

1) 기초 외국어능력의 의미

세계화로 인해 점차 국가 간 국경과 장벽이 허물어지고 있으며, 직업생활에서 나라 간 물적 · 인적 자원의 이동이 더욱 자유로워지고 있다. 따라서 이제 산업 현장은 국내뿐 아니라 국제 정세 변화에 따른 영향을 받고 있다. 이런 상황에서 기초 외국어능력은 원활한 업무를 위해서 더욱 필요하다.

(1) 기초 외국어능력의 개념

기초 외국어능력이란 일 경험을 하는 우리의 무대가 세계로 넓어지면서 다른 나라의 언어로 의사소통을 하는 능력을 말한다. 기초 외국어능력은 외국인하고의 유창한 의사소통을 뜻하는 것은 아니다. 즉, 일 경험 중에 필요한 문서이해나 문서작성, 의사표현, 경청 등 의사소통을 기초외국어로 가능하게 하는 능력을 말한다.

• 기초 외국어능력은 크게
– 외국어로 된 간단한 자료 이해
– 외국인과의 전화응대와 간단한 대화
– 외국인의 의사표현을 이해하고, 자신의 의사를 외국어로 표현할 수 있는 능력
– 외국인과 간단하게 이메일이나 팩스로 업무 내용에 대해 상호 소통할 수 있는 정도를 말한다.

(2) 기초 외국어능력의 중요성

국제화, 세계화 시대에 살고 있는 우리들은 다른 나라와의 무역을 당연하게 여긴다. 무역을 위해서는 우리의 언어가 아닌 국제적인 통용어를 사용하거나, 경우에 따라서는 그들의 언어로 의사소통을 해야 하는 경우가 생긴다. 기초 외국어능력은 외국어로 된 메일을 받고 이를 해결하는 상황, 외국인으로부터 걸려온 전화 응대, 외국어로 된 업무 관련 자료를 읽는 경우, 외국인 고객을 상대하는 경우 등 다양한 상황에서 필요한 능력이다. 하지만 기초 외국어능력이 필요한 경우는 비단 외국인들과의 업무가 잦은 특정 직업인의 경우에만 필요한 것은 아니다. 주변을 둘러보면 컴퓨터 용어에서부터 공장 기계, 외국산 제품 등의 사용법 등 외국어로 작성되어 있는 것이 많다. 이때 기초 외국어를 모르면 불편한 경우가 생기기 때문에 기초 외국어능력은 직업인으로서 중요하다고 할 수 있다.

2) 기초 외국어능력의 필요성

현재 우리는 다양한 외국의 선진기술을 접할 기회가 증가하고 있다. 이때 다른 나라의 기술이나 기계 등은 시스템 자체가 우리나라의 것과는 다른 경우가 종종 있다. 그러므로 원활한 업무를 위하여 이와 관련한 간단한 기초 외국어를 익혀둔다면 갑작스러운 상황이 닥쳐도 당황하지 않고 업무를 해결해 나갈 수 있을 것이다.

국제화 시대에 맞춰 업무 중 외국어를 사용하는 상황이 과거보다 증가하고 있다. 그러나 막상 이런 상황에서 의사소통을 위한 기초 외국어능력이 부족하여 일 경험 중 스트레스가 가중되는 상황이다. 실제로 여러 설문조사 결과에서 직업인들은 영어 사용 빈도에 비해 영어 스트레스를 많이 받는 것으로 나타난다. 또한 기초 외국어능력의 부족은 개인의 스트레스를 넘어서 전반적인 업무에 때로는 심각한 결과를 초래할 수 있다. 이러한 실수를 막기 위해서는 먼저 자신의 업무를 파악하고, 자신의 업무에서 기초 외국어능력이 필요한 상황에는 어떤 상황이 있을지 아는 것이 중요하다. 기초 외국어능력이 필요한 상황은 다음과 같다.

① 전화, 메일 등 의사소통을 위해 외국어를 사용하는 경우

외국 기업과 협업하는 경우 대면하지 않더라도 전화나 메일을 통해 영어로 업무를 진행해야 하는 상황이 발생한다. 이 경우 업무 관련 회화는 물론이고 안부 인사처럼 일상에서 나누는 가벼운 대화가 필요할 수 있다.

② 매뉴얼, 서류 등 외국어 문서를 이해해야 하는 경우

국내에서 생산한 기계만으로 모든 공장이 돌아갈 수는 없다. 집에 있는 가전제품 설명서만 보아도 다양한 외국어로 설명이 이루어져 있다. 일 경험 중 외국어로 된 문서나 제품 설명서, 매뉴얼 등을 이해해야 하는 상황이 올 수 있으며, 이럴 경우 어느 정도의 독해가 되어야 업무에 차질이 발생하지 않는다.

③ 필요한 정보를 얻기 위한 경우

인터넷으로 필요한 정보를 얻기 위해서 해외 웹 사이트를 방문하는 경우도 점차 늘고 있다. 국내에서 찾기 어려운 아이디어나 참고 사례를 찾기 위해 인터넷의 방대한 정보 바다를 마음껏 탐색하려면 어느 정도의 기초 외국어능력이 필요하다.

3) 기초 외국어능력과 비언어적 의사소통

외국인과의 언어적 의사소통은 외국어 사용능력에 따라 의사소통의 편의성이 크게 좌우된다. 그러나 반드시 상급의 외국어 능력을 갖춰야만 의사소통이 가능한 것은 아니다. 비록 기초 외국어능력이 부족하다 하더라도 비언어적 의사소통의 특징을 충분히 알고 있다면 원활한 일 경험에 도움이 된다. 아무리 외국어를 유창하게 하더라도 외국인이 몸짓과 표정 등 무의식적으로 기분과 느낌을 표현하는 것을 알아채지 못한다면 의사소통이 원만히 이루어지지 않을 수도 있다. 따라서 일 경험 중 외국인과 협력이 필요한 상황이 발생할 경우에 성공적인 협력을 위해서는 기초 외국어능력을 키우는 것뿐만 아니라 보디랭귀지를 포함한 그들만의 표현방식을 이해하는 능력을 키우는 것도 중요하다.

(1) 표정으로 알아채기

외국인과 대화할 때 그들의 감정이나 생각을 가장 쉽게 알 수 있는 것이 얼굴 표정이다. 웃는 표정은 행복과 만족, 친절을 표현하는 데 비해서 눈살을 찌푸리는 표정은 불만족과 불쾌를 나타낸다. 또한 눈을 마주 쳐다보는 것은 흥미와 관심이 있음을, 그리고 그렇게 하지 않음은 무관심하다는 것을 의미한다.

(2) 음성으로 알아채기

거리상 멀리 떨어져 있는 외국회사의 담당자들과는 직접 마주보고 대화하는 경우보다는 서면이나 전화로 업무를 하는 경우가 많다. 전화는 서면으로 의사소통하는 것과는 달리 상대방의 목소리나 어조, 크기, 음속 등이 의사소통의 수단이 되기도 한다.

- **어조** : 높은 어조-적대감이나 대립감 vs 낮은 어조-만족이나 안심
- **목소리 크기** : 큰 목소리-내용 강조, 흥분, 불만족 vs 작은 목소리-자신감 결여
- **말의 속도** : 빠른 속도-공포나 노여움 vs 느린 속도-긴장 또는 저항

(3) 외국인과의 의사소통에서 피해야 할 행동

- 상대를 볼 때 흘겨보거나, 아예 보지 않는 행동

- 팔이나 다리를 꼬는 행동
- 표정 없이 말하는 것
- 대화에 집중하지 않고 다리를 흔들거나 펜을 돌리는 행동
- 맞장구를 치지 않거나, 고개를 끄덕이지 않는 것
- 자료만 보는 행동
- 바르지 못한 자세로 앉는 행동
- 한숨, 하품을 하는 것
- 다른 일을 하면서 듣는 것
- 상대방에게 이름이나 호칭을 어떻게 할지 먼저 묻지 않고 마음대로 부르는 것

CHAPTER 05

대인관계능력

Chapter

05 대인관계능력

모든 직업인에게 공통으로 요구되는 대인관계능력은 직장에서 업무를 수행하는 직업인에게 중요한 능력이다. 각 개인은 끊임없이 상사, 부하 혹은 직장동료와 업무를 수행하여야 하고, 다른 사람들에게 도움을 주거나 받아야만 한다. 따라서 직업인에게 조직 내에서 갈등을 원만하게 해결하고 합리적인 의사결정을 내릴 수 있도록 대인관계능력의 함양은 필수가 되었다. 특히 수평적 네트워크 체제가 보편화된 현대사회의 직업인에게 대인관계능력은 매우 중요한 요소이다.

국가직무능력표준(NCS)에서는 대인관계능력을 '업무를 수행함에 있어 접촉하게 되는 사람들과 문제를 일으키지 않고 원만하게 지내는 능력'으로 정의하고, 다음 〈표 5-1〉과 같이 다섯 가지 하위능력을 제시하였다. 본서에서는 간략하게 이들에 대해 알아보도록 한다.

〈표 5-1〉 대인관계능력의 하위능력

하위능력	정 의	세부요소
팀워크능력	다양한 배경을 가진 사람들과 함께 업무를 수행하는 능력	• 적극적 참여 • 업무 공유 • 팀구성원으로서의 책임감
리더십능력	업무를 수행함에 있어 다른 사람을 이끄는 능력	• 동기화시키기 • 논리적인 의견 표현 • 신뢰감 구축
갈등관리능력	업무를 수행함에 있어 관련된 사람들을 사이에 갈등이 발생하였을 경우 이를 원만히 조절하는 능력	• 타인의 생각 및 감정 이해 • 타인에 대한 배려 • 피드백 제공 및 받기

하위능력	정 의	세부요소
협상능력	업무를 수행함에 있어 다른 사람과 협상하는 능력	• 다양한 의견 수렴 • 협상 가능한 실질적 목표 구축 • 최선의 타협방법 찾기
고객서비스능력	고객의 요구를 만족시키는 자세로 업무를 수행하는 능력	• 고객의 불만 및 욕구 이해 • 매너있고 신뢰감 있는 대화법 • 고객 불만에 대한 해결책 제공

1 대인관계능력의 의미[1)]

대인관계능력은 업무를 수행함에 있어 접촉하게 되는 사람들과 문제를 일으키지 않고 원만하게 지내는 능력이다. 인간관계를 형성할 때 가장 중요한 요소는 평소 말과 행동에서 드러나는 사람의 됨됨이다. 사람들은 말과 행동에서 상대방의 진정성을 느낀다. 우리의 말이나 행동이 피상적인 인간관계 기법에서 나오는 거라면, 상대방도 곧 우리의 이중성을 감지할 것이다. 피상적인 관계에서 우리는 상호 신뢰와 교감, 관계를 만들 수도 유지할 수도 없다. 건강한 대인관계에서 정말로 중요한 것은 존중과 배려이다. 대부분의 사람들은 존중과 배려라고 하면, 먼저 타인에 대한 존중과 배려를 생각한다. 하지만 다른 사람의 인간관계를 형성하기 시작하는 출발점은 자신의 내면이다. 내가 나를 존중하고 배려할 수 있을 때, 우리는 비로소 타인을 존중하고 배려할 수 있게 된다.

1) 대인관계능력의 개념과 중요성

(1) 대인관계능력의 개념

직업 현장에서 정의하는 대인관계능력은 직업생활에서 협조적인 관계를 유지하고 조직구성원들에게 도움을 줄 수 있으며, 조직 내부 및 외부의 갈등을 원만히 해결하고, 상대방의 요구를 파악 · 충족시켜 줄 수 있는 능력을 의미한다.

1) NCS 홈페이지(ncs.go.kr)의 직업기초능력 자료 중 대인관계능력의 하위요소를 발췌함.

(2) 대인관계능력의 중요성

직업인이 조직 내에서 조직구성원으로서 원만한 관계를 유지하여 자신의 역할을 충실히 수행하기 위해서는 대인관계능력이 중요하다. 자기 혼자서 아무리 일을 잘하는 사람이라도 조직 내 사람들과 어울리지 못하면 그 능력을 잘 발휘하지 못하는 것이 요즘 직업 현장의 흐름이다.

2) 대인관계 향상 방법

은행계좌가 무엇인지 잘 알고 있을 것이다. 사람들은 은행에 계좌를 만들고 이를 통해 예입을 하며 필요할 때 인출할 수 있도록 잔고를 남긴다. 감정은행계좌란 인간관계에서 구축하는 신뢰의 정도를 은유적으로 표현한 것이다.

평소 감정은행계좌를 통해 서로 신뢰를 구축한다면 대인관계에서 오해와 편견을 예방할 수 있다. 평소 감정은행계좌의 저축이 두둑한 사람은 회사 생활 중 실수가 있더라도, 주변인들은 원래 저런 사람이라고 평가하지 않고 분명 어떤 이유가 있을 거라 생각하고 그 실수에 대해 이해하고 용서할 가능성이 높다. 그렇다면 감정계좌 저축을 위한 주요 방법을 살펴보자.

(1) 감정은행계좌 저축 방법

① 상대방에 대한 이해와 배려

대인관계란 바로 이해와 양보의 미덕을 기반으로 이루어지며, 이러한 심성이 주변 사람들을 편안하게 해주고 조직을 부드럽게 하는 윤활유 같은 역할을 한다. 상대방의 입장에서 양보하고 배려하는 노력은 타인의 마음속에 저축하는 가장 중요한 방법이 된다. 이 저축은 시간이 갈수록 이자가 늘어 세월이 지나면 큰 가치로 되돌아온다. 감정은행계좌에 저축을 하기 위해서는 나보다 상대방의 입장을 먼저 이해하고 배려하는 노력이 있어야 한다. 다른 사람들에 대한 이해와 양보는 그들과의 유대관계를 강화하고 당신에 대한 인격과 신뢰를 쌓게 되는 것이다. 나의 작은 희생과 양보가 계속 쌓여 나중에는 큰 이익으로 돌아올 수 있는 것이다.

② 사소한 일에 대한 관심

약간의 친절과 공손함은 매우 중요하다. 이와 반대로 작은 불손, 작은 불친절, 하찮은 무례

등은 막대한 인출을 가져온다. 인간관계에서의 커다란 손실은 사소한 것으로부터 비롯된다. 사람들은 매우 상처받기 쉽고 내적으로 민감하다. 이 점은 나이나 경험과는 별 상관이 없으며, 비록 외적으로 대단히 거칠고 냉담하게 보이는 사람도 내적으로는 민감한 느낌과 감정을 가지고 있다.

③ 약속 이행 및 언행일치

책임을 지고 약속을 지키는 것은 중요한 감정 예입 행위이며 약속을 어기는 것은 중대한 인출 행위이다. 사실 어떤 사람에게 대단히 중요한 약속을 해놓고 어기는 일보다 더 큰 인출 행위는 없다. 그러한 인출 행위가 발생하고 나면 다음에 약속을 해도 상대가 믿지 않기 마련이다. 사람들은 대개 약속에 대한 기대가 크다. 만약 당신이 약속을 항상 지키는 습관을 가진다면 당신과 동료 사이에 이해의 간격을 이어주는 신뢰의 다리를 놓게 될 것이다. 언행일치는 신뢰를 가져오고 감정은행계좌에 많은 종류의 예입을 가능하게 하는 기초가 된다. 언행일치는 정직 그 이상의 의미를 가진다. 정직은 사실대로 말하는 것으로 우리가 하는 말을 사실과 일치시키는 것이다. 언행일치는 사실을 우리의 말에 일치, 즉 실현시키는 것으로 약속을 지키고 기대를 충족시키는 것이다.

④ 칭찬하고 감사하는 마음

『칭찬은 고래도 춤추게 한다』라는 베스트셀러가 있었다. 상대방에 대한 칭찬과 감사의 표시는 상호 신뢰관계를 형성하고 사람의 마음을 움직이게 하는 중요한 감정 예입 행위이다. 그러나 상대방에 대한 불만과 불평은 커다란 인출을 가져온다. 대인관계의 손상은 서로 신뢰가 무너지고 불신과 불만이 쌓일 때 비롯된다. 사람들은 작은 칭찬과 배려, 감사하는 마음에 감동하게 되지만, 사소한 무관심과 불만에 쉽게 상처를 받는다.

⑤ 진정성 있는 태도

진정성 있는 태도는 신뢰 관계 형성에 매우 중요하다. 누군가 나에 대한 태도가 상황에 따라 변한다거나 앞과 뒷모습이 다르다면 그 관계를 유지하는 것은 어렵다. 그렇기 때문에 진정한 태도를 가지고 상대방을 대하는 것은 대인관계를 좋게 하는 데 필수적이다. 하지만 진정성 있는 마음을 가지고 있다 하더라도 그것을 전하는 것은 어려울 수 있다. 진정성 있는 태도를 보여줄 수 있는 한 가지 예는 바로 진지한 사과이다. 진지한 사과는 감정은행계좌에 신뢰를 예입하는 것이다. 그러나 반복되는 사과는 불성실한 사과와 마찬가지로 받아들여져 신용에 대한 인출이 된다. 또한 평소 어떤 관계였는가에 따라 사과는 예입이 될 수도 있고 인출이 될 수도 있다. 실수를 저지르는 것과 그것을 인정하지 않는 것과는 완전히 별개의 문제이다. 사람들은 실수를 기꺼이 용서하려고 한다. 왜냐하면 실수란 보통 순간적인 판단 착오로 빚어지기 때문이다. 그러나 사람들은 의도적인 실수, 즉 나쁜 취지나 나쁜 동기 혹은 처음의 실수를 덮어 버리려는 오만한 정당화 등에 대해서는 쉽게 용서하려 들지 않는다.

3) 다양한 대인관계 양식

사람마다 관계에 대한 욕구가 다르기 때문에 관계를 맺는 양식 또한 다르다. 대상에 따라 관계를 맺는 양식이 변화할 수 있지만, 일반적으로 사람은 일관성 있는 독특한 대인관계 양식을 지닌다. 따라서 다양한 대인관계 양식에 대해 이해하고, 본인의 대인관계 양식에 대해 파악한다면 관계를 형성하고 유지할 때 도움이 된다.

(1) 키슬러(Kiesler)가 제시한 대인관계 양식의 8가지 유형

① 지배형

대인관계에서 주도적이고 자신감이 넘치며 자기주장이 강해 타인을 통제하고자 하는 경향이 있다. 지도력과 추진력이 있어서 집단적인 일을 잘 지휘할 수 있다. 그러나 이러한 경향이 과도하게 강한 사람은 강압적이고 독단적인 행동을 보이고, 논쟁적이어서 타인과 잦은 갈등을 겪을 수 있다. 또한 윗사람의 지시에 순종하지 않고 거만하다는 평가를 받을 수 있다. 이런 사람은 타인의 의견을 잘 경청하고 수용하는 자세가 필요하며 타인에 대한 자신의 지배적 욕구를 깊이 살펴보는 것이 바람직하다.

② 실리형

대인관계에서 실리적인 이익을 추구하는 성향으로 이해관계에 예민하고 치밀하며 성취 지향적이다. 이런 경향이 강한 사람은 자신의 이익을 우선으로 생각하기 때문에 자기중심적이고 경쟁적이며 타인에 대한 관심과 배려가 부족할 수 있다. 타인을 신뢰하지 못하고 불공평한 대우에 예민하며 자신에게 피해를 입힌 사람에게는 보복하는 경향이 있다. 이런 사람은 대인관계에서 타인의 이익과 입장을 배려하는 노력이 필요하며 타인과 신뢰를 형성하는 일에 깊은 관심을 갖는 것이 바람직하다.

③ 냉담형

대인관계에서 이성적이고 냉철하며 의지력이 강하고, 타인과 거리를 두는 경향이 있다. 이런 경향이 강한 사람은 타인의 감정에 무관심할 뿐만 아니라 타인에게 쉽게 상처를 줄 수 있다. 타인에게 따뜻하고 긍정적인 감정을 표현하는 것을 어려워하고, 대인관계가 피상적이며 타인과 오랜 기간 깊게 사귀지 못하는 경향이 있다. 이런 사람은 대인관계에서 타인의 감정 상태에 깊은 관심을 지니고 타인에게 긍정적인 감정을 부드럽게 표현하는 기술을 습득하는 것이 바람직하다.

④ 고립형

혼자 있거나 혼자 일하는 것을 좋아하며 감정을 잘 드러내지 않는다. 이런 경향이 강한 사람은 타인과의 만남을 두려워하고 사회적 상황을 회피한다. 또한 자신의 감정을 지나치게 억제한다. 침울한 기분이 지속되고 우유부단하며 사회적으로 고립될 수 있다. 이런 사람은 대인관계의 중요성을 인식하고 대인관계 형성에 좀 더 적극적인 노력을 할 필요가 있다. 타인에 대한 불편함과 두려움에 대해 깊이 생각해 보는 것이 바람직하다.

⑤ 복종형

대인관계에서 수동적이고 의존적이며 타인의 의견을 잘 따르고 주어지는 일을 순종적으로 잘 한다. 그러나 자신감이 부족하며 타인에게 주목받는 일을 피한다. 자신이 원하는 것을 타인에게 명확히 전달하지 못한다. 또한 어떤 일에 대한 자신의 의견과 태도를 확고하게 갖는 것을 어려워하며 상급자의 위치에서 일하는 것을 매우 부담스러워한다. 이런 사람은 자기표현이나 자기주장을 할 필요가 있으며 대인관계에서 독립성을 키우는 것이 바람직하다.

⑥ 순박형

대인관계에서 단순하고 솔직하며 겸손하고 너그러운 경향이 있다. 하지만 이런 경향이 강할수록 타인에게 쉽게 설득되어 주관이 없어 보일 수 있으며, 잘 속거나 이용당할 수 있다. 원하지 않을 때에도 타인의 의견에 반대하지 못하고, 화가 난 감정을 타인에게 알리기가 어렵다. 이런 사람은 대인관계에서 타인의 의도를 좀 더 깊게 생각하고 신중하게 행동할 필요성이 있으며, 자신의 의견을 좀 더 강하게 표현하고 주장하는 것이 바람직하다.

⑦ 친화형

대인관계에서 따뜻하고 인정이 많으며 타인을 잘 배려하고 도와주는 자기희생적인 태도를 보인다. 때로는 타인을 즐겁게 해주려고 지나치게 노력하는 경향이 있다. 타인의 고통과 불행을 보면 도와주려고 나서며, 타인의 요구를 잘 거절하지 못하고 타인의 필요를 자신의 것보다 앞세우는 경향이 있어 손해를 볼 수 있다. 이런 사람은 타인과의 정서적 거리를 유지하는 것이 필요하며 타인의 이익만큼이나 자신의 이익도 중요하다는 것을 인식하는 것이 중요하다.

⑧ 사교형

대인관계에서 외향적이고 쾌활하며 타인과 대화하기를 좋아하고 인정받고자 하는 욕구가 강하다. 혼자서 시간을 보내는 것을 어려워하고, 타인의 활동에 관심이 많아서 간섭하는 경향이 있다. 충동적이며 잘 흥분하는 성향이 있으며 타인의 관심을 끄는 행동을 하거나 자신의 개인적인 일을 타인에게 너무 많이 이야기하는 경향이 있다. 이런 사람은 타인에 대한 관심보다 혼자만의 내면적인 생활에 좀 더 관심을 가지고, 타인에게 인정받으려는 욕구를 깊이 생각해 보는 것이 바람직하다.

2 팀워크능력

현대와 같이 경쟁이 치열한 환경에서 팀워크를 개발하고 지속시키는 일은 매우 중요하다. 실제로 조직이 생존에 급급해할지 또는 여유롭게 성장과 발전을 이룰지 여부는 팀을 효과적으로 운영하는 데 달려 있다. 이때 모든 구성원이 조직의 주인으로서 사고하고 결정을 내리는 것은 매우 중요한 요건이다. 팀원 각자는 자신을 유용한 자원이라고 인식하고 고품질 팀을 창조하기 위해 노력해야 한다. 이를 위해 팀워크 능력 향상은 필수적이다.

1) 효과적인 팀워크

(1) 팀워크의 정의

팀워크(teamwork)란 팀 구성원이 공동의 목적을 달성하기 위하여 상호관계성을 가지고 협력하여 업무를 수행하는 것이다.

Teamwork = Team + Work

여기서 볼 수 있듯이 팀워크의 정의는 팀(team)과 일(work)이라는 키워드를 지니고 있다. 즉, 목표달성의 의지를 가지고 성과를 내는 것이 바로 팀워크이다. 훌륭한 팀워크를 유지하기 위해 팀원들이 갖추어야 할 기본 요소는 다음과 같다.

① 팀원 간에 공동의 목표의식과 강한 도전의식을 가진다.
② 팀원 간에 상호 신뢰하고 존중한다.
③ 서로 협력하면서 각자의 역할과 책임을 다한다.
④ 솔직한 대화로 서로를 이해한다.
⑤ 강한 자신감으로 상대방의 사기를 드높인다.

팀워크는 팀 구성원들이 공동의 목적을 달성하기 위해 각자가 맡은 역할에 따라 서로 협력적으로 행동하는 것을 말하는데, 이러한 팀워크를 저해하는 요소는 다음과 같다.

① 조직에 대한 이해 부족
② 자기중심적인 이기주의
③ '내가'라는 자아의식의 과잉
④ 질투나 시기로 인한 파벌주의
⑤ 그릇된 우정과 인정
⑥ 사고방식의 차이에 대한 무시

(2) 효과적인 팀의 특성

효과적인 팀이란 팀 에너지를 최대로 활용하는 고성과 팀이다. 팀원들의 강점을 잘 인식하고 이를 잘 활용하여 팀 목표를 달성하는 자신감에 찬 팀이다. 또한 효과적인 팀은 업무 지원과 피드백, 그리고 동기부여를 위해 구성원들이 서로 의존하는 팀이다. 효과적인 팀은 공통적으로 어떤 핵심적인 특징을 가지고 있다. 효과적인 팀의 핵심적인 특징은 다음과 같다.

① 팀의 사명과 목표를 명확하게 기술한다.

팀은 명확하게 기술된 목적과 목표를 가질 필요가 있다. 이는 지금 당장 해야 할 일을 이해할 뿐만 아니라 팀이 전체적으로 초점을 맞추고 있는 부분을 이해하는 것이다. 목표와 목적을 공유하면, 팀원들은 팀에 헌신하게 된다. 따라서 효과적인 팀의 리더는 팀의 목표를 규정하는 데 모든 팀원을 참여시킨다.

② 창조적으로 운영된다.

실험정신과 창조력은 효과적인 팀의 중요한 지표이다. 이러한 팀은 서로 다른 업무수행 방식을 시도해 봄으로써 의도적인 모험을 강행한다. 실패를 두려워하지 않으며, 새로운 프로세스나 기법을 실행할 수 있는 기회를 추구한다. 또한 효과적인 팀은 문제를 다루거나 결정을 내릴 때 유연하고 창조적으로 행동한다.

③ 결과에 초점을 맞춘다.

필요할 때 필요한 것을 만들어 내는 능력은 효과적인 팀의 진정한 기준이 된다. 효과적인 팀은 개별 팀원의 노력을 단순히 합친 것 이상의 결과를 성취하는 능력을 가지고 있다. 이러한 팀의 구성원들은 지속적으로 시간, 비용 및 품질 기준을 충족시켜 준다. '최적 생산성'은 바로 팀원 모두가 공유하는 목표이다.

④ 역할과 책임을 명료화시킨다.

효과적인 팀은 모든 팀원의 역할과 책임을 명확하게 규정한다. 팀원 각자는 자신에게서 기대되는 바가 무엇인지를 잘 알고 있으며, 동료 팀원의 역할도 잘 이해하고 있다. 효과적인 팀은 변화하는 요구와 목표 그리고 첨단 기술에 뒤처지지 않도록 역할과 책임을 새롭게 수정한다.

⑤ 조직화가 잘 되어 있다.

효과적인 팀은 출발에서부터 규약, 절차, 방침을 명확하게 규정한다. 잘 짜인 구조를 가진 팀은 자체적으로 해결해야 하는 모든 업무과제의 요구에 부응할 수 있다.

⑥ 개인의 강점을 활용한다.

스포츠팀의 코치는 운동선수가 지닌 역량을 끊임없이 파악한다. 이와 마찬가지로, 효과적인 팀의 리더는 팀이 지닌 지식, 역량 및 재능을 정기적으로 파악한다. 팀 리더는 팀원의 강점과 약점을 잘 인식하며, 따라서 팀원 개개인의 능력을 효율적으로 활용한다.

⑦ 리더십 역량을 공유하며 구성원 상호 간에 지원을 아끼지 않는다.

효과적인 팀은 팀원 간에 리더십 역할을 공유한다. 이러한 팀은 모든 팀원에게 각각 리더로서 능력을 발휘할 기회를 제공한다. 또한 팀의 공식 리더가 팀 노력을 지원하고 팀원 개개인의 특성을 존중하기 때문에 팀원들은 감독자의 역할을 충분히 이해할 수 있다.

⑧ 팀 풍토를 발전시킨다.

효과적인 팀의 구성원들은 높은 참여도와 집단 에너지(즉, 시너지)를 가지고 열정적으로 함께 일한다. 팀원들은 협력하여 일하는 것이 더욱 생산적이라고 느끼며 팀 활동이 흥미와 원기를 회복시킨다고 본다. 이러한 팀은 고유한 성격을 더욱 발전시켜 나간다.

⑨ 의견의 불일치를 건설적으로 해결한다.

어떤 팀에서든 의견의 불일치는 발생한다. 그러나 논쟁은 나쁘거나 파괴적이지만은 않다. 효과적인 팀은 갈등이 발생할 때 이를 개방적으로 다룬다. 팀원은 갈등의 존재를 인정하며, 상호신뢰를 바탕으로 솔직하게 토의를 함으로써 갈등을 해결한다.

⑩ 개방적으로 의사소통한다.

효과적인 팀의 구성원들은 서로 직접적이고 솔직하게 대화한다. 팀원 각자는 상대방으로부터 조언을 구하고, 상대의 말을 충분히 고려하며, 아이디어를 적극 활용한다.

⑪ 객관적인 결정을 내린다.

효과적인 팀은 문제를 해결하거나 의사를 결정할 때 잘 정리되고 전향적인 접근방식을 가지고 있다. 결정은 합의를 통해 이루어진다. 따라서 모든 사람들은 내려진 결정을 준수하고 기꺼이 이를 지원하고자 한다. 팀원들은 어떠한 결정에 대해서든 각자의 생각을 자유롭게 개진한다. 이를 통해 결정을 명확하게 이해하고 수용하며, 상황별 대응계획(예비계획)을 마련한다.

⑫ 팀 자체의 효과성을 평가한다.

팀은 자체의 운영방식에 대해 일상적으로 점검할 필요가 있다. '지속적인 개선'과 '전향적 관리'는 효과적인 팀의 운영원리이다. 따라서 만약 업무 수행에 문제가 발생하더라도 심각한 상태가 되기 전에 해결할 수 있다.

2) 팔로워십의 의미

(1) 팔로워십의 개념

리더십(leadership)과 팔로워십(followership)의 두 개념은 상호 보완적이며 필수적인 관계이다. 좋은 리더가 나쁜 팔로워를 만나면 좋은 리더가 나빠질 수 있고, 나쁜 리더가 좋은 팔로워를 만나면 나쁜 리더가 좋은 리더가 될 수도 있음을 상기하여야 한다. 결국 어떠한 리더를 만나더라도 팔로워로서 해야 할 역할을 정확히 인식하는 것이 중요하다.

리더십과 팔로워십은 서로 다른 개념이며 각각의 역할을 가지고 있다. 그러나 두 개념은 독립적인 관계가 아니라 상호 보완적이며 필수적인 존재이다. 두 역할 모두가 성공을 거둘 수도 있고, 실패할 수도 있다. 조직이 성공을 거두려면 양자가 최고의 기량을 발휘해야만 한다. 즉, 리더십을 잘 발휘하는 탁월한 리더와 팔로워십을 잘 발휘하는 탁월한 팔로워, 둘 다 있어야만 한다.

팔로워십이란 리더십과 비교개념으로 사용된다. 리더십이 상사가 부하에게 영향력을 행사하는 과정이라면 팔로워십은 부하로서 바람직한 특성과 행동을 의미한다. 일반적으로 건강한 부하는 상사가 바람직한 리더십을 발휘하도록 유도하고 지원해야 하며, 상사에 대한 동의뿐만 아니라 건전한 비판도 함께 해야 한다. 그렇기 때문에 팔로워들은 헌신, 전문성, 용기, 정직하고 현명한 평가 능력이 있어야 한다. 팔로워들은 융화력이 있어야 하고 겸손함이 있어야 하며, 리더의 결점이 보일 때도 덮어주는 아량이 있어야 한다. 팔로워십(followership)을 제대로 갖춘 집단만이 어떤 일을 성취해 낼 수 있다.

미국에서 실시한 조사에서 리더에게 가장 원하는 것은 정직, 비전과 강화력, 추진력인 데

비하여, 팔로워들에게 가장 원하는 것은 정직, 나의 부족함을 보충해 주는 포용력, 성실, 협동심 등이었다.

(2) 팔로워십의 유형

팔로워십 유형을 나누는 두 가지 축은 마인드를 나타내는 독립적 사고 축과 행동을 나타내는 적극적 실천 축이다. 이에 따라 팔로워십 유형은 수동형, 실무형, 소외형, 순응형 등으로 구분할 수 있으며, 각각의 특징은 [그림 5-1]과 〈표 5-2〉와 같다.

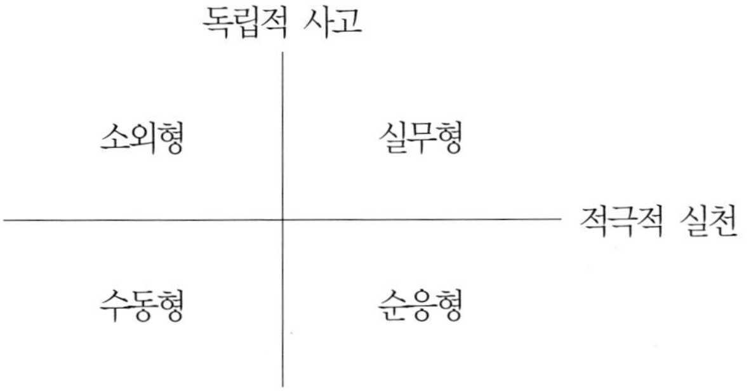

[그림 5-1] 팔로워십 유형 구분

〈표 5-2〉 팔로워십 유형별 특성

구분	소외형	순응형	실무형	수동형	주도형
자아상	• 자립적인 사람 • 일부러 반대 의견 제시 • 조직의 양심	• 기쁜 마음으로 과업 수행 • 팀플레이를 함 • 리더나 조직을 믿고 헌신함	• 조직의 운영 방침에 민감 • 사건을 균형 잡힌 시각으로 봄 • 규정과 규칙에 따라 행동함	• 판단 사고를 리더에 의존 • 지시가 있어야 행동	
동료/리더의 시각	• 냉소적 • 부정적 • 고집이 셈	• 아이디어가 없음 • 인기 없는 일은 하지 않음 • 조직을 위해 자신과 가족의 요구를 양보함	• 개인의 이익을 극대화하기 위한 흥정에 능함 • 적당한 열의와 평범한 수완으로 업무 수행	• 하는 일이 없음 • 제 몫을 하지 못함 • 업무 수행에는 감독이 반드시 필요	이상적 팔로워십 유형
조직에 대한 자신의 느낌	• 조직이 자신을 인정 안 해줌 • 적절한 보상이 없음 • 불공정하고 문제가 있음	• 기존 질서를 따르는 것이 중요 • 리더의 의견을 거스르기 어려움 • 획일적인 태도 행동에 익숙함	• 규정 준수 강조 • 명령과 계획의 빈번한 변경 • 리더와 부하 간의 비인간적 풍토	• 조직이 아이디어를 원치 않음 • 노력과 공헌해도 아무 소용 없음 • 리더는 항상 자기 마음대로 함	

소외형, 순응형, 실무형, 수동형 이외에 별도로 주도형이 우리가 추구하는 유형이라 할 수 있다. 주도형은 모범형이라고도 하며, 주도형 팔로워란 '조직과 팀의 목적 달성을 위해 독립적/ 혁신적으로 사고하고, 역할을 적극적으로 실천하는 사람'이다.

주도형 팔로워가 가지는 기본 특성을 두 가지 측면에서 설명하면, 첫째, 독립적/ 혁신적 사고 측면에서 스스로 생각하고 건설적 비판을 하며, 자기 나름의 개성이 있고 혁신적이며 창조적인 특성을 가진다. 둘째, 적극적 참여와 실천 측면에서 솔선수범하고 주인의식을 가지고 있으며, 적극적으로 참여하고 자발적이며, 기대 이상의 성과를 내려고 노력하는 특성을 가진다.

3) 팀워크 촉진 방법

팀을 보다 생산적으로 만들기 위해서는 많은 노력이 필요하다. 특히 팀워크를 촉진시키는 것은 매우 중요한데, 이를 위해서는 동료 피드백 장려하기, 갈등 해결하기, 창의력 조성을 위해 협력하기, 참여적으로 의사결정하기 등이 필요하다.

(1) 동료 피드백 장려하기

팀 목표를 달성하도록 팀원을 고무시키는 환경을 조성하기 위해서는 동료 피드백이 필요하다. 긍정이든 부정이든, 피드백이 없다면 팀원들은 개선을 이루거나 탁월한 성과를 내고자 하는 노력을 게을리하게 된다.

동료 피드백을 장려하는 데 도움이 되는 4단계 과정을 제안하면 다음과 같다.

- 1단계 : 간단하고 분명한 목표와 우선순위를 설정하라.
- 2단계 : 행동과 수행을 관찰하라.
- 3단계 : 즉각적인 피드백을 제공하라.
- 4단계 : 뛰어난 수행성과에 대해 인정해 주어라.

(2) 갈등 해결하기

성공적으로 운영되는 팀은 갈등 해결에 능숙하다. 효과적인 갈등 관리로 혼란과 내분을 방지하고 팀 진전 과정에서의 방해요소를 미리 없앤다. 의견의 불일치를 바로 해소하지 않으면, 갈등은 시간이 지남에 따라 증폭되고, 팀 풍토는 허약해질 것이다. 팀원 사이의 갈등을 발견하게 되면, 갈등을 일으키고 있는 구성원과의 비공개적인 미팅을 통해, 그들 각자에게 다음과 같은 질문을 하고 의견을 교환하면 갈등 해결에 매우 도움이 될 것이다.

- 내가 보기에 상대방이 꼭 해야 하는 행동은 무엇인가?
- 상대방이 보기에 내가 꼭 해야 하는 행동은 무엇인가?
- 내가 보기에 내가 꼭 해야 하는 행동은 무엇인가?
- 상대방이 보기에 스스로 꼭 해야 하는 행동은 무엇인가?

(3) 창의력 조성을 위해 협력하기

성공적인 팀워크를 위해서는 언제나 협력이 필요하다. 모든 팀원이 협력하여 일할 때 창의적인 아이디어가 넘쳐나며 이에 따라 혁신적인 발전도 이루어진다. 아이디어에 대해 아무런 제약을 가하지 않는 환경을 조성할 때 협력적인 분위기를 조성할 수 있다. 이러한 분위기 아래서는 다른 관점을 가진 다양한 아이디어들이 자유롭게 제시되고, 어느 누구도 이의를 제기하지 않는다. 이렇게 열린 분위기에서는 팀원 모두가 적극적이고 활기찬 모습을 갖게 된다. 협력을 장려하는 환경을 조성하기 위한 몇 가지 비결을 살펴보면 다음과 같다.

- 팀원의 말에 흥미를 가지고 대하라.
- 상식에서 벗어난 아이디어에 대해 비판하지 말라.
- 모든 아이디어를 기록하라.
- 아이디어를 개발하도록 팀원을 고무시켜라.
- 많은 양의 아이디어를 요구하라.
- 침묵을 지키는 것을 존중하라.
- 관점을 바꿔 보라.
- 일상적인 일에서 벗어나 보라.

(4) 참여적으로 의사결정하기

의사결정을 내릴 수 있다는 것은 임파워먼트(empowerment)를 발휘한다는 것을 의미한다. 임파워먼트는 일반적으로 리더가 업무 수행에 필요한 책임과 권한, 자원에 대한 통제력 등을 부하에게 배분 또는 공유하는 과정이다. 조직이 점차 수평화되고 중간관리층이 줄어들면서 임파워먼트의 중요성은 커지고 있다. 그렇기 때문에 참여적 의사결정은 개인에게 책임과 권한을 부여하고, 더 나아가 자신 있게 미래를 만들어 갈 수 있는 기회를 제공한다. 어떠한 팀에서든 의사결정은 내려지게 마련이며, 의사결정을 내리는 사람은 팀을 통제한다. 훌륭한 의사결정을 내리기 위해서는 다음의 두 가지 측면을 고려해야 한다.

① 의사결정의 질

양질의 의사결정은 올바른 추론에 의해 뒷받침되는 논리적인 결정이다. 양질의 의사결정을 내리기 위해서는 다음의 질문들을 고려해야 한다.

- 쟁점의 모든 측면을 다루었는가?
- 모든 팀원과 협의하였는가?
- 추가 정보나 조언을 얻기 위해 팀 외부와 협의할 필요가 있는가?

② 구성원 동참

모든 팀원의 지지를 받는 결정은 팀원의 동참을 이끌어낸다. 의사결정에 대해 팀원들의 찬동을 얻기 위해서는 다음의 질문을 고려해야 한다.

- 모든 팀원이 의사결정에 동의하는가?
- 팀원들은 의사결정을 실행함에 있어서 각자의 역할을 이해하고 있는가?
- 팀원들은 의사결정을 열정적으로 실행하고자 하는가?

3 리더십능력

리더십이 신비롭고 무언가 특별한 것이라는 생각은 잘못된 것이다. 리더십은 카리스마와는 아무 관련이 없으며, 타고난 성격과도 무관하다. 또한 선택받은 소수만이 가질 수 있는 특권도 아니다. 조직을 둘러싸고 있는 다양한 기능들을 효율적으로 다루기 위한 것이 관리라면, 리더십은 변화에 대처하는 것이다.

1) 리더십의 의미 및 유형

과거에는 상사가 하급자에게 리더십을 발휘하는 수직적 형태를 띠었다. 그러나 오늘날은 리더십이 전방위적으로 발휘된다. 즉, 상사가 하급자에게 발휘하는 형태뿐 아니라 조직원이 동료나 상사에게까지도 발휘하는 형태인 것이다. 오늘날처럼 변화의 속도가 빠른 시기에는 각자의 위치에서 각각 신속하고 효율적인 의사결정을 내려야 하기 때문에 개개인마다 별도의 주체적인 리더십이 필요하다.

(1) 리더십의 정의

리더십에 대해 정확히 규정된 정의는 없다. 하지만 리더십에 대한 공통된 특성을 이해하는 위해 리더십에 대한 일반적인 정의나 개념을 살펴보면 다음과 같다.

- 조직 구성원들로 하여금 조직목표를 위해 자발적으로 노력하도록 영향을 주는 행위
- 목표달성을 위하여 어떤 사람이 다른 사람에게 영향을 주는 행위
- 주어진 상황 내에서 목표 달성을 위해 개인 또는 집단에 영향력을 행사하는 과정
- 자신의 주장을 소신 있게 나타내고 다른 사람들을 격려하는 힘

이처럼 리더십의 의미는 매우 다양하다.

'리더'라고 하면 은연중에 그 대답 속에 어떤 직위가 있어야 한다고도 생각할 수 있다. 그러나 리더는 반드시 직위를 수반하는 것은 아니다. 직급에 따라 요구하는 리더십 역량이 다를

뿐이다. 본서에서는 리더를 리더십을 가진 사람으로, '리더십'은 '조직의 공통된 목표 달성을 위하여 개인이 조직원들에게 영향을 미치는 과정'으로 정의하겠다.

(2) 리더십의 유형

일반적으로 리더십 유형은 크게 독재자 유형, 민주주의에 근접한 유형, 파트너십 유형, 변혁적 유형 등 크게 네 가지로 구분할 수 있다.

① 독재자 유형

지금까지 살아오면서 강력한 독재자를 만나본 경험이 있을 것이다. 그 어원이 정치학에서 비롯되었듯이, 독재자 유형은 정책 의사결정과 대부분의 핵심 정보를 그들 스스로에게만 국한하여 소유하고 고수하려는 경향이 있다. 전형적인 독재자 유형의 특징은 다음과 같다.

- 질문은 금지
- 모든 정보는 내 것
- 실수를 용납하지 않음

독재자 유형은 특히 집단이 통제가 없이 방만한 상태에 있을 때 혹은 가시적인 성과물이 보이지 않을 때 사용한다면 효과적일 수 있다. 이러한 경우 독재자 유형의 리더는 팀원에게 업무를 공정히 나누어 주고, 그들 스스로가 결과에 대한 책임을 져야 한다는 것을 일깨울 수 있다.

② 민주주의에 근접한 유형

민주주의에 근접한 유형은 독재자 유형보다 관대한 편이다. 리더는 그룹에 정보를 잘 전달하려고 노력하고, 전체 그룹의 구성원 모두를 목표 방향 설정에 참여하게 함으로써 구성원들에게 확신을 심어주려고 노력한다. 민주주의에 근접한 유형의 특징은 다음과 같다.

- **참여** : 팀원들이 비즈니스의 모든 방면에 참여시킴
- **토론의 장려** : 팀원들을 토론에 참여하도록 장려

- **거부권** : 최종결정권은 리더만, 팀원의 결정을 거부

민주주의에 근접한 방식은 당신이 혁신적이고 탁월한 직원들을 거느리고 있고, 또 그러한 방향을 계속 지향할 때 가장 효과적이다. 리더에게는 옳고 그름을 결정할 책임이 있다.

③ 파트너십 유형

파트너십은 위에서 논의한 리더십 형태와 다른 형태의 리더십이다. 독재자 유형과 민주주의에 근접한 유형은 리더와 집단 구성원 사이에 명확한 구분이 있다. 하지만 파트너십에서는 그러한 구분이 희미하고, 리더가 조직에서 한 구성원이 되기도 한다.

파트너십 유형의 특징은 다음과 같다.

- **평등** : 리더와 구성원 간의 평등
- **집단의 비전** : 모든 구성원은 의사결정 및 팀의 방향설정에 참여
- **책임 공유** : 모든 구성원은 집단의 결과 및 성과에 대해 책임을 공유

파트너십 유형은 소규모 조직이나 성숙한 조직에서 풍부한 경험과 재능을 소유한 개개인들에게 적합하다. 신뢰와 정직, 구성원들의 능력에 대한 믿음이 파트너십 유형의 핵심요소이다.

④ 변혁적 유형

변혁적 유형의 리더는 개개인과 팀이 유지해 온 이제까지의 업무 수행 상태를 뛰어넘고자 한다. 변혁적 리더는 전체 조직이나 팀원들에게 변화를 가져오는 원동력이다. 변혁적 유형의 특징은 다음과 같다.

- 카리스마
- 자기 확신
- 존경심과 충성심
- 풍부한 칭찬
- 감화

2) 리더십 역량 강화 : 동기부여 및 임파워먼트

조직원들은 누구나 자신의 이익과 목표를 실현하고자 하는 욕망에서 프로젝트 완수의 동기를 얻는다. 즉, 조직원들은 자신의 욕망(재미, 성취감, 자존심, 권력, 존경, 인정 등)을 실현하고자 프로젝트에 최선을 다하는 것이다.

따라서 리더는 조직원들이 금전적인 보상이나 편익, 승진에 의해서만 동기를 부여받을 것이라는 단순한 생각으로 그들을 대해서는 안 된다. 물론 이러한 외적인 동기유발은 일시적으로 효과를 낼 수도 있다. 하지만 대인관계에서 이러한 전술은 전혀 먹혀들지 않는다. 조직원들이 지속적으로 자신의 잠재력을 발휘하도록 만들기 위해서는 외적인 동기유발 그 이상을 제공해야 한다.

(1) 동기부여

조직원들은 돈이나 편익 등 외적 보상이 아닌, 자기 내면의 순수한 욕망에 의한 동기, 즉 내적 동기를 유발시킬 수 있는 방법을 제안하면 다음과 같다.

① 긍정적 강화법을 활용한다.

목표 달성을 높이 평가하여 조직원에게 곧바로 보상하는 행위를 '긍정적 강화'라고 한다. 높은 성과를 달성한 조직원에게는 곧바로 따뜻한 말이나 칭찬으로 보상해 주는 것이 필요하다.

② 새로운 도전의 기회를 부여한다.

환경 변화에 따라 조직원들에게 새로운 업무를 맡을 기회를 준다면, 팀에는 발전과 창조성을 고무하는 분위기가 자연스럽게 조성된다. 즉, 조직원들은 매일 해왔던 업무와 전혀 다른 일을 처리하면서 새로운 도전이 주는 자극과 스릴감을 톡톡히 맛볼 것이다. 나아가 자신의 능력을 인정받았다는 뿌듯함과 성취감을 느끼며, 권한을 가지게 되었다고도 생각한다.

③ 창의적인 문제해결법을 찾는다.

직업생활 중 자유롭게 의사결정을 하지 못하고 자신의 소신대로 업무를 진행하지 못할 경우, 조직원들은 자칫 피해의식에 사로잡혀 사사건건 다른 조직원들을 비난할 수도 있다. 창의적인 문제해결법은 조직원들이 자신의 실수나 잘못에 대해 스스로 책임지도록 동기를 부여한다. 리더는 조직원이 문제를 해결하도록 지도하고 개입할 수는 있지만, 실질적인 해결책만큼은 조직원 스스로 찾도록 분위기를 조성해 주는 것이 바람직하다.

④ 자신의 역할과 행동에 책임감을 갖는다.

자신의 잘못에 대한 책임을 다른 직원에게 전가하는 팀원처럼 리더를 화나게 하고 좌절하게 하는 것은 없다. 팀원들이 자신의 업무에 책임을 지도록 하는 환경 속에서 일하는 팀원들은 오히려 자신의 위치에서 안정감을 느낄 뿐 아니라, 자신이 의미 있는 일을 하고 있다는 긍지를 가진다.

⑤ 코칭을 한다.

일반적으로 코칭은 문제 및 진척 상황을 팀원들과 함께 자세하게 살피고 지원을 아끼지 않으며, 지도 및 격려하는 활동을 의미한다. 직원들을 코칭하는 리더는 팀원 자신이 권한과 목적의식을 가지고 있는 중요한 사람이라는 사실을 느낄 수 있도록 이끌어 주어야 한다. 또한 팀원들이 자신만의 장점과 성공 전략을 활용할 수 있도록 적극적으로 도와야 할 것이다.

⑥ 변화를 두려워하지 않는다.

변화에 대한 두려움은 리더나 팀원을 정신적 고통에 직면하게 할 수 있다. 그럼에도 불구하고 리더는 팀원이 더욱 높은 목표를 향해 나아가도록 격려해야 한다. 위험을 감수해야 할 이유가 합리적이고 목표가 실현 가능한 것이라면 직원들은 기꺼이 변화를 향해 나아갈 것이며, 위험을 선택한 자신에게 자긍심을 가지며 좋은 결과를 이끌어내고자 지속적으로 노력할 것이다.

⑦ 지속적으로 교육한다.

리더는 직원들에게 지속적인 교육과 성장의 기회를 제공함으로써 직원 자신이 상사로부터 충분히 인정받고 있으며 일부 권한을 위임받았다고 느낄 수 있도록 동기를 부여해야 한다. 팀원 개개인이 자신의 능력에 확신을 가진다면 팀의 업무 성과가 몰라보게 좋아진다. 리더가 명확한 지침을 제공하고 적절한 교육을 하며 필요한 자원을 아낌없이 지원해 줄 때 직원들은 직업 생활을 성공적으로 해나간다.

모든 종류의 동기부여가 그 나름의 효과가 있겠지만, 처벌을 기반으로 한 동기부여는 여러 가지 문제를 낳을 수 있다. 처벌을 기반으로 한 동기부여를 받은 사람은 장기적으로는 심각한 한계상황을 초래하게 된다. 공포 분위기가 단기적으로는 동기유발제의 역할을 할 수도 있지만, 공포의 리더십은 결국 실패하고 만다. 이와 반대로 칭찬과 격려 속에서 긍정적인 동기부여를 받은 직원들은 업무에 열의를 가지고 더욱더 노력하게 되므로 더 큰 성과를 얻게 된다.

(2) 임파워먼트

리더십의 핵심 개념 중 하나는 '임파워먼트(empowerment)', 즉 '권한 위임'이라고 할 수 있다. 직원들에게 일정 권한을 위임함으로써 훨씬 수월하게 성공의 목표를 이룰 수 있을뿐더러 존경받는 리더로 거듭날 수 있다. 자신의 능력을 인정받아 권한을 위임받았다고 인식하는 순간부터 직원들의 업무효율성은 높아지게 마련이지만, 안타까운 점은 많은 리더들이 직원들에게 권한을 위임하지 않는다는 것이다. 임파워먼트(empowerment)란 '조직성원들을 신뢰하고 그들의 잠재력을 믿으며, 그 잠재력의 개발을 통해 고성과 조직이 되도록 하는 일련의 행위'로 정의할 수 있다.

① 임파워먼트의 이점

성공적인 리더들은 단순한 임파워먼트를 해주거나 시행하지 않는다. 대신 그들은 임파워먼트가 성장할 수 있는 여건을 조성한다. 리더와 그를 따르는 사람들 모두에 의해 임파워먼트가 일어날 수 있는 문화가 조성되면, 임파워먼트는 조직의 모든 사람들로부터 시너지적이고 창조적인 에너지를 끌어낸다. 임파워먼트를 하면 생산성이 향상되고 사람들의 좋은 기회에 대한 큰 기대를 하게 되며 진보적이고 성공적인 조직을 만들 수 있게 된다. 임파워먼트가 잘 되어 고성과 조직이 되면 구성원 개인은 다음과 같은 긍정적인 인식을 갖게 된다.

- 나는 매우 중요한 일을 하고 있으며, 이 일은 다른 일보다 훨씬 중요한 일이다.
- 일의 과정과 결과에 나의 영향력이 크게 작용했다.
- 나는 정말로 도전하고 있고 계속 성장하고 있다.
- 우리 조직에서는 아이디어가 존중되고 있다.
- 내가 하는 일은 항상 재미가 있다.

- 우리 조직 구성원들 모두 대단한 사람들이며, 다 같이 협력해서 승리하고 있다.

② 임파워먼트의 충족 기준

진정한 임파워먼트는 혁신성과 자발성을 이끌어 내고 조직 전체의 목적에 헌신하도록 유도함으로써 방향감과 질서의식을 실제로 창출하게 한다. 대부분의 조직에 있어서 장기적으로 효과성을 극대화하려면 임파워먼트를 극대화해야 하는데, 진정한 임파워먼트를 위해서는 다음의 세 가지 기준이 반드시 충족되어야 한다.

- 여건의 조성
- 재능과 에너지의 극대화
- 명확하고 의미 있는 목적에 초점

③ 임파워먼트의 여건

임파워먼트 여건은 사람들을 성장하게 하고, 사람들의 의미 있는 목적을 성취하기 위해 그들이 가진 잠재력과 창의성을 최대한 발휘하게 하고, 이해당사자들의 욕구를 충족시키거나 능가하게까지 한다. 그러나 반(反) 임파워먼트 환경은 사람들이 현상을 유지하고 순응하게 만드는 경향이 있다. 높은 성과를 내는 임파워먼트 환경의 특징을 살펴보면 다음과 같다.

- 도전적이고 흥미 있는 일
- 학습과 성장의 기회
- 높은 성과와 지속적인 개선을 가져오는 요인들에 대한 통제
- 성과에 대한 지식
- 긍정적인 인간관계
- 개인들이 공헌하며 만족한다는 느낌
- 상부로부터의 지원

④ 임파워먼트의 장애요인

리더는 임파워먼트에 장애가 되는 요인들에 대하여 알고 대처할 수 있어야 하는데, 다음과 같은 네 가지 차원의 장애요인을 살펴볼 수 있다.

- **개인 차원** : 주어진 일을 해내는 역량의 결여, 동기의 결여, 결의의 부족, 책임감 부족, 의존성
- **대인 차원** : 다른 사람과의 성실성 결여, 약속 불이행, 성과를 제한하는 조직의 규범, 갈등처리 능력 부족, 승패의 태도
- **관리 차원** : 통제적 리더십 스타일, 효과적 리더십 발휘 능력 결여, 경험 부족, 정책 및 기획의 실행 능력 결여, 비전의 효과적 전달능력 결여
- **조직 차원** : 공감대 형성이 없는 구조와 시스템, 제한된 정책과 절차

3) 변화관리 방법

세상은 끊임없이 변화하고 있다. 조직의 구성원으로서 이러한 변화에 효과적으로 대처하고 변화를 관리하는 방법에는 어떠한 것들이 있는지 살펴보자.

(1) 비즈니스와 직업세계에서 맞이하는 변화에 효과적으로 대처하는 전략

① 우리의 생각을 명확히 할 '다섯 가지 행동의 선택'에 관한 질문을 활용하라.
- 우리가 이 변화를 활용해야 할 이유는 무엇인가?
- 이 변화는 언제 일어날 것인가?
- 어떻게 이 변화를 다룰 것인가?
- 다른 사람에게 이 변화는 무엇을 의미하는가?
- 이 변화는 어떤 사람에게 영향을 미치는가?

② 변화에 대처하는 속도를 높여라.

③ 신속히 의사결정을 하라.

④ 업무를 혁신하라.

⑤ 자기 자신을 책임져라.

⑥ 상황을 올바로 파악해 제어할 수 있고 타협할 수 있는 부분을 정해라.

⑦ 가치를 추구하라.

⑧ 고객 서비스 기법을 연마하라.

⑨ 빠른 변화 속에서 자신을 재충전할 시간과 장소를 마련하라.

⑩ 스트레스를 해소하라.

⑪ 의사소통을 통해 목표와 역할, 직원에 대한 기대를 명확히 하라.

⑫ 주변 환경의 변화에 주목하라.

(2) 효과적인 변화관리를 하기 위한 과정

① 변화관리 1단계 : 변화를 이해하라.

- 변화가 왜 필요한가?
- 무엇이 변화를 일으키는가?
- 변화는 모두 좋은 것인가?

② 변화관리 2단계 : 변화를 인식하라.

- 개방적인 분위기를 조성한다.
- 객관적인 자세를 유지한다.
- 구성원의 감정을 세심하게 살핀다.
- 변화의 긍정적인 면을 강조한다.
- 변화에 적응할 시간을 준다.

③ 변화관리 3단계 : 변화를 수용하라.

- 변화를 받아들이도록 이끈다.

4 갈등관리능력

조직에는 다양한 구성원들이 모였기 때문에 공통된 목표를 달성해 나가는 과정에서 갈등은 존재할 수밖에 없다. 갈등이 해결되지 않고 방치된다면 조직의 발전을 저해할 수 있지만, 잘 관리한다면 합리적인 의사결정을 이끌어낼 수 있다. 갈등의 원인을 파악하고, 갈등의 영향을 받은 조직원들과 함께 문제를 능동적으로 해결하기 위해서는 갈등관리능력의 함양이 필수적이다.

1) 갈등의 의미와 원인

조직에는 다양한 구성원들이 모였기 때문에 공통된 목표를 달성해 나가는 과정에서 갈등은 불가피하게 발생한다. 그러나 그 결과가 항상 부정적인 것만은 아니다. 갈등은 우리에게 새로운 해결책을 마련해 주는 기회를 제공한다. 갈등이나 의견의 불일치는 불가피하며 본래부터 좋거나 나쁜 것이 아니라는 점을 인식하는 것이 중요하다.

(1) 갈등의 개념

갈등(conflict)의 어원은 라틴어의 콘피게레(configere)인데, 이것은 '함께'라는 의미의 콘(con)과 '충돌이나 다툼'을 의미하는 피게레(figere)가 합쳐진 합성어로 개인이나 집단 간에 서로 충돌한다는 뜻을 가지고 있다. 일반적으로 조직을 구성하는 개인과 집단, 조직 간에 잠재적 또는 현재적으로 대립하고 마찰하는 사회적 · 심리적 상태를 말한다.

(2) 갈등의 원인

갈등을 즉각적으로 다루지 않는다면 나중에는 곪아터진다. 그렇게 되면, 갈등은 팀 성공을 저해하는 강력한 장애물이 될 것이다. 먼저 조직 내에 갈등이 존재하는지를 파악하고 깨닫는 일이 중요하다. 다음으로는 갈등을 관리하고 해소하는 방법을 보다 잘 이해하기 위해서 갈등을 증폭시키는 원인이 무엇인지 알 필요가 있다.

① 갈등의 단서

- 지나치게 감정적으로 논평과 제안을 한다.
- 타인의 의견발표가 끝나기도 전에 타인의 의견에 대해 공격한다.
- 핵심을 이해하지 못한 것에 대해 서로 비난한다.
- 편을 가르고 타협하기를 거부한다.
- 개인적인 수준에서 미묘한 방식으로 서로를 공격한다.

② 갈등의 증폭

- 적대적 행동 : 문제해결보다 자신의 승리를 원한다.

- **입장 고수** : 자신의 입장만을 고수한다.
- **감정적 관여** : 자신의 입장에 감정적으로 묶인다.

2) 갈등의 쟁점 및 유형

갈등을 효과적으로 해결하기 위해서는 갈등을 차근차근 탐색하여야 한다. 갈등은 대개 핵심적인 문제나 감정적인 문제들에서 생겨나게 된다.

(1) 갈등의 쟁점

모든 갈등에는 두 가지 쟁점들이 서로 중복되거나 교차한다. 그것은 핵심문제와 감정적 문제로 이를 구분해 보면 다음 〈표 5-3〉과 같다. 핵심적인 문제들은 대부분 갈등의 밑바닥에 깔려 있는 반면에, 감정적인 문제들은 갈등을 복잡하게 만든다. 갈등을 해결하기 위해서는 핵심적인 문제부터 해결해야 한다.

〈표 5-3〉 **갈등의 두 가지 쟁점**

핵심 문제	감정적 문제
• 역할 모호성 • 방법에 대한 불일치 • 목표에 대한 불일치 • 절차에 대한 불일치 • 책임에 대한 불일치 • 가치에 대한 불일치 • 사실에 대한 불일치	• 공존할 수 없는 개인적 스타일 • 통제나 권력 확보를 위한 싸움 • 자존심에 대한 위협 • 질투 • 분노

(2) 갈등의 유형

갈등에는 두 가지 유형이 있다. 두 가지를 명확히 구별하고 그 유형들을 각기 독립적으로 다루면, 문제를 훨씬 수월하게 해결할 수 있다.

① 불필요한 갈등

개개인이 저마다 문제를 다르게 인식하거나 정보가 부족한 경우, 편견 때문에 발생한 의견 불일치로 적대적 감정이 생길 때 불필요한 갈등이 일어난다. 당신이 중요하게 생각하는 문제가 타인으로 인해 해결되지 못한다는 생각이 들 때, 불필요한 갈등이 야기된다. 갈등의 원인을 먼저 확인하고 해결할 방법을 결정한 다음, 상황을 어떻게 마무리할 것인가를 정한다.

② 해결할 수 있는 갈등

목표와 욕망, 가치, 문제를 바라보는 시각과 이해하는 시각이 다를 경우에 일어날 수 있는 갈등이다. 이러한 갈등은 상대를 먼저 이해하고, 서로가 원하는 것을 만족시켜 주면 저절로 해결된다. 두 사람이 정반대되는 욕구나 목표, 가치, 이해에 놓였을 때는 해결 가능한 갈등이 일어난다.

(3) 갈등의 과정

갈등은 한순간에 발생하여 끝나는 것이 아니다. 사소한 문제라고 생각했던 것이 생각지않게 큰 문제가 되어 어려움을 겪기도 한다. 갈등의 과정은 다음과 같이 몇 가지 단계를 거치면서 진행된다.

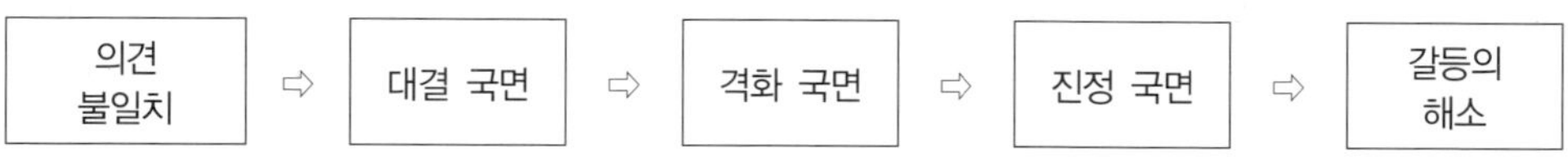

[그림 5-2] **갈등의 과정**

3) 갈등해결 방안

갈등을 효과적으로 해결하기 위해서는 각자의 입장을 탐색하고 의사소통 채널을 개방하며, 다른 사람들을 참여시키는 것이 중요하다. 특히 갈등을 성공적으로 해결하기 위해서는 쟁점의 양 측면을 모두 이해하는 것이 중요하다.

(1) 갈등해결 유형

다양한 갈등 상황에서 이를 해결하는 방법은 다섯 가지 유형으로 구분해 볼 수 있다.

① 회피형(avoiding)

자신과 상대방에 대한 관심이 모두 낮은 경우로서, 갈등 상황에 대하여 상황이 나아질때까지 문제를 덮어두거나 위협적인 상황에서 피하고자 하는 경우를 말한다. 회피형은 개인의 갈등상황으로부터 철회 또는 회피하는 것으로, 상대방의 욕구와 본인의 욕구를 모두 만족시킬 수 없게 된다. 이 전략은 '나도 지고 너도 지는 방법(I lose-You lose)'이라고도 한다.

② 경쟁형(competing)

지배형(dominating)이라고도 하는데, 자신에 대한 관심은 높고 상대방에 대한 관심은 낮은 경우로서 '나는 이기고 너는 지는 방법(I win-You lose)'을 말한다. 경쟁형은 상대방의 목표 달성을 희생시키면서 자신의 목표를 이루기 위해 전력을 다하는 전략이다. 이 방법은 제로섬(zerosum) 개념을 의미한다.

③ 수용형(accomodating)

자신에 대한 관심은 낮고 상대방에 대한 관심은 높은 경우로서 '나는 지고 너는 이기는 방법(I lose-You win)'을 말한다. 이 방법은 상대방의 관심을 충족하기 위하여 자신의 관심이나 요구는 희생함으로써 상대방의 의지에 따르는 경향을 보인다. 이 방법은 상대방이 거친 요구를 해오는 경우에 전형적으로 나타나는 반응이다.

④ 타협형(compromising)

자신에 대한 관심과 상대방에 대한 관심이 중간 정도인 경우로서, 서로가 받아들일 수 있는 결정을 하기 위하여 타협적으로 주고받는 방식(give and take)을 말한다. 즉, 갈등 당사자들이 반대의 끝에서 시작하여 중간 정도 지점에서 타협하여 해결점을 찾는 것이다. 갈등 당사자 간에 불신이 클 때에는 실패하는 방법이다.

⑤ 통합형(integrating)

협력형(collaborating)이라고도 하는데, 자신은 물론 상대방에 대한 관심이 모두 높은 경우로서 '나도 이기고 너도 이기는 방법(win-win)'을 말한다. 이 방법은 문제해결을 위하여 서로 간에 정보를 교환하면서 모두의 목표를 달성할 수 있는 윈-윈 해법을 찾는다. 아울러 서로의 차이를 인정하고 배려하는 신뢰감과 공개적인 대화를 필요로 한다. 통합형이 가장 바람직한 갈등 해결 유형이라 할 수 있다.

(2) 갈등해결 모델

팀에서 특정한 모델을 사용하기로 동의하면, 사람들은 어떻게 상호작용이 진행될지 예상할 수 있다. 이미 합의된 절차를 취하기로 한 것이기에, 생소함에서 오는 두려움은 줄어든다. 이때 각 단계마다 발생하는 문제만 잘 처리하면 된다.

- 1단계 : 충실한 사전 준비
  - 비판적인 패러다임 전환
  - 자신의 위치와 관심사 확인
  - 상대방의 입장과 드러내지 않은 관심사 연구
- 2단계 : 긍정적인 접근 방식
  - 상대방이 필요로 하는 것에 대해 생각해 보았다는 점을 인정
  - 자신의 '윈-윈 의도' 명시
  - 윈-윈 절차, 즉 협동적인 절차에 임할 자세가 되어 있는지 알아보기
- 3단계 : 두 사람의 입장을 명확히 하기
  - 동의하는 부분 인정하기
  - 기본적으로 다른 부분 인정하기
  - 자신이 이해한 바를 점검하기
- 4단계 : 윈-윈에 기초한 기준에 동의하기
  - 상대방에게 중요한 기준을 명확히 하기
  - 자신에게 어떠한 기준이 중요한지 말하기
- 5단계 : 몇 가지 해결책을 생각해 내기
- 6단계 : 몇 가지 해결책 평가하기
- 7단계 : 최종 해결책을 선택하고, 실행하는 것에 동의하기

5 협상능력

협상은 시 · 공간을 초월하여 끊임없이 발생하고 있으며, 가정에서, 회사에서, 정부에서 또는 국가에서 어느 시간, 어느 공간에서도 전개될 수 있다. 특히 수직적인 조직 문화가 수평적인 조직 문화로 변화해 가는 과정에서 우리는 크고 작은 여러 의사결정을 내려야 한다. 이때 협상능력의 함양은 효과적인 의사결정을 위해 필수적이다.

1) 협상의 의미

우리는 살아가면서 수많은 난관에 부딪히고 또 그것을 극복해 간다. 그리고 우리는 이러한 난관을 만날 때마다 좌절하지 않고, 이를 극복하기 위해 누군가와 논의를 하고, 해결책을 찾기 위해 많은 노력을 기울인다. 여기서 해결책을 찾는 노력, 즉 문제가 제시되면 해결책을 도출함으로써 극복하는 것이 바로 협상이다.

(1) 협상의 정의

'협상하다(negotiate)'라는 동사는 라틴어 'negtir'에 뿌리를 두고 있다. 여가를 뜻하는 'tir'라는 어근에 부정의 의미를 지닌 'neg'가 붙어 '여가가 아니다'라는 뜻을 담고 있다.

협상이란 둘 이상의 당사자가 갈등상태에 있는 쟁점에 대해서 합의를 찾기 위한 과정이라고 정의될 수 있다. 즉, 협상이란 둘 또는 셋 이상의 사람들이 갈등상태에 있는 어떤 쟁점에 대해서 주고받는 과정을 통해서 합의점을 찾아서 그 쟁점을 해결하기 위한 과정이다.

(2) 협상의 의미

협상의 의미는 크게 의사소통 차원, 갈등 해결 차원, 지식과 노력 차원, 의사결정 차원, 교섭 차원에서 살펴볼 수 있다.

① 의사소통 차원에서 볼 때, 협상이란 이해당사자들이 자신들의 욕구를 충족시키기 위해 상대방으로부터 최선의 것을 얻어내기 위해 상대방을 설득하는 커뮤니케이션 과정이

다. 즉, 협상이란 자신이 얻고자 하는 것 때문에 다른 사람들 또는 집단들과 갈등상태에 있을 때 그들을 설득하여 자신이 원하는 것을 쟁취하기 위한 일련의 커뮤니케이션 과정이라고 할 수 있다.

② 갈등 해결 차원에서 볼 때, 협상이란 갈등관계에 있는 이해당사자들이 대화를 통해서 갈등을 해결하고자 하는 상호작용 과정이다. 즉, 협상이란 개인, 조직 또는 국가가 가지고 있는 갈등의 문제를 해결하기 위해서 갈등관계에 있는 이해당사자들이 대화를 통해서 상반되는 이익은 조정하고 공통되는 이익을 증진시키는 상호작용 과정이라 할 수 있다.

③ 지식과 노력 차원에서 볼 때, 협상이란 우리가 얻고자 하는 것을 가진 사람의 호의를 얻어내기 위한 것에 관한 지식이며 노력의 분야이다. 즉, 협상이란 승진, 돈, 안전, 자유, 사랑, 지위, 명예, 정의, 애정 등 우리가 얻고자 원하는 것을 어떻게 다른 사람들보다 더 우월한 지위를 점유하면서 얻을 수 있을 것인가 등에 관련된 지식이며 노력의 장이라고 할 수있다.

④ 의사결정 차원에서 볼 때, 협상이란 둘 이상의 이해당사자들이 여러 대안들 가운데서 이해당사자들 모두가 수용 가능한 대안을 찾기 위한 의사결정 과정이라 할 수 있다. 또한 협상이란 공통적인 이익을 추구하나 서로 입장의 충돌 때문에 이해당사자들 모두에게 수용 가능한 이익의 조합을 찾으려는 개인, 조직 또는 국가의 상호작용 과정이라고 볼 수 있다.

⑤ 참여자들의 공통적인 의사결정을 필요로 하는 교섭 차원에서 볼 때, 협상이란 선호가 서로 다른 협상 당사자들이 합의에 도달하기 위해 공동으로 의사결정하는 과정이라고 할 수 있다.

2) 협상의 과정

협상이 이루어지기 위해서는 협상에 대비하여 준비를 해야 하고, 준비가 되면 실제로 협상을 진행하고, 협상이 종결된 후에는 협상된 내용이 잘 집행되고 있는지를 확인하고 추가적인 조치를 취해야 한다. 협상의 준비에서부터 집행에 이르기까지의 과정을 알아보자.

(1) 협상의 과정

협상과정은 연구관점에 따라 다양한 형태로 언급될 수 있다. 본서에서는 협상과정을 다음 [그림 5-3]과 같이 협상 시작, 상호 이해, 실질 이해, 해결 대안, 합의문서의 5단계로 구분해서 살펴보고자 한다.

협상 시작	• 협상당사자들 사이에 상호 친근감 쌓음 • 간접적인 방법으로 협상의사를 전달함 • 상대방의 협상의지를 확인함 • 협상진행을 위한 체제를 짬
↓	
상호 이해	• 갈등문제의 진행상황과 현재의 상황을 점검함 • 적극적으로 경청하고 자기주장을 제시함 • 협상을 위한 협상대상 안건을 결정함
↓	
실질 이해	• 겉으로 주장하는 것과 실제로 원하는 것을 구분하여 실제로 원하는 것을 찾아냄 • 분할과 통합 기법을 활용하여 이해관계를 분석함
↓	
해결 대안	• 협상 안건마다 대안들을 평가함 • 개발한 대안들을 평가함 • 최선의 대안에 대해서 합의하고 선택함 • 대안 이행을 위한 실행계획을 수립함
↓	
합의문서	• 합의문을 작성함 • 합의문상의 합의내용, 용어 등을 재점검함 • 합의문에 서명함

[그림 5-3] **협상의 과정**

(2) 협상의 실수와 대처방안

협상에서 주로 나타나는 7가지 실수와 그에 대한 효과적인 대처방안을 살펴보면 다음 〈표 5-4〉와 같다.

〈표 5-4〉 협상의 실수와 대처방안

협상의 실수	대처방안
준비되기도 전에 협상을 시작하는 것	상대방이 먼저 협상을 요구하거나 재촉하면 아직 준비가 덜 되었다고 솔직히 말한다. 그리고 그런 때를 상대방의 입장을 묻는 기회로 삼는다. 협상준비가 되지 않았을 때는 듣기만 한다.
잘못된 사람과의 협상	협상 상대가 협상에 대하여 책임을 질 수 있고 타결권한을 가지고 있는 사람인지 확인하고 협상을 시작한다. 상급자는 협상의 올바른 상대가 아니다. 최고책임자는 협상의 세부사항을 잘 모르기 때문이다.
특정 입장만 고집하는 것(입장협상)	협상에서 한계를 설정하고 그 다음 단계를 대안으로 제시한다. 상대방이 특정 입장만 내세우는 입장협상을 할 경우에는 조용히 그들의 준비를 도와주고 서로 의견을 교환하면서 상대의 마음을 열게 한다.
협상의 통제권을 잃을까 두려워하는 것	협상은 통제권을 확보하는 것이 아니라 함께 의견 차이를 조정하면서 최선의 해결책을 찾는 것이다. 통제권을 잃을까 염려되면 그 사람과의 협상 자체를 고려해 본다. 자신의 한계를 설정하고 그것을 고수하여 그런 염려를 하지 않게 된다.
설정한 목표와 한계에서 벗어나는 것	한계와 목표를 잃지 않도록 그것을 기록하고, 기록된 노트를 협상의 길잡이로 삼는다. 그러나 더 많은 것을 얻기 위해 한계와 목표를 바꾸기도 한다.
상대방에 대해서 너무 많은 염려를 하는 것	상대방이 원하는 것을 얻을까 너무 염려하지 말고, 협상을 타결 짓기 전에 자신과 상대방이 각기 만족할만한 결과를 얻었는지, 협상 결과가 현실적으로 효력이 있었는지, 모두 만족할 만한 상황이 되었는지 확인한다.
협상 타결에 초점을 맞추지 못하는 것	협상의 모든 단계에서 협상의 종결에 초점을 맞추고, 항상 종결을 염두에 둔다. 특정한 목적을 위해 협상을 하고 있기 때문에 목표가 가까이 왔을 때 쟁취하게 되는 것이다.

3) 협상전략의 종류

협상에 사용될 협상전략의 형태는 다양하다. 협상 당사자는 자신의 목적과 상대방의 목적, 그리고 상황적 요인에 따라 다양하게 협상 전략을 구사할 수 있다. 협상 과정에서 상대방을 설득하여 문제를 해결하는 일은 매우 중요하다. 직업생활 중 활용할 수 있는 협상전략과 설득기술에는 어떠한 것들이 있는지 알아보자.

(1) 협상전략

협상에 사용될 협상전략의 형태는 다양하다. 협상 당사자는 자신의 목적과 상대방의 목적 그리고 상황적 요인에 따라서 다양하게 협상전략을 구사할 수 있다.

① 협력전략(문제해결전략)

협력전략은 협상 참여자들이 협동과 통합으로 문제를 해결하고자 하는 협력적 문제 해결전략이다. 문제를 해결하는 합의에 이르기 위해서 협상 당사자들이 서로 협력하는 것이다. 협력적 문제해결은 'Win-Win'전략의 정신을 가지고 있다. 따라서 협상 당사자들은 자신들의 목적이나 우선순위에 대한 정보를 서로 교환하여 이를 통합하여 문제를 해결하고자 노력한다. 협력전략이 성공을 거두기 위해서는 협상 참여자들은 신뢰에 기반을 둔 협력을 진행해야 한다. 이를 신뢰적 협력전략이라고도 할 수 있다. 협력전략의 협상전술에는 협동적 원인탐색, 정보수집과 제공, 쟁점의 구체화, 대안 개발, 개발된 대안들에 대한 공동평가, 협동하여 최종안 선택 등이 있다.

② 유화전략(양보전략)

유화전략은 양보전략이며, 순응전략이며, 화해전략이며, 수용전략이며, 굴복전략이다. 상대방이 제시하는 것을 일방적으로 수용하여 협상의 가능성을 높이려는 전략이다. 유화전략은 'Lose-Win'전략이다. 즉, 당신의 승리를 위해서 나는 손해를 보아도 괜찮다는 전략인 'I Lose, You Win'전략이다. 유화전략은 협상으로 인해 돌아올 결과보다는 상대방과의 우호관계를 중시하며 그 우호관계를 지속하기 위해서 자신의 입장이나 이익보다는 상대방의 이익과 입장을 고려하여 상대방의 주장에 순순히 따르는 전략이다. 유화전략에 사용될 수 있는 전술에는 유화, 양보, 순응, 수용, 굴복, 요구사항의 철회 등이 있다.

③ 회피전략(무행동전략)

회피전략은 무행동전략이며, 협상 철수전략이다. 즉, 협상을 피하거나 잠정적으로 중단하거나 철수하는 전략이다. 회피전략은 'Lose-Lose'전략이다. 즉, 나도 손해 보고 상대방도 피해를 입게 되어 모두가 손해를 보게 되는 전략인 'I Lose, You Lose, We Lose'전략이다. 회피전략은 상대방에게 돌아갈 결과나 자신에게 돌아올 결과에 대해서 전혀 관심을 가지지 않을 때 사용할 수 있고, 자신이 얻게 되는 결과나 인간관계 모두에 대해서 관심이 없을 때 상대방과의 협상을 거절할 수 있다. 회피전략은 협상 상황이 자신에게 불리하게 전개되고 있을 때, 협상국면을 전환시키고자 할 때 사용할 수 있다. 회피전략의 전술에는 협상을 회피, 무시, 상대방의 도전에 대한 무반응, 협상안건을 타인에게 넘겨주기, 협상으로부터 철수 등이 있다.

④ 강압전략(경쟁전략)

강압전략은 공격적 전략이며 경쟁전략이다. 자신이 상대방보다 힘에 있어서 우위를 점유하고 있을 때 자신의 이익을 극대화하기 위한 공격적 전략이다. 상대방의 주장을 무시하고 자신의 힘으로 일방적으로 밀어붙여 상대방에게 자신의 입장을 강요하는 전략이다. 강압전략은 합의도출이 어렵다. 상대방에 비해 자신의 힘이 강하고, 상대방과의 인간관계가 나쁘고, 상대방에 대한 신뢰가 전혀 없을 때, 자신의 실질적 결과를 극대화하고자 할 때 강압전략이 사용될 수 있다. 강압전략이 사용될 수 있는 협상전술로는 위압적인 입장 천명, 협박과 위협, 협박적 설득, 확고한 입장에 대한 논쟁, 협박적 회유와 설득, 상대방 입장에 대한 강압적 설명요청 등이 있다.

(2) 설득전략

상대방을 자신이 의도하는 방향으로 움직이게 하기 위해서는 설득에도 전략이 필요하다. 협상의 목적을 성공적으로 달성할 수 있는 설득전략은 다음과 같다.

① See-Feel-Change 전략

'See'전략은 시각화하고 직접 보게 하여 이해시키는 전략이며, 'Feel'전략은 스스로가 느끼게 하여 감동시키는 전략이며, 'Change'전략은 변화시켜 설득에 성공한다는 전략이다.

② 상대방 이해 전략

협상 상대방을 설득하기 위해서는 설득에 장애가 되는 요인들을 척결해야 한다. 협상전략에 있어서 상대방 이해란 협상과정상의 갈등 해결을 위해서 상대방에 대한 이해가 선행되어 있으면 갈등 해결이 용이하다는 것이다.

③ 호혜 관계 형성 전략

호혜 관계란 협상 당사자 간에 어떤 혜택들을 주고받은 관계가 형성되어 있으면 그 협상 과정상의 갈등 해결에 용이하다는 것이다. 먼저 상대를 일단 빚진 상태로 만들면 된다. 즉, 먼저 무언가를 도와주면 된다. 사전에 호혜 관계를 잘 형성해 놓으면 차후에 어떤 정책을 추진할 때 다른 사람으로부터 협조를 잘 받아낼 수 있다.

④ 헌신과 일관성 전략

헌신과 일관성이란 협상 당사자 간에 기대하는 바에 일관성 있게 헌신적으로 부응하여 행동하게 되면 협상과정상의 갈등 해결이 용이하다는 것이다. 헌신과 일관성이란 상대방의 기대에 헌신적이고 일관성 있게 부응하여 행동하는 것이다. 이는 일종의 습관 같은 것으로 반복하다 보면 존재하지 않는 것도 존재하는 것처럼 착각해서 생기게 된다.

⑤ 사회적 입증 전략

사회적 입증이란 어떤 과학적인 논리보다도 동료를 비롯한 사람들의 말과 행동으로 상대방을 설득하는 것이 협상과정에서 생기는 갈등을 해결하기가 더 쉽다는 것이다.

사회적 입증이란 사람은 과학적 이론보다 자신의 동료나 이웃의 말이나 행동에 의해서 쉽게 설득된다는 것과 관련된 기술이다.

⑥ 연결 전략

연결이란 협상과정에서 갈등이 발생했을 때 그 갈등 문제와 갈등관리자를 연결하는 것이 아니라 그 갈등을 야기한 사람과 관리자를 연결하면 갈등 해결이 용이해진다는 것이다. 어떤 정책을 집행할 때 그 정책에 이해 관계를 가진 집단들에게 우호적인 사람으로 하여금 집행하게 하면 그 정책으로 인해 발생하는 갈등을 용이하게 해결할 수 있다는 것이다.

⑦ 권위 전략

권위란 직위나 전문성, 외모 등을 이용하면 협상과정에서 생기는 갈등의 해결에 도움이 될 수 있다는 것이다. 설득기술에 있어서 권위란 직위, 전문성, 외모 등에 의한 기술이다. 사람들은 비전문가보다 전문가의 말에 더 동조하게 된다. 전문성이 있는 사람이 그렇지 않은 사람보다 더 권위가 설득력이 있다.

⑧ 희소성 해결 전략

희소성이란 인적·물적 자원 등의 희소성을 해결하는 것이 협상과정에서 생기는 갈등의 해결에 용이하다는 것이다. 그러나 이 희소성의 문제는 그 희소한 것을 강력히 소유하고자 하는 사람 또는 집단들의 소유욕이 있을 때에 한해서 통용된다. 사람들은 희소한 것 등에 대해서 더 강력히 소유하고자 하는 큰 욕구를 가지고 있을 때 설득을 잘 당한다는 것이다.

⑨ 반항심 극복 전략

반항심이란 협상과정상의 갈등관리를 위해서 자신의 행동을 통제하려는 상대방에게 반항한다는 것에 관련된 것이다. '로미오와 줄리엣 효과'는 희소성과 반항심리를 잘 묘사하고 있다. 부모들의 반대가 심화되면 될수록 희소성이 더욱 강화되고 반항심을 더욱 자극하여 더 깊은 사랑에 빠지게 만들고 결국엔 파멸로 이어진다는 것이다.

6 고객서비스능력

요즘 고객들은 기업에 대한 만족의 조건으로 서비스를 매우 중요하게 생각한다. 그러므로 고객서비스는 기업의 생존을 위해 필수적이라고 할 수 있다. 고객서비스란 다양한 고객의 요구를 파악하고, 대응법을 마련하여 고객에게 양질의 서비스를 제공하는 것을 의미한다. 고객서비스를 통해서 기업이 성장을 이루는 과정은, 우선 고품위의 고객서비스를 제공하여 고객이 감동을 받으면 이로 인해 회사에 대한 충성도가 증가하게 된다. 결국 기업에 대한 선호도가 고객들 사이에 높아져 성장과 이익을 달성할 수 있는 것이다.

1) 고객서비스의 의미

서비스는 인간관계의 기본이자, 기업경영의 핵심요소이다. 요즘 고객들은 기업에 대한 만족의 조건으로 서비스를 매우 중요하게 생각한다. 이로 인해 오늘날 많은 기업들이 고객서비스를 주요 경쟁우위 수단으로 간주하고 '고객만족헌장'이나 '고객서비스헌장'을 정하고, 실천하기 위해 노력하고 있다.

(1) 고객서비스의 개념

고객서비스란 다양한 고객의 요구를 파악하고, 대응법을 마련하여 고객에게 양질의 서비스를 제공하는 것을 말한다.

고객서비스를 제공하는 목적은 조달, 생산, 판매, 혹은 고객지원 등의 기업활동 중 어디에 중점을 두느냐에 따라 다르다.

(2) 고객중심 기업의 특성

- 내부 고객과 외부 고객 모두를 중요시한다.
- 고객만족에 중점을 둔다.
- 고객이 정보, 제품, 서비스 등에 쉽게 접근할 수 있도록 한다.
- 보다 나은 서비스를 제공할 수 있도록 하는 기업정책을 수립한다.
- 기업의 전반적 관리시스템이 고객서비스 업무를 지원한다.
- 기업이 실행한 서비스에 대해 계속적인 재평가를 실시함으로써 고객에게 양질의 서비스를 제공하도록 서비스 자체를 끊임없이 변화시키고 업그레이드한다.

2) 고객의 불만 표현 유형 및 대응방안

고객서비스의 향상을 위해서는 고객의 기업에 대한 불만을 해소하는 것이 매우 중요하다. 그러나 고객들이 불만을 표현하는 유형은 매우 다양하다. 고객의 다양한 불만 표현에 어떻게 대응해야 할지 살펴보자.

(1) 고객의 불만표현 유형과 대처방법

고객서비스 능력을 향상시키기 위해서는 고객의 다양한 불만표현유형과 유형별 대처방법 알아야 한다.

① 거만형

자신이 타인보다 우월하다 생각하며 과시적으로 자신이 가진 지식이나 능력, 소유를 드러내고 싶어 하는 유형으로 보통 제품을 폄하하는 사람들이 많이 있다.

- 정중하게 대하는 것이 좋다.
- 과시욕이 충족될 수 있도록 그들의 언행을 제지하지 않고 인정해 준다.
- 의외로 단순한 면이 있으므로 일단 그의 호감을 얻게 되면 여러 면으로 득이 될 경우가 많다.

② 의심형

타인과 세상을 잘 신뢰하지 못하는 유형으로, 직원의 설명이나 제품의 품질에 대해 의심이 많으며, 확신 있는 말이 아니면 잘 믿지 않는다.

- 분명한 증거나 근거를 제시하여 스스로 확신을 갖도록 유도한다.
- 때로는 책임자로 하여금 응대하는 것도 좋다.

③ 트집형

- 사소한 것으로 트집을 잡는 매우 까다로운 성향이다.
- 이야기를 경청하고, 맞장구치고, 추켜올리고, 설득해 가는 방법이 효과적이다.
- 잠자코 고객의 의견을 경청하고 사과를 하는 응대가 바람직하다.

④ 빨리빨리 형

- 매사에 성격이 급하며, 일처리가 늦어지는 것에 대해 특히나 불만을 많이 느낀다.
- 애매한 화법을 사용하면 고객은 신경이 더욱 날카롭게 곤두서게 된다.
- 여러 가지 일을 신속하게 처리하는 모습을 보이면 응대하기 쉽다.

(2) 고객의 불평을 활용하기 위해 알아야 할 사항

- 불만족 고객 대부분은 불평하지 않는다. 불평하는 고객은 사업자를 도와주려는 생각에서 불평을 하는 경우가 많다. 따라서 고객의 불평을 감사하게 생각해야 한다.
- 고객의 불평은 종종 거친 말로 표현된다. 그러나 그것은 꼭 불만의 내용이 공격적이기 때문에 그런 것은 아니다.
- 대부분의 불평고객은 단지 기업이 자신의 불평을 경청하고, 잘못된 내용을 설명하고 제대로 고치겠다고 약속하면서 사과하기를 원한다.
- 미리 들을 준비를 하고 침착하게 긍정적으로 고객을 대하며, 대부분의 불평은 빠르게 큰 심적 소진 없이 해결된다.

3) 고객 불만 처리 프로세스 및 고객 만족 조사 방법

고객들은 어느 정도 합리적인 근거를 가지고 불만을 표시한다. 불만 사항을 토로할 때 무시하거나 외면하지 않는다면 고객 불만은 좋은 결과로 이어질 수 있을 것이다.

(1) 고객 불만 처리 프로세스

고객 불만 처리 프로세스는 8단계로 나누는데, 이는 다음 [그림 5-4]와 같다.

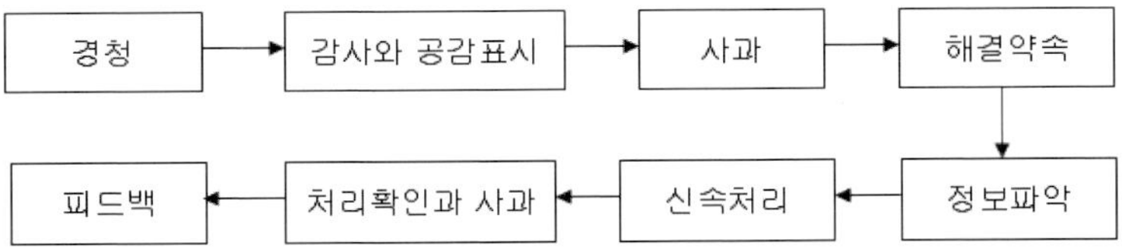

[그림 5-4] 고객 불만 처리 프로세스

다음은 각 단계에 대한 자세한 설명이다.

① 경청

- 고객의 항의에 경청하고 끝까지 듣는다.
- 선입관을 버리고 문제를 파악한다.

② 감사와 공감표시

- 일부러 시간을 내서 해결의 기회를 준 것에 감사를 표시한다.
- 고객의 항의에 공감을 표시한다.

③ 사과

고객의 이야기를 듣고 문제점에 대해 인정하며 잘못된 부분에 대해 사과한다.

④ 해결약속

고객이 불만을 느낀 상황에 대해 관심과 공감을 보이며, 문제의 빠른 해결을 약속한다.

⑤ 정보파악

- 문제해결을 의해 꼭 필요한 질문만 하여 정보를 얻는다.
- 최선의 해결방법을 찾기 어려우면 고객에게 어떻게 해주면 만족스러운지를 묻는다.

⑥ 신속처리

잘못된 부분을 신속하게 시정한다.

⑦ 처리확인과 사과

불만처리 후 고객에게 처리 결과에 만족하는지를 물어본다.

⑧ 피드백

고객 불만 사례를 회사 및 전 직원에게 알려 다시는 동일한 문제가 발생하지 않도록 한다.

(2) 고객 만족 조사

고객 만족을 높이기 위해서는 고객의 불만을 잘 처리하는 것뿐만 아니라 고객의 욕구를 파악하는 것 또한 매우 중요하다. 이때 활용해 볼 수 있는 것이 고객만족 조사이다. 고객만족 조사의 목적은 고객의 주요 요구를 파악하여 가장 중요한 고객요구를 도출하고, 자사가 가지고 있는 자원을 토대로 경영 프로세스의 개선에 활용함으로써 경쟁력을 증대시키는 것이라고 할 수 있다. 고객만족을 측정할 때 많은 사람들이 오류를 범할 수 있는데 그 유형을 정리하면 다음과 같다.

- 고객이 원하는 것을 알고 있다고 생각함
- 적절한 측정 프로세스 없이 조사를 시작함
- 비전문가로부터 도움을 얻음
- 포괄적인 가치만을 질문함
- 중요도 척도를 오용함
- 모든 고객들이 동일한 수준의 서비스를 원하고 필요하다고 가정함

CHAPTER 06

인사노무관리

Chapter

인사노무관리 06

1 인사 · 노무관리

1) 인사 · 노무관리의 의미

(1) 인사 · 노무관리의 정의

인사 · 노무관리란 기업 내 조직 목표달성을 위한 관리 활동의 총칭으로 인사 · 노무관리의 개념과 영역에 따라 다양한 용어가 쓰이고 있다. 미국에서는 노동자 관리(labor management), 인사 관리(personnel management), 인력 관리(manpower management), 인적자원 관리(human resources management) 등의 용어가 쓰이고 있다. 우리나라에서는 인사관리와 노무관리라는 용어로 구분하여 사용하는 경향이 있으며, 인사관리는 근로자의 개별관리(인력의 채용, 배치, 승진, 퇴직 등)를 의미하고, 노무관리는 노사관계를 안정화하기 위한 집단적 관리(단체교섭, 노사협의회, 경영참가제도 등)를 의미한다. 우리나라 국가직무능력표준(NCS : National Competency Standards)에서는 '인사'와 '노무관리'를 구분하고 있으며, 이에 대한 직무 정의는 다음과 같다.

• 인사

인사는 조직의 목표 달성을 위해 인적자원을 효율적으로 활용하고 육성하기 위하여 직무조사 및 직무 분석을 통해 채용, 배치, 육성, 평가, 보상, 승진, 퇴직 등의 제반 사항을 담당하며, 조직의 인사제도를 개선 및 운영하는 업무를 수행하는 일이다.

• 노무관리

노무관리란 노사관계 관리를 의미하며, 사용자와 근로자(노동조합) 간의 협력적 노사관계 구축을 위하여 노사갈등을 예방하고, 관계를 유지 · 개선하는 일이다.

이러한 인사 · 노무 관리의 영역은 인사기획, 직무관리, 인력의 채용 · 배치 · 승진, 기업내 교육훈련, 임금관리, 조직문화관리, 전직지원, 일련의 노사관계(단체교섭 및 노동쟁의 대응)와 관련된 내용 등 수많은 영역으로 구분할 수 있다.

(2) 인사 · 노무관리의 필요성

경영활동의 한 영역으로 인식되어온 인사 · 노무관리는 관리적 차원에서 내부환경과 외부환경을 조율하여 기업의 목표에 맞는 최대한의 성과향상을 위하여 조직을 관리하는 것이다. 내부환경적 요소로는 조직의 전략, 기업의 지배구조, 최고경영자 의지, 기업의 가치, 조직의 규모 등을 들 수 있고 외부환경적 요소로는 노동시장, 정부의 제도, 세계화, 기술의 발전, 사회문화적 환경 등이 있다. 이러한 내 · 외부 환경의 변화는 기업의 목표달성 및 성과향상에 영향을 주는 요소가 된다.

예컨대, 근래에 자동차 산업은 환경문제가 대두됨에 따라 각국은 내연기관 자동차에 대한 규제가 점차 강화되고 있고, 이는 내연기관 자동차의 쇠퇴와 함께 수소 또는 전기자동차 등의 친환경 자동차로의 전환이 되고 있다. 이에 기업들은 외부환경의 변화에 따라 신기술의 개발 및 우수한 인적자원을 확보해야 함과 동시에 내부조직의 변화를 위한 조직의 전략, 기업가치, 조직규모의 변화를 해야 한다는 것이다. 즉, 인사 · 노무관리는 기업의 목표달성 및 이윤창출과 관련이 있지만 크게 본다면 기업의 생존과 직결되는 문제라고도 볼 수 있다.

(3) 인사 · 노무관리 능력

인사 · 노무관리는 경영활동의 한 영역으로 특정 기업 및 문제에 따라 달라질 수 있는 것으로 정답이라는 것을 제시하기는 힘들지만 방향성은 제시될 수 있다. 내 · 외부환경을 조율하여 각 기업에 적합한 제도 및 기업목표와 최대한의 성과 향상을 위한 인사활동, 재무활동 등을 통한 조직관리를 하는 것이다. NCS의 인사 · 노무관리에서는 필요 요소를 다음 〈표 6-1〉

과 같이 제시하고 있다.

〈표 6-1〉 인사 · 노무관리의 능력

인사영역	노무관리 영역
인사기획	노사관계 계획
직무관리	노사관계 교육훈련
인력채용	교섭준비
인력이동관리	단체교섭
인사평가	단체협약이행
핵심인재관리	노동쟁의 대응
교육훈련운영	노사협의회 운영
임금관리	위원회 운영
급여지급	노사갈등 해결
복리후생관리	노사관계 평가
조직문화관리	
인사 아웃소싱	
퇴직업무지원	
전직지원	

이러한 인사 · 노무관리 능력을 학습하기 위해서는 조직심리를 비롯하여, 인적자원관리론, 직무평가법, 직무기반인사제도, 근로기준법, 채용기법, 면접기법, 노동법 및 노사관계에 대한 전반적인 내용을 포괄하고 있다. 이에 본서에서는 인사 · 노무관리의 가장 핵심이 되는 근로기준법을 중심으로 간략히 알아보기로 한다.

2) 인적자원관리

인적자원관리에 대한 전반적인 내용은 '인적자원의 순환과정'에서 이미 기술되었다. 이에 인적자원의 투자대상 및 공급조직 등을 요약해 보면 다음과 같다.

(1) 인적자본 투자의 대상

① **정규 교육** : 국가의 가장 일반적인 형태의 인적자본 투자의 대상은 정규 교육이다. 어느 나라를 막론하고 자국에 적합한 공식교육제도를 갖추어 정규 교육을 통하여 인적자원을 형성한다.

② **비정규 교육** : 정규 교육과정을 보완하는 각종 학원수강, 운전학원과 같이 특정 기능을 습득하기 위한 학원수강, 어학연수, 평생교육 및 사회교육 등은 비정규 교육이기는 하나 인적자본 투자의 대상이다.

③ **현장훈련** : 기업에서 이루어지는 현장훈련(On the Job-Training)은 취업자가 사업장에서 작업을 통하여 획득하는 기술훈련으로서 인적자본 투자 대상이다.

④ **노동시장정보** : 노동시장은 노동의 수요(기업)와 공급(근로자)에 의하여 임금과 고용량을 결정짓는 기구이다. 그러므로 노동력을 공급하는 개인의 입장에서, 노동시장에 대한 자료와 정보는 개인의 인적자본 투자에 대한 행위를 결정짓게 한다.

⑤ **건강의 유지 및 증진** : 개인은 물론 국민전체의 건강수준이 높아질수록 노동공급시간을 일정하게 유지할 수 있으며 노동력의 질도 향상된다.

(2) 인적자본의 공급조직

① **가계**(가구주) : 인적자본 투자의 최소단위로 가계(가구주)는 개인의 인적자본을 향상한다.

② **학교** : 각급 학교는 학령(學齡)에 따라 인적자본 투자를 하는 가장 큰 공급조직일 뿐만 아니라 국가인적자원형성을 위한 근간이다.

③ **현장훈련** : 인적자본 투자 대상이 되는 현장훈련을 담당하는 기업의 사내교육(社內敎育)은 인적자원형성에 기여한다. 현장훈련은 크게 일반적 훈련과 기업특수적 훈련으로 분류된다.

④ **직업교육훈련조직** : 중등교육과정 이상의 각급 학교, 공공단체 · 정부기관 · 지방자치단체에서 이루어지는 공공훈련, 기업의 사내훈련 등을 포함한다.

⑤ **평생교육**(학습)**조직** : 넓은 의미로 보아 평생교육(학습)은 사내훈련과 직업교육을 포괄할 수도 있으나, 평생교육을 제공하는 조직으로 각종학원, 대학 부설 사회교육기관, 민간단체의 교육훈련, 정부기관 산하단체의 부정기적 교육훈련 등을 의미한다.

2 노동법의 이해

1) 노동법의 개요

(1) 노동법의 개념

노동법은 자본주의의 경제질서하에서 근로자들의 근로관계를 규율함으로써 그들의 생존 확보를 가능하게 하는 법규이다. 이는 사적소유권불가침(私的所有權不可侵)의 원칙과 계약자유의 원칙이라는 사적자치(私的自治)의 대원칙에 입각한 근대시민법에 대한 반성으로서 또는 근로자의 실질적 평등과 자유를 보장함으로써 자본주의의 모순을 수정하기 위해서 생겨난 것이다.

(2) 근대시민법과 현대민법 원칙의 차이

근대민법의 3대 원칙은 개인의 사회적 · 경제적으로 자유로운 활동을 보장함으로써 자본주의의 급격한 발달을 가져왔다. 그러나 자본주의가 발전해 가면서 국가나 사회의 무관심 속에 빈부의 격차가 심해져 국가의 일정한 개입을 필요로 하게 된다. 이것이 현대민법의 법 원칙이 생겨난 계기라 할 수 있으며, 근대민법과 현대민법의 원칙은 〈표 6-2〉와 같은 차이를 내포하고 있다.

〈표 6-2〉 근대민법과 현대민법의 원칙

19세기 근대시민법(근대민법)	현대 20세기 법원칙(현대민법의 원칙)
소유권 절대의 원칙 : 모든 재화에 대한 개인의 완전한 지배(불가침의 영역)	소유권 상대의 원칙 : 소유권의 행사는 공공복리에 적합하게 하며, 소유권은 공공복리를 위해 침해 가능
계약 자유의 원칙 : 개인의 자유보장을 위해 개인 간의 법률 행위의 형성은 전적으로 개인 간의 자유에 맡김. 개인 스스로의 자정작용이 가능하다고 봄	계약 공정의 원칙 : 상대방과 계약을 함에 있어 공공복리에 적합하게 하여야 하고, 사회질서에 반하지 않아야 하고, 신의를 좇아 성실히 해야 한다는 것. 개인 간의 계약일지라도 사회질서에 반한다면 무효나 취소가 가능
과실책임의 원칙 : 개인이 타인에게 준 피해에 관하여 고의나 과실이 있는 경우에만 책임을 지고, 고의나 과실이 없는 경우에는 책임을 지지 않는다는 원칙	무과실책임의 원칙 : 자신의 직접적인 고의나 과실 없이 부담하는 손해배상책임

2) 노동법의 구분

(1) 개별적 근로관계법(노동보호법)

근대적 노동법의 효시로 국가의 강제력을 기초로 한다. 주로 근로관계의 성립내용(근로조건)과 소멸을 규율대상으로 하는 것으로 국가 근로조건의 최저기준을 정한 강행법률체계이다.

- **근로기준보장법** : 근로기준법, 최저임금법, 산업안전보건법, 산업재해보상보험법, 임금채권보장법, 파견근로자보호 등에 관한 법률, 선원법 등
- **고용보장법** : 남녀고용평등과 일 · 가정 양립지원에 관한 법률, 고용정책기본법, 직업안정법, 고용보험법

(2) 집단적 노사관계법(근대적 의미의 노동법의 발전)

근로자들의 근로3권 확립을 기초로 하는 것으로 주로 임금을 포함한 근로조건의 개선을 목표로 한다. 근로3권의 보장을 기초로 자주적으로 결성하고 조직한 노동조합에 대하여 사용자와 단체교섭권을 인정하며 단체협약체결을 통해서 근로자가 사용자와 대등한 위치에서 근로조건을 결정할 수 있도록 하는 법이다. 노동조합 및 노동관계조정법, 노동위원회법, 교원의 노동조합설립 및 운영 등에 관한 법률 등이 있으며, 집단적 노사관계법은 근로 3권의 보장을 통하여 간접적으로 근로조건의 향상을 도모한다.

3) 노동법 해석과 적용

(1) 상위법 우선의 원칙

이 원칙은 노동법뿐만 아니라 모든 법에 적용되는 것으로 법 또는 법률은 상위법이 하위법에 우선하여 적용된다는 것이다. 따라서 헌법은 법률에, 법률은 시행령에 우선하여 적용된다. 노동관계법령에 위반하는 단체협약과 취업규칙, 또 단체협약이나 취업규칙에 위반하는 근로계약 및 사용자의 업무명령 역시 그 효력을 발생할 수 없다. 또한 단체협약에 위반하는 취업규칙, 근로계약의 부분은 무효가 되어 그 부분에 대해서는 단체협약이 적용된다. 나아가서

사용자의 업무명령은 단체협약 취업규칙 및 근로계약에 저촉되어서는 아니 된다.

- 헌법 > 법률 > 명령(시행령) > 단체협약 > 취업규칙 > 근로계약 > 사용자의 지시

(2) 신법우선의 원칙

동위(同位)의 법이라도 최근에 제정된 법이 그 이전에 제정된 법에 우선하여 적용한다는 원칙을 말한다. 같은 문제에 대하여 구법(舊法)과 신법(新法)이 서로 어긋나는 경우에 신법을 우선적으로 적용한다는 의미로, 예컨대 적용범위가 같은 두 개의 단체협약이 있는 경우 후에 성립된 단체협약이 먼저 적용된다.

(3) 특별법우선의 원칙

일반법에 대해서 특별법이 우선하여 적용된다는 의미이다. 동위 법원에 있어서 특별법규는 그것이 비록 근로자에게 불리하다 하더라도 일반 규정에 우선한다. 근로조건에 있어 선원법 또는 남녀고용평등에 관한 내용에 관해 일반법인 근로기준법보다는 특별법인 선원법 또는 남녀고용평등과 일·가정 양립지원에 관한 법률의 내용이 우선적으로 적용된다.

(4) 유리조건우선의 원칙

일반적으로 상위법 우선의 원칙이 적용되나 하위의 법원이 상위의 법원보다 유리한 내용을 규정하고 있을 때 하위의 법원이 우선 적용된다.

4) 노동 기본권

노동기본권은 1919년 독일 바이마르헌법에서 최초로 보장한 이래 제2차 대전 이후 세계 각국에서 국민의 노동기본권을 보장하고 있으며, 이러한 보장은 20세기 헌법의 특색을 이루고 있다. 우리나라의 헌법에서는 근로자의 생존권 확보를 위하여 헌법에서 보장하고 있는 기본적인 권리로 근로권과 근로3권, 즉 단결권, 단체교섭권 및 단체행동권을 말한다.

- **근로권** : 모든 국민은 근로의 권리를 가진다(헌법 제32조 제1항).

- **근로3권** : 근로자는 근로조건의 향상을 위하여 자주적인 단결권 · 단체교섭권 · 단체행동권을 가진다(제33조 제1항).

근로권은 모든 국민에게 근로의 기회가 보장된다는 취지의 선언적 규정임에 반해, 근로삼권은 노동조합 및 노동관계조정법, 노동위원회법 등의 구체적인 입법에 의하여 적극적으로 보장된다. 노동기본권은 절대적 권리는 아니며 공공복리 등에 의해서 제약(공무원, 주요방위산업체 등)을 받을 수 있다.

(1) 근로권에 관한 헌법 조문(제32조)

① 모든 국민은 근로의 권리를 가진다. 국가는 사회적 · 경제적 방법으로 근로자의 고용의 증진과 적정임금의 보장에 노력하여야 하며, 법률이 정하는 바에 의하여 최저임금제를 시행하여야 한다.

② 모든 국민은 근로의 의무를 진다. 국가는 근로의 의무의 내용과 조건을 민주주의원칙에 따라 법률로 정한다.

③ 근로조건의 기준은 인간의 존엄성을 보장하도록 법률로 정한다.

④ 여자의 근로는 특별한 보호를 받으며, 고용 · 임금 및 근로조건에 있어서 부당한 차별을 받지 아니한다.

⑤ 연소자의 근로는 특별한 보호를 받는다.

⑥ 국가유공자 · 상이군경 및 전몰군경의 유가족은 법률이 정하는 바에 의하여 우선적으로 근로의 기회를 부여받는다.

(2) 근로3권

- **헌법 제33조 제1항** : 근로자는 근로조건의 향상을 위하여 자주적인 단결권 · 단체교섭권 · 단체행동권을 가진다.

① 단결권

근로자들이 자주적으로 노동조합(노동단체)을 설립할 수 있는 권리를 말한다. 적극적 단결권만이 포함되며, 소극적 단결권(근로자가 단결하지 않을 자유 내지 노동조합에 가입하지 않을 자유)

은 포함되지 않는다. 단결선택의 자유를 부정하지는 않는다.

② 단체교섭권

근로자가 근로조건을 유지 · 개선하기 위하여 단결에 의해서 사용자와 교섭할 수 있는 권리이다. 단체교섭거부행위는 부당노동행위의 한 유형으로서 금지된다(노동조합 및 노동관계조정법 제81조 제3호). 구체적 사정에 따라 단체교섭내용이나 단체교섭상의 행위가 모두 정당해야 한다. 근로자의 단결체가 행사할 수 있는 권리이다.

③ 단체행동권

단체행동권이란 단체교섭을 근로자에게 유리하게 전개되도록 하기 위하여 근로자에게 보장된 집단적 행동에 관한 권리를 말한다. 단체행동권은 쟁의권을 의미하며 그 성질상 사용자에게 압력을 가하여 노동조합의 요구조건에 응하도록 하는 실력행위로서 그 상대방인 사용자는 물론 일반 공익에까지 영향을 미치는 경우가 많다. 이러한 이유로 쟁의권에 대하여는 법률로서 광범위한 제한을 가하고 있다. 정당한 단체행동권의 행사에 대하여는 민 · 형사상 면책을 인정하고 있다.

④ 근로3권의 상호관계

근로3권은 다 같이 근로자의 생존확보를 이념으로 하는 생존권적 기본권으로서 이 3자는 밀접한 불가분의 관계에 있다. 단결권은 가장 근원적인 것으로서 실제에 있어서 단결의 힘을 배경으로 하지 않는 단체교섭권, 단체행동권은 유명무실하다. 단체교섭권은 단결권을 전제로 발생한다는 의미에서 단결권과 단체교섭권은 분리하여 생각할 수 없다. 단결은 그 자체가 목적이 아니라 단체교섭을 통한 근로자의 사회적 · 경제적 지위향상을 목적으로 한다. 이런 의미에서 단체교섭권이 가장 핵심적인 권리라고 할 수 있다. 교섭을 유리하게 이끌기 위한 수단인 단체행동권(=쟁의권) 없는 단체교섭권은 사실상 무의미하다. 즉, 파업이라는 단체행동권이 뒷받침됨으로써 단체교섭에서 근로자측은 사용자와 대등한 위치에서 교섭을 전개할 수 있다.

3 근로기준법

1) 용어의 정의

(1) 근로자

근로자라 함은 직업의 종류와 관계없이 임금을 목적으로 사업이나 사업장에 근로를 제공하는 사람을 말한다. 근로자란 사용자에 대응하는 개념이며, 개인사업자(자영업자)에 반대되는 개념이다. 고용관계 중에서 노동법이 보호하고자 하는 종속근로관계에 있는 자를 말한다. 이에 실업자는 근로기준법상의 근로자가 아니다.

(2) 사용자

사용자라 함은 사업주 또는 사업 경영 담당자 그 밖에 근로자에 관한 사항에 대하여 사업주를 위하여 행위하는 자를 말한다.

(3) 근로와 근로계약

'근로'란 정신노동과 육체노동을 말한다. '근로계약'이란 근로자가 사용자에게 근로를 제공하고 사용자는 이에 대하여 임금을 지급하는 것을 목적으로 체결된 계약을 말한다.

(4) 임금과 임금의 지급방법

임금이란 사용자가 근로의 대가로 근로자에게 임금, 봉급, 그 밖에 어떠한 명칭으로든지 지급하는 일체의 금품을 말한다. 임금은 통화(通貨)로 직접 근로자에게 그 전액을 지급하여야 한다. 다만, 법령 또는 단체협약에 특별한 규정이 있는 경우에는 임금의 일부를 공제하거나 통화 이외의 것으로 지급할 수 있다. 임금은 매월 1회 이상 일정한 날짜를 정하여 지급하여야 한다. 다만, 임시로 지급하는 임금, 수당, 그 밖에 이에 준하는 것 또는 대통령령으로 정하는 임금에 대하여는 그러하지 아니하다.

- 임금지불의 4대 원칙

통화지불의 원칙	• 임금은 법령이나 단체협약에 다른 방식으로 지급하기로 정한 경우를 제외하고는 강제 통용력이 있는 한국은행법에 의한 화폐로 지급해야 함 • 단체협약으로 정한 경우에는 조합원에 한하여 현물, 주식, 상품교환권 등으로 지급할 수 있음
직접지불의 원칙	• 임금은 근로자에게 직접 지급해야 함 • 임금채권 양도인에게 지급할 수 없음 : 근로자의 친권자나 법정대리인에게 임금을 지급하는 것도 허용되지 않으며, 근로자가 지정한 은행의 은행예금 계좌에 입금하여 임금 지급일에 인출할 수 있도록 해야 함
전액지불의 원칙	• 사용자는 법령이나 단체협약에 특별한 규정이 있을 때를 제외하고는 공제하지 않고 임금 전액을 근로자에게 지급해야 함 – 법령에 근거가 있는 경우(소득세, 지방세, 국민건강보험, 국민연금, 고용보험)와 단체협약에 노동조합비, 복리후생시설 이용비 등에 관한 공제를 규정하고 있는 경우 임금공제가 가능함
매월 1회 이상 정기지불의 원칙	• 임금은 매월 1회 이상 일정한 날짜를 정하여 지급해야 함 • 매월 지급하지 않아도 되는 임금 – 1개월을 초과하는 기간에 대하여 지급하기로 한 임금이나 부정기적으로 정한 다음과 같은 임금 ⓐ 1개월을 초과하는 기간의 출근성적에 따라 지급하는 정근수당 ⓑ 1개월을 초과하는 일정 기간을 계속하여 근무한 경우에 지급되는 근속수당 ⓒ 1개월을 초과하는 기간에 걸친 사유에 따라 산정되는 장려금, 능률수당 또는 상여금 ⓓ 그 밖에 부정기적으로 지급되는 모든 수당

(5) 평균임금과 통상임금

'평균임금'이란 이를 산정하여야 할 사유가 발생한 날 이전 3개월 동안에 그 근로자에게 지급된 임금의 총액을 그 기간의 총일수로 나눈 금액을 말한다. 근로자가 취업한 후 3개월 미만인 경우도 이에 준한다. '통상임금'이란 근로자에게 정기적, 일률적, 고정적으로 소정근로 또는 총근로에 대하여 지급하기로 정하여진 시간급 · 일급 · 주급 · 월급 또는 도급금액을 말한다. 즉, 1 근로시간 또는 1 근로일에 대하여 지급하기로 노사계약에 명시한 통상적인 임금액을 말한다.

2) 근로계약의 성립과 해지

(1) 근로기준법 위반의 근로계약(제16조)

근로기준법에서 정한 기준에 미달하는 근로조건을 정한 근로계약은 그 부분에 한하여 무효로 한다. 무효로 된 부분은 근로기준법에 정한 기준에 의한다.

(2) 근로조건의 명시(제17조)

사용자는 근로계약을 체결할 때에 근로자에 대하여 임금, 소정근로시간, 휴일, 연차 유급휴가, 기타의 근로조건을 명시하여야 한다. 이 경우 임금의 구성항목, 계산방법 및 지불방법에 관한 사항에 대하여는 대통령령으로 정하는 방법에 따라 명시하여야 한다. 근로계약을 체결 시 위의 근로조건을 명시된 서면을 근로자에게 교부하여야 한다. 다만, 단체 협약 또는 취업규칙의 변경 등에 의해 변경되는 경우에는 근로자의 요구 시 근로자에게 교부해야 한다.

서면명시 (중요 근로조건)	① 임금의 구성항목, 계산방법, 지급방법 ② 소정근로시간 ③ 주휴일 ④ 연차유급휴가
단순명시	⑤ 취업의 장소, 종사업무 ⑥ 취업규칙의 필수기재 사항 ⑦ 사업장 부속 기숙사에 근무하게 할 경우 기숙사 규칙에서 정한 사항
근로계약을 체결할 때	사용자는 근로계약 체결 시 근로자에게 ①~⑦에 따른 근로조건을 명시하여야 함
근로조건을 변경할 때	• ①~④의 근로조건이 변경되는 경우에도 서면으로 명시 교부 • ⑤~⑦의 근로조건이 변경되는 경우에는 구두 등으로 명시 가능

(3) 위약약정의 금지(제20조)

사용자는 근로계약불이행에 대한 위약금 또는 손해배상액을 예정하는 계약을 체결하지 못한다. 이는 위약금이나 손해배상액을 예정함으로써 근로자의 자유의사를 구속하여 강제근로를 행할 우려를 방지하기 위한 취지이다. 그러나 근로자가 불법행위 또는 고의로 회사에 손해를 보게 하였을 경우는 손해배상 청구가 가능하다.

(4) 전차금상쇄의 금지(제21조)

사용자는 전차금(前借金) 기타 근로할 것을 조건으로 하는 전대채권(前貸債權)과 임금을 상계하지 못한다. 전차금이란 근로자가 근로계약을 체결할 때 앞으로 받을 예정인 임금에서 변제할 것을 조건으로 사용자로부터 차입하는 금전을 말한다. 전대채권은 전차금 이외에 근로할 것을 조건으로 사용자가 근로자 또는 친권자 등에게 지급하는 금전을 말한다.

(5) 강제저금의 금지(제22조)

사용자는 근로계약에 덧붙여 강제 저축 또는 저축금의 관리를 규정하는 계약을 체결하지 못한다. 사용자가 근로자의 위탁으로 저축을 관리하는 경우에는 저축의 종류 · 기간 및 금융기관을 근로자가 결정하고 근로자본인의 이름으로 저축하고, 근로자가 저축증서 등 관련 자료의 열람 또는 반환을 요구할 때는 즉시 이에 따라야 한다.

(6) 해고의 예고

사용자는 근로자를 해고(경영상 이유에 의한 해고를 포함한다)하려면 적어도 30일 전에 예고를 하여야 하고, 30일 전에 예고를 하지 아니하였을 때에는 30일분 이상의 통상임금을 지급하여야 한다. 다만, 천재 · 사변, 그 밖의 부득이한 사유로 사업을 계속하는 것이 불가능한 경우 또는 근로자가 고의로 사업에 막대한 지장을 초래하거나 재산상 손해를 끼친 경우로서 고용노동부령으로 정하는 사유에 해당하는 경우에는 그러하지 아니하다.

예고해고의 적용 예외	ⓐ 일용근로자로서 3개월을 계속 근무하지 아니한 자 ⓑ 2개월 이내의 기간을 정하여 사용된 자 ⓒ 월급근로자로서 6개월이 되지 못한 자 ⓓ 계절적 업무에 6개월 이내의 기간을 정하여 사용된 자 ⓔ 수습 사용 중인 근로자

(7) 해고사유 등의 서면통지

사용자는 근로자를 해고하려면 해고사유와 해고시기를 서면으로 통지하여야 한다. 근로자에 대한 해고는 제1항에 따라 서면으로 통지하여야 효력이 있다. 사용자가 해고의 예고를 해고사유와 해고시기를 명시하여 서면으로 한 경우에는 해고 통지를 한 것으로 본다.

해고는 서면으로 해야 해고 효력이 발생	• 서면에는 '해고사유'와 '해고시기'를 명시
구두 등(서면 외 방법)으로 행한 해고의 효력	• 해고의 의사표시는 구두로 하더라도 성립하지만, 부당해고가 됨 • 이메일, 휴대폰 문자 등을 이용하여 통지한 해고도 서면해고 통보로 보기 어려움

3) 취업규칙

(1) 취업규칙의 작성 · 신고

취업규칙이란 근로자의 복무규율과 임금 등 근로자 집단에 적용될 근로조건에 관한 규칙을 규정한 것을 의미하는 것으로 취업규칙은 사용자도 주도하여 작성하는 반면 사용자와 근로자 모두를 구속하기 때문에 근로기준법에서는 취업규칙의 작성사항 · 변경 방법 · 신고 의무 등을 정하고 있다. 작성의무 사업장은 상시 10명 이상의 근로자를 사용하는 사용자로 다음 각 호의 사항에 관한 취업규칙을 작성하여 고용노동부장관에게 신고하여야 한다. 이를 변경하는 경우에도 또한 같다(위반 시 500만 원 이하 과태료).

① 업무의 시작과 종료 시각, 휴게시간, 휴일, 휴가 및 교대 근로에 관한 사항
② 임금의 결정 · 계산 · 지급 방법, 임금의 산정기간 · 지급시기 및 승급(昇給)에 관한 사항
③ 가족수당의 계산 · 지급 방법에 관한 사항
④ 퇴직에 관한 사항
⑤ 「근로자퇴직급여 보장법」 제4조에 따라 설정된 퇴직급여, 상여 및 최저임금에 관한 사항
⑥ 근로자의 식비, 작업 용품 등의 부담에 관한 사항
⑦ 근로자를 위한 교육시설에 관한 사항
⑧ 출산전후휴가 · 육아휴직 등 근로자의 모성 보호 및 일 · 가정 양립 지원에 관한 사항
⑨ 안전과 보건에 관한 사항
⑨-2 근로자의 성별 · 연령 또는 신체적 조건 등의 특성에 따른 사업장 환경의 개선에 관한 사항
⑩ 업무상과 업무 외의 재해부조(災害扶助)에 관한 사항
⑪ 직장 내 괴롭힘의 예방 및 발생 시 조치 등에 관한 사항
⑫ 표창과 제재에 관한 사항
⑬ 그 밖에 해당 사업 또는 사업장의 근로자 전체에 적용될 사항

(2) 규칙의 작성, 변경 절차

사용자는 취업규칙의 작성 또는 변경에 관하여 해당 사업 또는 사업장에 근로자의 과반수

로 조직된 노동조합이 있는 경우에는 그 노동조합, 근로자의 과반수로 조직된 노동조합이 없는 경우에는 근로자의 과반수의 의견을 들어야 한다. 다만, 취업규칙을 근로자에게 불리하게 변경하는 경우에는 그 동의를 받아야 한다.

4) 최저임금제도

최저임금제(minimum wage system)는 영국의 식민지였던 뉴질랜드에서 1894년 「산업조정중재법」을 효시로 하여 전 세계적으로 확대되었다. 우리나라에서는 1953년 「근로기준법」이 제정되면서 실시 근거를 두었으나, 당시의 경제 상황이 최저임금제를 수용하기 어렵다는 판단에 따라 운용되지 못하다가 1986년 12월 31일에 「최저임금법」이 제정 · 공포되었고, 1988년 1월 1일 실시하게 되었다.

(1) 최저임금제의 의의

최저임금제는 국가가 법적 강제력을 가지고 근로자의 보호를 위하여 정부가 임금결정에 직접 개입하여 최저액을 규제하는 제도이다. 즉, 저임금근로자에 대하여 임금의 최저액을 보장함으로써 근로자의 생활안정과 노동력의 질적 향상을 보장하기 위하여 사용자가 지급해야 할 임금의 최저수준을 보장하는 하는 제도로서 기업경영의 합리화와 기업 간의 경쟁력을 촉진하여 국가경제의 건전한 발전에 기여함을 목적으로 한 것이다.

(2) 최저임금에 미달한 계약

사용자와 근로자가 최저임금에 미치지 않는 금액을 받기로 근로계약을 했더라도 금액에 대한 계약 내용은 무효로 보고, 최저임금액과 동일한 임금을 지급하기로 한 것으로 본다. 근로자는 미달된 임금액에 대해 지금을 청구할 수 있으나, 임금채권의 소멸시효인 3년이 경과되기 전에 청구해야 한다.

(3) 최저임금 제도 적용대상

원칙적으로 근로자를 사용하는 모든 사업, 사업장에 적용한다. 다만 동거하는 친족만으로 구성된 사업(친족이란 민법 제767조에서 규정하는 친족, 즉 8촌 이내의 혈족, 4촌 이내의 인척과 배우자를 의미)은 적용제외 된다. 그러나 동거하는 친족 이외의 근로자가 1명이라도 있으면 '동거하는 친족만으로 구성된 사업'이 아니므로 근로자에게 최저임금법을 적용한다.

또한 가사(家事) 사용인(가구에 고용된 요리사, 가정부, 세탁부, 보모, 유모, 개인 비서 등)과 「선원법」의 적용을 받는 선원과 선원을 사용하는 선박의 소유자는 적용제외 대상이다.

최저임금의 적용제외(최저임금법 제7조, 영 제21조의2 제1호)
사용자가 대통령령으로 정하는 바에 따라 지방고용노동관서의 장의 인가를 받은 자에 대하여는 제6조를 적용하지 아니한다. • 정신장애나 신체장애로 근로능력이 현저히 낮은 자 • 그 밖에 최저임금을 적용하는 것이 적당하지 아니하다고 인정되는 자

(4) 최저임금의 결정

고용노동부장관은 매년 8월 5일까지 최저임금을 결정하여야 한다. 이 경우 고용노동부장관은 대통령령으로 정하는 바에 따라 최저임금위원회(근로자를 대표하는 위원 9명, 사용자를 대표하는 위원 9명, 공익을 대표하는 위원 9명으로 구성)에 심의를 요청하고, 위원회가 심의하여 의결한 최저임금안에 따라 최저임금을 결정하여야 한다. 고용노동부장관은 최저임금위원회로부터 최저임금안을 제출받은 때에는 대통령령으로 정하는 바에 따라 최저임금안을 고시하여야 한다.

연습 1-1. 고용노동부 표준근로계약서

표준근로계약서(기간의 정함이 없는 경우)

__________________(이하 "사업주"라 함)과(와) ________(이하 "근로자"라 함)은 다음과 같이 근로계약을 체결한다.

1. 근로개시일 : 년 월 일부터
2. 근 무 장 소 :
3. 업무의 내용 :
4. 소정근로시간 : 시 분부터 시 분까지 (휴게시간 : 시 분~ 시 분)
5. 근무일/ 휴일 : 매주 일(또는 매일단위)근무, 주휴일 매주 요일
6. 임 금
   - 월(일, 시간)급 : 원
   - 상여금 : 있음 ( ) __________________원, 없음 ( )
   - 기타급여(제수당 등) : 있음 ( ), 없음 ( )
     - __________________원, __________________원
     - __________________원, __________________원
   - 임금지급일 : 매월(매주 또는 매일) 일(휴일의 경우는 전일 지급)
   - 지급방법 : 근로자에게 직접지급( ), 근로자 명의 예금통장에 입금( )
7. 연차유급휴가
   - 연차유급휴가는 근로기준법에서 정하는 바에 따라 부여함
8. 사회보험 적용여부(해당란에 체크)
   - □ 고용보험 □ 산재보험 □ 국민연금 □ 건강보험
9. 근로계약서 교부
   - 사업주는 근로계약을 체결함과 동시에 본 계약서를 사본하여 근로자의 교부요구와 관계없이 근로자에게 교부함(근로기준법 제17조 이행)
10. 근로계약, 취업규칙 등의 성실한 이행의무
    - 사업주와 근로자는 각자가 근로계약, 취업규칙, 단체협약을 지키고 성실하게 이행하여야 함
11. 기 타
    - 이 계약에 정함이 없는 사항은 근로기준법령에 의함

년 월 일

(사업주) 사업체명 : (전화 :)
주 소 :
대 표 자 : (서명)
(근로자) 주 소 :
연 락 처 :
성 명 : (서명)

연습 1-2. 고용노동부 표준근로계약서

표준근로계약서(기간의 정함이 없는 경우)

○○물산 (이하 "사업주"라 함)과(와) 장그래 (이하 "근로자"라 함)은 다음과 같이 근로계약을 체결한다.

1. 근로개시일 : 2020 년 3 월 5 일부터
2. 근 무 장 소 : 본사 영업팀
3. 업무의 내용 : 영업 및 마케팅 관리
4. 소정근로시간 : 9 시 00 분부터 18 시 00 분까지 (휴게시간 : 12시 00분~ 13시 00분)
5. 근무일/휴일 : 매주 월-금요 일(또는 매일단위)근무, 주휴일 매주 일 요일
6. 임 금
   - 월(일, 시간)급 : 2,000,000 원 (월급제)
   - 상여금 : 있음 (✓) 매 분기마다 500,000 원, 없음 ( )
   - 기타급여(제수당 등) : 있음 (✓), 없음 ( )
     · 식대 200,000 원, 가족수당 100,000원
   - 임금지급일 : 매월(매주 또는 매일) 5 일(휴일의 경우는 전일 지급)
   - 지급방법 : 근로자에게 직접지급( ), 근로자 명의 예금통장에 입금(✓)
7. 연차유급휴가
   - 연차유급휴가는 근로기준법에서 정하는 바에 따라 부여함
8. 사회보험 적용여부(해당란에 체크)
   ☑ 고용보험 ☑ 산재보험 ☑ 국민연금 ☑ 건강보험
9. 근로계약서 교부
   - 사업주는 근로계약을 체결함과 동시에 본 계약서를 사본하여 근로자의 교부요구와 관계없이 근로자에게 교부함(근로기준법 제17조 이행)
10. 근로계약, 취업규칙 등의 성실한 이행의무
    - 사업주와 근로자는 각자가 근로계약, 취업규칙, 단체협약을 지키고 성실하게 이행하여야 함
11. 기 타
    - 이 계약에 정함이 없는 사항은 근로기준법령에 의함

2020 년 3 월 5 일

(사업주) 사업체명 : ○○물산 (전화 : 02 - 123 - 4567)
주 소 : 서울시 중구 ○○대로 ○○○
대 표 자 : 남경읍 (서명)

(근로자) 주 소 : 서울시 은평구 ○○로 ○○○
연 락 처 : 010 - 9876 - 5432
성 명 : 장그래 (서명)

연습 2-1. 고용노동부 표준근로계약서

표준근로계약서(기간의 정함이 있는 경우)

____________(이하 "사업주"라 함)과(와)________(이하 "근로자"라 함)은 다음과 같이 근로계약을 체결한다.

1. 근로계약기간 : 년 월 일부터 년 월 일까지
2. 근 무 장 소 :
3. 업무의 내용 :
4. 소정근로시간 : 시 분부터 시 분까지 (휴게시간 : 시 분~ 시 분)
5. 근무일/ 휴일 : 매주 일(또는 매일단위)근무, 주휴일 매주 요일
6. 임 금
   - 월(일, 시간)급 : 원
   - 상여금 : 있음 ( ) ________________원, 없음 ( )
   - 기타급여(제수당 등) : 있음 ( ), 없음 ( )
     - ________________원, ________________원
     - ________________원, ________________원
   - 임금지급일 : 매월(매주 또는 매일) 일(휴일의 경우는 전일 지급)
   - 지급방법 : 근로자에게 직접지급( ), 근로자 명의 예금통장에 입금( )
7. 연차유급휴가
   - 연차유급휴가는 근로기준법에서 정하는 바에 따라 부여함
8. 사회보험 적용여부(해당란에 체크)
   □ 고용보험 □ 산재보험 □ 국민연금 □ 건강보험
9. 근로계약서 교부
   - 사업주는 근로계약을 체결함과 동시에 본 계약서를 사본하여 근로자의 교부요구와 관계없이 근로자에게 교부함(근로기준법 제17조 이행)
10. 근로계약, 취업규칙 등의 성실한 이행의무
    - 사업주와 근로자는 각자가 근로계약, 취업규칙, 단체협약을 지키고 성실하게 이행하여야 함
11. 기 타
    - 이 계약에 정함이 없는 사항은 근로기준법령에 의함

년 월 일

(사업주) 사업체명 : (전화 :)
주 소 :
대 표 자 : (서명)
(근로자) 주 소 :
연 락 처 :
성 명 : (서명)

연습 2-2. 고용노동부 표준근로계약서

표준근로계약서(기간의 정함이 있는 경우)

___○○물산___(이하 "사업주"라 함)과(와) ___장그래___(이하 "근로자"라 함)은 다음과 같이 근로계약을 체결한다.

1. 근로계약기간 : 2020 년 3 월 5 일부터 2021년 3 월 4 일까지
2. 근 무 장 소 : 본사 마케팅팀
3. 업무의 내용 : 영업 및 마케팅 관리
4. 소정근로시간 : _9_ 시 _00_ 분부터 _18_ 시 _00_ 분까지 (휴게시간 : 12시 00분~ 13시 00분)
5. 근무일/휴일 : 매주 _5_ 일(또는 매일단위)근무, 주휴일 매주 _일_ 요일
6. 임 금
   - 월(일, 시간)급 : ___2,000,000___ 원
   - 상여금 : 있음 (✓) _설, 추석, 여름휴가 전 500,000_ 원, 없음 (   )
   - 기타급여(제수당 등) : 있음 (✓), 없음 (   )
     · _식대 200,000 원_, _가족수당 100,000원_
   - 임금지급일 : 매월(매주 또는 매일) _5_ 일(휴일의 경우는 전일 지급)
   - 지급방법 : 근로자에게 직접지급(   ), 근로자 명의 예금통장에 입금(✓)
7. 연차유급휴가
   - 연차유급휴가는 근로기준법에서 정하는 바에 따라 부여함
8. 사회보험 적용여부(해당란에 체크)
   ☑ 고용보험 ☑ 산재보험 ☑ 국민연금 ☑ 건강보험
9. 근로계약서 교부
   - 사업주는 근로계약을 체결함과 동시에 본 계약서를 사본하여 근로자의 교부요구와 관계없이 근로자에게 교부함(근로기준법 제17조 이행)
10. 근로계약, 취업규칙 등의 성실한 이행의무
    - 사업주와 근로자는 각자가 근로계약, 취업규칙, 단체협약을 지키고 성실하게 이행하여야 함
11. 기 타
    - 이 계약에 정함이 없는 사항은 근로기준법령에 의함

2020 년 3 월 5 일

(사업주) 사업체명 : ○○물산 (전화 : 02 - 123 - 4567)
주 소 : 서울시 중구 ○○대로 ○○○
대 표 자 : 남경읍 (서명)

(근로자) 주 소 : 서울시 은평구 ○○로 ○○○
연 락 처 : 010 - 9876 - 5432
성 명 : 장그래 (서명)

연습 3. 고용노동부 표준근로계약서

단시간근로자 표준근로계약서

____________(이하 "사업주"라 함)과(와)__________(이하 "근로자"라 함)은 다음과 같이 근로계약을 체결한다.

1. 근로개시일 : 년 월 일부터
   ※ 근로계약기간을 정하는 경우에는 " 년 월 일부터 년 월 일까지" 등으로 기재
2. 근 무 장 소 :
3. 업무의 내용 :
4. 근로일 및 근로일별 근로시간

	( )요일	( )요일	( )요일	( )요일	( )요일	( )요일
근로시간	시간	시간	시간	시간	시간	시간
시업	시 분	시 분	시 분	시 분	시 분	시 분
종업	시 분	시 분	시 분	시 분	시 분	시 분
휴게 시간	시 분 ~ 시 분	시 분 ~ 시 분	시 분 ~ 시 분	시 분 ~ 시 분	시 분 ~ 시 분	시 분 ~ 시 분

ㅇ 주휴일 : 매주 요일

5. 임 금
   - 시간(일, 월)급 : ______________ 원(해당사항에 ㅇ표)
   - 상여금 : 있음 ( ) ____________________원, 없음 ( )
   - 기타급여(제수당 등) : 있음 : __________**원(내역별 기재)**, 없음 ( ),
   - 초과근로에 대한 가산임금률 : %
     ※ 단시간근로자와 사용자 사이에 근로하기로 정한 시간을 초과하여 근로하면 법정 근로시간 내라도 통상임금의 100분의 50% 이상의 가산임금 지급('14. 9. 19. 시행)
   - 임금지급일 : 매월(매주 또는 매일) 일(휴일의 경우는 전일 지급)
   - 지급방법 : 근로자에게 직접지급( ), 근로자 명의 예금통장에 입금( )
6. 연차유급휴가: 통상근로자의 근로시간에 비례하여 연차유급휴가 부여
7. 사회보험 적용여부(해당란에 체크)
   □ 고용보험 □ 산재보험 □ 국민연금 □ 건강보험
8. 근로계약서 교부
   - "사업주"는 근로계약을 체결함과 동시에 본 계약서를 사본하여 "근로자"의 교부요구와 관계없이 "근로자"에게 교부함(근로기준법 제17조 이행)
9. 근로계약, 취업규칙 등의 성실한 이행의무
   - 사업주와 근로자는 각자가 근로계약, 취업규칙, 단체협약을 지키고 성실하게 이행하여야 함
10. 기 타
   - 이 계약에 정함이 없는 사항은 근로기준법령에 의함

년 월 일

(사업주) 사업체명 : (전화 :)
주 소 :
대 표 자 : (서명)
(근로자) 주 소 :
연 락 처 :
성 명 : (서명)

연습 3-2. 고용노동부 표준근로계약서

단시간근로자 표준근로계약서

___○○물산___(이하 "사업주"라 함)과(와) ___장그래___(이하 "근로자"라 함)은 다음과 같이 근로계약을 체결한다.

1. 근로개시일 : 2020 년 3 월 5 일부터 2021년 3 월 4 일까지
2. 근 무 장 소 : 본사 마케팅팀
3. 업무의 내용 : 영업 및 마케팅 관리
4. 근로일 및 근로일별 근로시간

	월요일	화요일	수요일	목요일	금요일	토요일
근로시간	4시간	-	6시간	-	5시간	-
시업	14시 00분	-	10시 00분	-	14시 00분	-
종업	18시 30분	-	17시 00분	-	20시 00분	-
휴게 시간	16:00~16:30	-	13:00 ~ 14:00	-	18:00 ~ 19:00	-

○ 주휴일 : 매주 _일_ 요일

5. 임 금
   - 시간(일, 월)급 : ______10,000______ 원(해당사항에 ○표)
   - 상여금 : 있음 ( ) ____________원, 없음 (✓)
   - 기타급여(제수당 등) : 있음 : 식대 1일 7,000 원(내역별 기재), 없음 ( ),
     주휴수당 1주 30,000 원
   - 초과근로에 대한 가산임금률: __50__ %
     ※ 단시간근로자와 사용자 사이에 근로하기로 정한 시간을 초과하여 근로하면 법정 근로시간 내라도 통상임금의 100분의 50%이상의 가산임금 지급('14.9.19. 시행)
   - 임금지급일 : 매월(매주 또는 매일) __5__ 일(휴일의 경우는 전일 지급)
   - 지급방법 : 근로자에게 직접지급( ), 근로자 명의 예금통장에 입금(✓)
6. 연차유급휴가: 통상근로자의 근로시간에 비례하여 연차유급휴가 부여
7. 사회보험 적용여부(해당란에 체크)
   ☑ 고용보험 ☑ 산재보험 ☑ 국민연금 ☑ 건강보험
8. 근로계약서 교부
   - "사업주"는 근로계약을 체결함과 동시에 본 계약서를 사본하여 "근로자"의 교부요구와 관계없이 "근로자"에게 교부함(근로기준법 제17조 이행)
9. 근로계약, 취업규칙 등의 성실한 이행의무
   - 사업주와 근로자는 각자가 근로계약, 취업규칙, 단체협약을 지키고 성실하게 이행하여야 함
10. 기 타
   - 이 계약에 정함이 없는 사항은 근로기준법령에 의함

2020 년 3 월 5 일

(사업주) 사업체명 : ○○물산 (전화 : 02 - 123 - 4567)
주 소 : 서울시 중구 ○○대로 ○○○
대 표 자 : 남경읍 (서명)

(근로자) 주 소 : 서울시 은평구 ○○로 ○○○
연 락 처 : 010 - 9876 - 5432
성 명 : 장그래 (서명)

부록 1. 자기이해를 위한 연습

사고전환하기

◆ 해당사건에 대하여 생각에 따른 어떤 행동이 나타나는지 공유해 봅시다.

사 건	생 각		행 동
면접에서 탈락	부정적	나는 노력해도 안 될 거야	
	긍정적	다음에 더 좋은 기회가 오겠지	

◆ 해당 사건에 대하여 다음의 감정과 행동이 나타날 때 자신의 생각에 대하여 공유해 봅시다.

사 건	생 각	감 정	행 동
친한 친구와의 말다툼		배신감이 느껴진다	전화도 않고 만나지도 않는다
		서운한 감정이 있다	서로 화해하고 더욱 친해졌다

자신을 돌아보기

◆ 지금까지 한 일 중 가장 '잘했다'고 생각하는 자랑거리를 작성해 보세요.

1. ______

2. ______

3. ______

◆ 다음과 같은 느낌이 들 때는 무슨 일을 할 때였는지 작성해 보세요.

구 분	언 제	내 용
즐거운 일		
힘들지 않은 일		
두려운 일		
지겨운 일		

◆ 자신에 대한 다면적 분석을 해보세요.

구 분	내 용
타인이 본 자신의 첫인상	
타인이 칭찬하는 나의 경쟁력	
내가 본 나의 첫인상	
내가 생각하는 나의 경쟁력	

Want List

◆ 자신이 진정으로 원하는 것에 대하여 작성해 봅시다.

원하는 것	이 유
예) 좋은 회사에 입사하는 것	*월급을 많이 받고 싶어서* *부모님께 효도를 하고 싶어서* *좋은 차를 사고 싶어서*
	– – –
	– – –
	– – –
	– – –
	– – –

칭찬합시다

◆ 자신을 칭찬해 봅시다.

자신을 멋지고 간결하게 표현해 보세요	

예) *친구 생일선물을 사주기 위해 처음으로 아르바이트를 하는 나 자신이 너무 자랑스럽다.*

1. ____________________
2. ____________________
3. ____________________
4. ____________________
5. ____________________

◆ 자신과 가까운 사람을 칭찬해 봅시다.

그 사람을 멋지고 간결하게 표현해 보세요.	

예) *자격증을 따려고 아르바이트 중에도 공부에 몰입하는 너의 모습이 너무 멋져 보인다.*

1. ____________________
2. ____________________
3. ____________________
4. ____________________
5. ____________________

NCS를 활용한 관심직업 조사하기

<table>
<tr><th colspan="2">관심 직업</th><th>1.</th><th>2.</th></tr>
<tr><td colspan="2">직무 소개</td><td></td><td></td></tr>
<tr><td rowspan="3">직무 역량</td><td>K (지식)</td><td>예 학습을 통해 습득되는 특정분야에 대한 정보</td><td></td></tr>
<tr><td>S (스킬)</td><td>예 훈련을 통해 습득되는 과제수행능력</td><td></td></tr>
<tr><td>A (태도)</td><td>예 일을 하는 자세, 태도, 마음가짐</td><td></td></tr>
<tr><td rowspan="2">관련 기업 정보</td><td>홈페이지 주소</td><td></td><td></td></tr>
<tr><td>채용 공고</td><td></td><td></td></tr>
</table>

부록 2. 공공기관 NCS 기반 자기소개서 연습

[기업 가치/ 인재상] 1. 우리 기업의 인재상 중 본인과 가장 부합된다고 생각하는 인재상을 한 가지 선택하여 그렇게 생각하는 이유를 본인의 교육, 경험, 경력사항 등 구체적인 사례를 들어 기술하여 주십시오. (500자 이내)

[회사 이해도/ 입사 의지] 2. 우리 기업에 지원한 이유를 설명하고, 본인이 선택한 지원분야에 자신이 가장 적합한 인재라고 생각한 이유를 기술하시오. (800자 이내)

[기관 적합성/ 문제해결능력] 3. 공익에 기여하거나 사회적 가치 창출을 위해 본인이 활동했던 경험 또는 노력에 대하여 작성해 주시고, 그 과정에서 어려웠던 점, 해결방안 및 성과를 구체적으로 기술해 주시기 바랍니다. (500자 이내)

[가치관/ 직무 역량] 4. 본인의 성장과정에서 만들어진 자신의 장단점이 무엇인지 기술하고, 그 장단점을 활용해 팀 또는 조직의 이익에 어떤 도움이 되었는지 사례를 들어 설명하시오. (500자 이내)

[의사소통능력/ 문제해결능력]
5. 단체(학교, 회사, 동아리, 동호회 등)에서 대화나 토론을 통해 상호 입장과 상황을 정확히 이해함으로써 건설적으로 문제를 해결해 본 경험에 대해 아래 세부 항목에 따라 작성해 주십시오. (800자 이내)

5-1 구성원들이 의견 차이를 보였던 견해에는 어떤 것들이 있었고 그 이유는 무엇인지, 그리고 본인의 입장은 어떠했는지 기술해 주십시오. (200자 이내)

5-2 상대방을 이해하기 위해 어떤 노력을 하셨는지, 상대방을 설득하기 위해 본인이 사용한 방법이 무엇이고 그 결과는 어떠했는지 기술해 주십시오. (400자 이내)

5-3 대화를 진행하는 과정에서 가장 중요하게 생각한 점은 무엇이었는지 기술해 주십시오. (200자 이내)

부록 3. NCS 직업기초능력 기반 하위영역별 면접 질문 예시

[의사소통능력]

1. 동료들과 함께 문서를 작성했던 경험에 대해 설명해 보시오.
2. 성공적으로 발표했던 경험이 있으면 이야기해 보시오.
3. 상대방이 당신의 말에 귀를 기울이고 있는지의 여부를 알 수 있는 방법은 무엇인가?
4. 업무를 추진하는 중, 다른 부서와 의견 차이가 있다면 어떻게 하겠는가?

[문제 해결 능력] 1. 당신이 어떤 아이디어를 내서 문제를 개선했거나 해결한 사례가 있다면 말해보시오. 2. 정해진 원칙이나 윗사람의 지시를 따르지 않고 지원자가 주도적으로 문제를 해결했던 경험이 있으면 이야기해 보시오. 3. 지금까지 어떤 일을 처리하면서 실수한 경험이 있는가? 만약 있다면 그 실수의 원인은 무엇이었으며, 어떻게 해결하였는가? 4. 우리 기업에서 진행 중인 투자 유치 사업이 경쟁력을 갖기 위한 차별화 전략은 무엇이라 생각하는가? 성공적인 투자 유치 전략을 위한 차별화 전략을 설명하시오.

[자기개발 능력] 1. 어떤 조직이나 단체에 들어가서 그 조직에 빨리 적응하기 위해 노력했던 경험에 대해 구체적으로 말해보시오. 2. 최근 자기개발을 위해서 어떤 활동이나 노력을 한 적이 있는지 이야기해 보시오. 3. 우리 회사에 입사한다면 어떻게 성장해 나갈 것인지 그 계획에 대해 설명해 보시오. 4. 지원 분야와 관련하여 지원자의 전문성 향상을 위해 어떤 노력을 해 왔는지 이야기해 보시오.

[대인관계 능력] 1. 대인관계 때문에 힘들었던 경험을 구체적으로 이야기해 보시오. 2. 함께 일하는 사람 중 마음이 맞지 않아 불편했던 경험이 있는지, 어떻게 해결했는지 이야기해 보시오. 3. 갈등이 일어났을 때, 성공적으로 해결 또는 실패한 적이 있는가? 4. 협상의 상대방이 다른 사람의 이야기를 듣지 않고 계속 자기 이야기만 하는 경우 이를 어떻게 해결하겠는가?

[정보 능력] 1. 가장 효과적으로 필요한 정보를 얻고 활용한 적이 있는가? 2. 당신이 잘 모르는 분야인데, 상사로부터 정보를 수집하라는 지시를 받았을 경우 어떤 방식으로 정보를 수집하겠는가? 3. 업무상 계약서를 작성할 때, 어떤 부분을 가장 중요시해야 한다고 생각하는가?

[기술 능력] 1. 페이스북 또는 트위터와 같은 SNS의 운영 원리에 대해서 설명할 수 있는가? 2. 당신이 현재 사용하고 있는 메신저는 무엇인가? 그 메신저의 장단점을 설명해 보시오. 3. 최근에 접한 신제품에는 무엇이 있는가? 그 제품의 작동 원리에 대해 설명해 보시오.

[조직이해 능력] 1. 당신이 새로운 조직에 들어가게 되면 그 조직에 적응하고, 이해하기 위해서 가장 먼저 어떤 행동을 하고, 어떤 정보를 수집하는가? 2. 우리 회사가 지향하는 노사 문화란 어떤 것이라고 생각하는가? 또 그런 문화를 만들기 위해서 어떠한 노력을 해야 하는가? 3. 지원 분야가 ㅇㅇ 분야인데, ㅇㅇ부의 핵심 사업이 무엇이고, 이를 잘하기 위해서 어떠한 역량이 필요하다고 생각하는가? 4. 우리 회사의 비전과 관련하여 어떤 마케팅을 펼쳐야 한다고 생각하는가?

[직업윤리] 1. 당신은 동료가 업무 시간에 사적인 일을 하고 있는 것을 목격했다. 이에 어떻게 대응하겠는가? 2. 상사로부터 부당한 업무 지시를 받으면 어떻게 하겠는가? 3. 고객에게 만족도 높은 서비스를 제공하기 위해서라면 정해진 원칙을 어겨도 된다고 생각하는가?

참고문헌

강홍렬(2006). 정보화 경험, 지식의 전략자원화. KISDI 이슈리포트, Vol. 2006, No.5, pp. 1-109, 정보통신정책연구원.

고용노동부(각년도). 고용형태별 근로실태조사보고서.

구현정 · 전영옥(2005). 의사소통의 기법. 서울 : 박이정.

권석만(2004). 젊은이를 위한 인간관계의 심리학. 서울 : 학지사.

권순표(2018). 사회적경제기업과 일반기업의 직무성과와 직무만족에 미치는 영향요인 분석. 원광대학교 석사학위논문.

김경섭(역)(2005). 성공하는 사람들의 7가지 습관. 서울 : 김영사.

김기훈(2015). 사회적 기업의 사회적 성과가 경제적 성과에 미치는 영향. 한성대학교 석사학위논문.

김동규 · 김병숙 · 김봉환 · 김완석 · 윤광희 · 윤석천(1999). 직업상담사(EBS 방송교재). 서울 : 박문각.

김동규 · 이영찬(2000). 직업윤리. 학교법인 기능대학.

김병숙(2007a). 직업정보론. 서울 : 시그마프레스.

김병숙(2007b). 직업심리학. 서울 : 시그마프레스.

김봉환 · 강은희 · 강혜영 · 공윤정 · 김영빈 · 김희수 · 선혜연 · 손은령 · 송재홍 · 유현실 · 이제경 · 임은미 · 황매향(2019). 진로상담. 서울 : 학지사.

김봉환 · 이제경 · 유현실 · 황매향 · 공윤정 · 손진희 · 강혜영 · 유정이 · 임은미 · 손은령(2010). 진로상담이론. 서울 : 학지사.

김정기(2004) 협상의 법칙. 청년정신.

김종철(2010). 기업윤리와 CSR에 관한 연구. 서울시립대학교 석사학위논문.

김진모 · 정철영 · 나승일(2002). 재직근로자 대상 직업기초능력 신장 프로그램 개발. 우송정보대학.

김홍근 · 이동임 · 오영훈 · 최지희 · 정윤경 · 이기홍 · 서우석(2007). 한국인의 직업의식과 직업윤리(2007) –국제비교 맥락에서 본 한국인의 직업의식–. 한국직업능력개발원.

남미정(2011). 개인윤리와 기업윤리가 조직구성원의 윤리적 의사결정에 미치는 영향에 관한 연구. 부산대학교 박사학위논문.

노용숙(2020). 사회적경제기업의 특성과 사회적 성과간의 관계에 관한 연구 –사회적가치지표(SVI)를 중심으로–, 목포대학교 박사학위논문.

박상철 · 김중진 · 이요행(2008). 해외 직업연구 및 직업정보 개발 동향. 한국고용정보원.

박선영 · 김지영 · 오효정 · 오은경(2014)

박선희(2004). 직업정보매체별 실업자의 직업정보인지도 분석. 경기행정논집, Vol.18, pp. 35-77, 경기대학교학술진흥원.

박순성 · 이근식 · 김종걸 · 이홍균 · 황경식 · 정원섭(2005). 전환기 한국사회의 새로운 직업윤리 모색 : 철학적 기초와 사회적 제도. 한국직업능력개발원.

박재원 외(역)(2010). 변혁적 리더를 위한 리더십 코칭. 서울 : 김앤김북스.

박정환(역)(2009). 리더십의 정석. 서울 : 이파로스.

박현석(역)(2004). 전달의 기술. 서울 : 다연.
배무기(2006). 노동경제학. 서울 : 경문사.
배상복(2006). 일반인을 위한 글쓰기 정석. 경향미디어.
서울대 농생대 부설 중등교육 연수원(2005). 직업기초능력지도 과정, 직업기초능력지도과정 자료집.
서현주 · 김강호 · 조아름 · 박은규(2021). 직업가치관검사 개정 2차 년도 연구보고서–규준개발 및 타당성 검증을 중심으로–. 충북 : 한국고용정보원.
송병일 · 박영주(2005). 직업진로설계와 취업전략. 서울 : 학지사
신익현 · 김주섭 · 김태준 · 김현수 · 박동열 · 백성준 · 장원섭 · 조은상 · 최돈민 · 홍영란(2000) 국가인적자원개발 주요 정책 진단 · 분석 및 개발 연구. 한국직업능력개발원.
심재우(2004). GE처럼 커뮤니케이션하라. 서울 : 일빛.
안진환(역)(2003) 팀워크북. 서울 : 제우스.
오용진(역)(1999). 리더십–매니지먼트 시리즈 3. ㈜러닝솔루션.
원창희(2012). 갈등관리의 이해. 서울 : 한국문화사.
유제홍 · 권성경(1999). 취업상담사례모음. 경기 : 양서원.
이상욱 · 장윤현 · 이성호 · 류한호(역)(1997). 팀워크 만들기와 성과 향상. 서울 : 21세기북스.
이영대 · 김기홍(1999). 주요 선진국의 직업연구 동향. 한국직업능력개발원.
이영희 외(2010). 자기주도형 인성과 경력개발. 백석문화대학교.
이영희(2010). 최신 서비스마케팅. 서울 : 두남.
이은찬(2002) 리더십 깨우기. 서울 : 도어출판.
이진복(2011) 기업윤리의 정치철학적 접근. 경북대학교 박사학위논문.
이한메(2011). 한국인의 기업윤리관에 관한 연구. 고려대학교 박사학위논문.
이홍재(역)(1999). 협상기술. 서울 : 청림출판.
임붕영(2002). 고객을 행복하게 하는 서비스 바이러스. 서울 : 무한.
임창희(2008). 신인적자원관리. 서울 : 명경사.
임칠성(역)(1997). 대인의사소통. 한국문화사.
임태조(역)(2005). 팀장 리더십. 서울 : 위즈덤하우스.
임희선(역)(2004). 한계를 뛰어넘는 비즈니스 협상. 서울 : 혜문서관.
장동운(2009). 갈등관리와 협상기술. 서울 : 무역경영사.
전영우(2007). 귀담아듣는 언어생활 –적극적 경청법–. 서울 : 민지사.
정명진(역)(2010). 팀워크 심리학. 서울 : 부글북스.
정무성 · 황정은 · 김수영 · 현종철 · 서정민(2011). 사회적 기업과 사회서비스. 경기 : 공동체.
조은경(역)(2007). 팀워크를 위한 10가지 성공전략. 서울 : 가람문학사.
주석진(2017). 직업상담과 직업정보. 경기 : 공동체.
차연희(2020). 사회적 기업가 정신이 사회적경제기업의 경영성과에 미치는 요인에 관한 연구. 성균관대학교 석사학위논문.
채천석(역)(2003). 팀워크를 혁신하는 17가지 불변의 법칙. 서울 : 청우.
천대윤(2005). 갈등관리와 협상전략론. 서울 : 선학사.

최염순(역)(2011). **리더십마스터하기**. 서울 : 씨앗을 뿌리는 사람.

최영순 · 김동규 · 이랑 · 최기성 · 권윤섭 · 이주현 · 최화영(2021). **2022 한국직업전망**. 충북 : 한국고용정보원.

통계청(2017). 6차 한국표준직업분류 설명집.

통계청(2018). 2019 한국사회지표.

한국고용정보원(2019). 2019 미래를 함께 할 새로운 직업.

한국사회적 기업진흥원(2018). 한손에 잡히는 사회적 기업.

한국산업인력공단(2020). NCS직업기초능력 가이드북: 직업윤리.

한국직업능력개발원(2005). 청년실업문제해결을 위한 대학생 직업능력개발방안.

한국진로교육학회(2000). **진로교육의 이론과 실제**. 경기 : 교육과학사.

한성덕(2013). **직업정보의 이해**. 경북 : 정암서원.

한성덕 · 주석진(2018). **직업정보와 노동시장**. 경기 : 공동체.

한인영 · 이용하(역)(2005). **갈등해결의 기법**. 서울 : 시그마프레스.

현대경제연구원(2000). **리더십–HBR 페이퍼백 시리즈 3**. 서울 : 21세기북스.

현성용 · 김교헌 · 김미리혜 · 김아영 · 김현택 · 박동건 · 성한기 · 유태용 · 윤병수 · 이봉건 · 이순묵 · 이영호 · 이재호 · 이주일 · 진영선 · 채규만 · 한광희 · 황상민(2010). **현대심리학의 이해**. 서울 : 학지사.

홍경자(2007). **의사소통의 심리학**. 서울 : 이너북스.

홍두승 · 서우석 · 이기홍 · 이지연(2005). **한국인의 직업의식 구조 : 예비적 고찰**. 서울 : 한국직업능력개발원.

홍석우(역)(2004). **최상의 팀 만들기**. 서울 : 한울아카데미.

황성근(2006). **너무나도 쉬운 비즈니스 글쓰기**. 서울 : 한겨레출판.

LG산전(2005). 문제해결스킬과정, LG산전 연수교재.

Donna Dunning(2008). 성격유형과 커뮤니케이션. 어세스타. 한국MBTI연구소 역.

Dunlop, J. T.(1960). *Industrial Relations and Industrial Society in Union Management and the Public,* ed., by Bakke and Anrod, Harcurt Brace & World.

Ehrenberg, R. E, & Smith, R. S. 저 한홍순 · 김중렬 역(2003). **노동경제학 : 이론과 공공정책**. 서울 : 교보문고.

Gybers, N, C., Heppner, M, J., & Johnston, J, A. 저, 김봉환 역(2007). **진로상담의 실제**. 서울 : 학지사

Isabel Briggs Myers, Peter B. Myers(2002). 서로 다른 천부적 재능. 어세스타. 김정택, 심혜숙 역.

Jenet Penley, Diane W Stephens(1998). 성격유형과 자녀 양육태도. 어세스타. 심혜숙, 곽미자 역.

LG산전(2005). 문제해결스킬과정, LG산전 연수교재.

Osipow, S. H., Walsh, W. B. 저, 김병숙 역(2005). **직업심리학 핸드북**. 서울 : 시그마프레스.

Parsons, F.(1909). *Choosing A vocation.* New York : Houghton Mifflin.

Paul D. Tieger, Barbara Barron-Tieger(2016). 성격을 읽는 법. 더난출판사. 강주헌 역

S.Hirsh & J. Kummerow(2009). 성격유형과 삶의 양식. 어세스타. 심혜숙, 임승환 역.

Hoppock, R.(1976). *Occupational Information.* New York : Mcgrow-Hill Co.

ILO(1974). Participaticn in Decision within Undertaking, Oslo Symposium. *Labor Management Relations Series, Vol. 48.*

Kerr, C. J. T., Dunlop, F. Harbison, & C. A. Myers(1960). *Industrialism and Industrial Man.* Harvard University

Press.

Lester, R. A.(1959). Labor and Industrial Relations.

Marshall, A.(1956). *Principles of Economics*(8th ed.). Macmillan.

Mills, D. Q.(1982). *Labor Management Relations*(2nd ed.). McGraw-Hill.

Webb, S. J., & Beatrice Webb(1920). *The History of Trade Unionism*. New York : Longmans Green.

http://work.go.kr

http://kostat.go.kr

http://www.career.go.kr

http://www.ei.go.kr

http://www.hrdkorea.or.kr

http://www.keis.or.kr

http://www.ncs.go.kr

http://www.q-net.or.kr

http://www.socialenterprise.or.kr

http://www.work.go.kr

저/자/약/력

■ 주석진

대구대학교 산업복지학과(학사) 및 동 대학원 산업복지학과
직업상담전공(석사), 상담학과 산업상담 및 산업심리전공(박사)
전) 대구장애인종합복지관 직업재활팀 근무
대구대학교 산업복지학과 겸임교수
대구가톨릭대학교 대학원 외래교수
대구대학교 외래교수
한국복지사이버대학 외래교수
영진사이버대학 외래교수
방송통신대학교 대구경북 외래교수
한국HRD 직업상담연구소장
현) 한국폴리텍대학 대전캠퍼스 교양학과 교수

[보유자격]
직업상담사 1급, 직업상담사 2급
사회복지사 1급
1급 교류분석상담사
직업능력개발훈련교사(2급)
Strong 직업흥미검사 강사
에니어그램 초급 · 중급 워크숍 강사
진로상담심리사

직업과 경력개발

|저자| 주석진

|1판 1쇄| 2021년 3월 10일
|2판 1쇄| 2023년 8월 21일

|발행인| 김 동 훈
|발행처| 공 동 체

|주소| 경기도 고양시 일산동구 호수로 358-39, 동문타워 1차 905호(백석동)
|전화| 031) 814-3000(대표)
|팩스| 031) 814-3100
|홈페이지| http://www.compub.co.kr
|전자우편| compub@naver.com
|출판등록| 2005년 10월 6일
|등록번호| 제396-2005-36호

|ISBN| 979-11-6725-439-9
정가 18,000원